apontamentos sobre o **direito processual ambiental**

O selo DIALÓGICA da Editora InterSaberes faz referência às publicações que privilegiam uma linguagem na qual o autor dialoga com o leitor por meio de recursos textuais e visuais, o que torna o conteúdo muito mais dinâmico. São livros que criam um ambiente de interação com o leitor – seu universo cultural, social e de elaboração de conhecimentos –, possibilitando um real processo de interlocução para que a comunicação se efetive.

apontamentos sobre o direito processual ambiental

Moacir Ribeiro de Carvalho Júnior

2ª edição revista e atualizada

EDITORA intersaberes

Rua Clara Vendramin, 58 – Mossunguê
CEP 81200-170 – Curitiba – PR – Brasil
Fone: (41) 2106-4170
www.intersaberes.com
editora@editoraintersaberes.com.br

- Conselho editorial
  Dr. Ivo José Both (presidente)
  Dr.ª Elena Godoy
  Dr. Nelson Luís Dias
  Dr. Neri dos Santos
  Dr. Ulf Gregor Baranow

- Editora-chefe
  Lindsay Azambuja

- Supervisora editorial
  Ariadne Nunes Wenger

- Analista editorial
  Ariel Martins

- Capa
  Denis Kaio Tanaami (*design*)
  Comstock (imagem)

- Projeto gráfico
  Raphael Bernadelli

- Iconografia
  Regina Claudia Cruz Prestes

Dados Internacionais de Catalogação na Publicação (CIP)
(Câmara Brasileira do Livro, SP, Brasil)

Carvalho Júnior, Moacir Ribeiro de
    Apontamentos sobre o direito processual ambiental/
Moacir Ribeiro de Carvalho Júnior. 2. ed. rev. e atual.
Curitiba: InterSaberes, 2017.

    Bibliografia
    ISBN: 978-85-5972-306-9

    1. Brasil – Constituição (1988) 2. Direito ambiental –
Brasil 3. Processo civil – Brasil I. Título.

17-01285   CDU-347.9:502.7

    Índices para catálogo sistemático:
    1. Brasil: Processo ambiental: Direito civil 347.9:502.7

1ª edição, 2012.
2ª edição, 2017.

Foi feito o depósito legal.

Informamos que é de inteira responsabilidade do autor a emissão de conceitos.

Nenhuma parte desta publicação poderá ser reproduzida por qualquer meio ou forma sem a prévia autorização da Editora InterSaberes.

A violação dos direitos autorais é crime estabelecido na Lei n. 9.610/1998 e punido pelo art. 184 do Código Penal.

agradecimentos 11

lista de abreviaturas 13

apresentação 15

como aproveitar ao máximo este livro 19

Capítulo 1 **Princípios processuais - 21**

1.1 Princípios constitucionais dos atos da Administração Pública - 22

1.2 Princípios processuais constitucionais - 29

Capítulo 2 **Tutela do meio ambiente na constituição de 1988 - 59**

2.1 Contextualização histórica e legal da tutela do meio ambiente - 60

2.2 Tutela do meio ambiente antes da Constituição de 1988 - 66

2.3 O meio ambiente na Constituição de 1988 - 74

sumário

Capítulo 3 **Competências da matéria ambiental - 97**

3.1 Competência legislativa - 98
3.2 Competência jurisdicional da matéria ambiental - 124

Capítulo 4 **Sujeitos no processo ambiental - 157**

4.1 Sujeito ativo - 158
4.2 Sujeito passivo - 175

Capítulo 5 **Provas e perícias nas demandas ambientais - 191**

5.1 Provas - 192
5.2 Perícias - 205

Capítulo 6 **Procedimentos processuais em matéria ambiental - 217**

6.1 Generalidades sobre os procedimentos processuais em matéria ambiental - 218
6.2 Procedimentos no processo administrativo ambiental - 225
6.3 Ação civil pública ambiental - 233
6.4 Ação popular ambiental - 242

6.5 Mandado de segurança coletivo ambiental - 247
6.6 Mandado de injunção ambiental - 253
6.7 Direito criminal ambiental - 257

para concluir... 279

referências 281

respostas 297

sobre o autor 299

Ao grande Mestre, pelo dom da vida.

Aos meus pais, Moacir e Arlete, pela inspiração e pelo companheirismo.

À pequena Júlia, sobrinha amada que enche de alegria a minha existência.

agradecimentos

Agradeço a toda equipe da Editora InterSaberes, que prestou um serviço de grande dedicação e de qualidade na elaboração desta obra, em especial sua Editora-Chefe, Lindsay Azambuja.

Aos familiares e amigos que foram compreensivos nas horas que estive ausente.

Aos doutores e mestres, que colaboraram para minha formação, e aos meus alunos, que na atualidade colaboram para minha caminhada rumo ao conhecimento.

lista de abreviaturas

ANA – Agência Nacional das Águas
APA – Área de Proteção Ambiental
CC – Código Civil
CDC – Código de Defesa do Consumidor
CF/1988 – Constituição da República Federativa do Brasil de 1988
Cipa – Comissão Interna de Prevenção de Acidentes
CLT – Consolidação das Leis do Trabalho
Cnumad – Conferência das Nações Unidas sobre Meio Ambiente e Desenvolvimento
Conama – Conselho Nacional de Meio Ambiente
CPC – Código de Processo Civil
CPP – Código de Processo Penal
EC 1/1969 – Emenda Constitucional n. 1, de 17 de outubro de 1969
EUA – Estados Unidos da América
EIA – Estudo de impacto ambiental
LACP – Lei da Ação Civil Pública (Lei n. 7.347, de 24 de julho de 1985)
LOM – Lei Orgânica Municipal
OGM – Organismo geneticamente modificado
ONG – Organização não governamental
Rima – Relatório de impacto ambiental
SEGRH/PR – Sistema Estadual de Gerenciamento de Recursos Hídricos do Paraná
STF – Supremo Tribunal Federal
STJ – Superior Tribunal de Justiça
UTP – Unidade territorial de planejamento

A revisão teórica desta obra contou com as preciosas contribuições das obras dos professores Celso Antonio Pacheco Fiorillo, Paulo Affonso Leme Machado, Humberto Theodoro Júnior, Antonio Carlos de Araújo Cintra, Ada Pellegrini Grinover, Cândido Rangel Dinamarco, Édis Milaré, Hely Lopes Meirelles, José Afonso da Silva, entre tantos outros de igual relevância, em trabalhos consagrados nos meios acadêmico e profissional.

Em nenhum momento este livro pretende esgotar o tema abordado, pois o processo ambiental é um ramo do direito pátrio que está em constante transformação em virtude das frequentes atualizações legais e jurisprudenciais. Desse modo, antes de se comprometer a ser uma obra que traga a você uma visão geral do tema, este texto tem como principal característica abordar subtemas de modo a provocá-lo à pesquisa constante dos aspectos processuais ambientais no direito pátrio e, quiçá, no direito internacional. Afinal, a discussão sobre um meio ambiente equilibrado transcende as fronteiras do Brasil e ganha dimensões globais.

A fim de reforçar o conteúdo teórico, apresentamos no final de cada capítulo resumos, em tópicos, sobre o assunto abordado, assim como exercícios de fixação e uma proposta de atividade prática.

apresentação

No Capítulo 1, abordamos os princípios processuais que, de algum modo, têm relação com o processo ambiental. Para tanto, apresentamos os princípios constitucionais dos atos administrativos, traduzidos nos princípios da legalidade, da impessoalidade, da moralidade, da publicidade e da eficiência. Em relação aos princípios processuais, também tratamos do princípio do devido processo legal, bem como dos princípios da igualdade processual, do direito de ação, do contraditório e da ampla defesa, da licitude dos meios probatórios, da imparcialidade do juiz, da publicidade, da motivação das decisões judiciais e do duplo grau de jurisdição.

No Capítulo 2, analisamos a identificação da tutela do meio ambiente na Constituição Federal de 1988. Para isso, enfocamos o tratamento dado à tutela do meio ambiente dessa data e, igualmente, o tratamento dado ao tema na Lei Maior. Em relação a este último tópico, contemplamos os aspectos constitucionais relativos ao patrimônio genético, bem como aos meios ambientes natural, cultural, artificial e do trabalho.

Após identificar o contexto no qual é reconhecida a tutela dos direitos correlatos ao meio ambiente, abordamos no Capítulo 3 as competências da matéria ambiental, desmembradas nas competências legislativa e jurisdicional. No primeiro caso, analisamos a União e os entes federados (estados, Distrito Federal e municípios), bem como a repartição das competências legislativas na Constituição de 1988, examinando o caso dos recursos hídricos para exemplificar a complexidade do tema. No segundo caso, o da competência jurisdicional, destacamos os princípios da jurisdição e a competência processual em matéria ambiental.

Após o estudo das questões de tutela e competências, tratamos dos sujeitos no processo ambiental no Capítulo 4, que conta com subcapítulos específicos sobre o sujeito ativo – nos quais abordamos os sujeitos processuais como o advogado, o Ministério Público e os terceiros interessados – e sobre aspectos associadas ao sujeito passivo – o sujeito passivo em matéria ambiental e a descaracterização da pessoa jurídica na demanda ambiental.

No Capítulo 5 examinamos, em duas seções específicas, as provas e perícias destinadas a fomentar as demandas ambientais.

Finalmente, elencamos no Capítulo 6 os principais procedimentos processuais em matéria ambiental – a ação civil pública ambiental e seus procedimentos, a ação popular ambiental, o mandado de segurança coletivo ambiental, o mandado de injunção ambiental – e os aspectos mais relevantes do direito criminal ambiental.

Desse modo, esta obra se presta a elucidar dúvidas gerais sobre diversos ramos de atividades profissionais envolvidos na defesa do meio ambiente, no contexto do sistema jurídico brasileiro. Além de um manual para estudantes de Direito, que irão encontrar uma linguagem clara e objetiva, o estudo aqui desenvolvido se presta a oferecer subsídios para o trabalho de profissionais de outras áreas do conhecimento, tais como engenheiros, contadores, dirigentes do terceiro setor etc.

Este livro traz alguns recursos que visam enriquecer o seu aprendizado, facilitar a compreensão dos conteúdos e tornar a leitura mais dinâmica. São ferramentas projetadas de acordo com a natureza dos temas que vamos examinar. Veja a seguir como esses recursos se encontram distribuídos no projeto gráfico da obra.

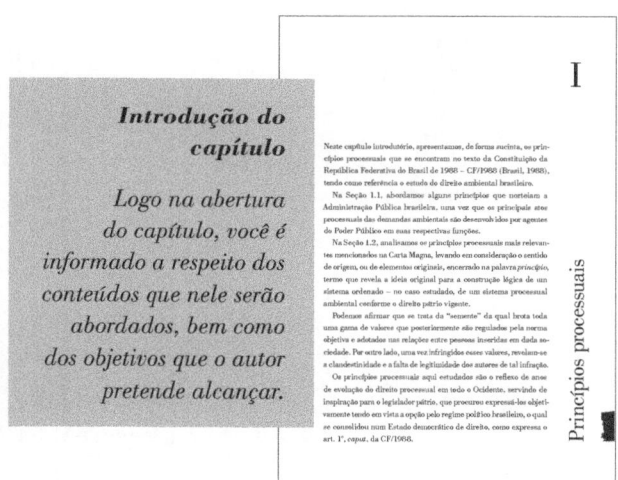

Introdução do capítulo

Logo na abertura do capítulo, você é informado a respeito dos conteúdos que nele serão abordados, bem como dos objetivos que o autor pretende alcançar.

Síntese

Você dispõe, ao final do capítulo, de uma síntese que traz os principais conceitos nele abordados.

como aproveitar ao máximo este livro

Questões para revisão

Com essas atividades, você tem a possibilidade de rever os principais conceitos analisados. Ao final do livro, o autor disponibiliza as respostas às questões, a fim de que você possa verificar como está sua aprendizagem.

Questões para revisão

1) Quanto à sua natureza, os processos judiciais são classificados conforme a relação a seguir, **exceto**:
   a. Processo de conhecimento.
   b. Processo de execução.
   c. Processo cautelar.
   d. Processo disciplinar.

2) Conforme a doutrina pátria, no conteúdo da petição inicial da parte autora da demanda, o fato descrito e o fundamento jurídico do pedido compõem:
   a. o *petitum in nove*.
   b. a *rés judicata*.
   c. a *causa petendi*.
   d. a *fumus boni iuris*.

3) Todas as afirmações a seguir estão erradas, **exceto**:
   a. A Lei n. 7.347/1985 descreveu os crimes ambientais.
   b. A legislação que regulamenta a ação civil pública limitou, e muito, a atuação do Ministério Público apenas na esfera criminal.
   c. No atendimento da tutela dos interesses metaindividuais, a Lei da Ação Civil Pública (LACP) não conferiu exclusividade ao promotor de justiça no uso desse instrumento.
   d. A natureza jurídica da ação civil pública é apenas material.

Atividade prática

Assista ao filme *Uma verdade inconveniente*, que tem a participação do ex-vice-presidente dos Estados Unidos Al Gore, discuta com seus pares o conteúdo do documentário, levando em consideração a legislação ambiental brasileira e os seus principais fundamentos.

UMA VERDADE inconveniente. Direção: Davis Guggenheim. Produção: Lawrence Bender. EUA: Paramount Classics; UIP, 2006. 100 min.

Atividade prática

Ao aliar os conhecimentos teóricos adquiridos por meio das leituras aos conhecimentos práticos do leitor, esta seção propõe atividades de cunho eminentemente dialógico, a fim de contribuir para o compartilhamento de informações e experiências.

I

Princípios processuais

Neste capítulo introdutório, apresentamos, de forma sucinta, os princípios processuais que se encontram no texto da Constituição da República Federativa do Brasil de 1988 – CF/1988 (Brasil, 1988), tendo como referência o estudo do direito ambiental brasileiro.

Na Seção 1.1, abordamos alguns princípios que norteiam a Administração Pública brasileira, uma vez que os principais atos processuais das demandas ambientais são desenvolvidos por agentes do Poder Público em suas respectivas funções.

Na Seção 1.2, analisamos os princípios processuais mais relevantes mencionados na Carta Magna, levando em consideração o sentido de origem, ou de elementos originais, encerrado na palavra *princípio*, termo que revela a ideia original para a construção lógica de um sistema ordenado – no caso estudado, de um sistema processual ambiental conforme o direito pátrio vigente.

Podemos afirmar que se trata da "semente" da qual brota toda uma gama de valores que posteriormente são regulados pela norma objetiva e adotados nas relações entre pessoas inseridas em dada sociedade. Por outro lado, uma vez infringidos esses valores, revelam-se a clandestinidade e a falta de legitimidade dos autores de tal infração.

Os princípios processuais aqui estudados são o reflexo de anos de evolução do direito processual em todo o Ocidente, servindo de inspiração para o legislador pátrio, que procurou expressá-los objetivamente tendo em vista a opção pelo regime político brasileiro, o qual se consolidou num Estado democrático de direito, como expressa o art. 1º, *caput*, da CF/1988.

1.1 Princípios constitucionais dos atos da Administração Pública

Antes de abordarmos questões relativas especificamente ao processo, chamamos a atenção para os princípios que norteiam a conduta dos agentes da Administração Pública, que, aliás, são os mais relevantes no âmbito do direito ambiental.

Essa afirmação encontra guarida no fato de a tutela dos bens ambientais estar atrelada aos chamados *direitos difusos e coletivos*, que serão discutidos mais adiante.

No Brasil, são os órgãos públicos, compostos por agentes do Poder Público, que desempenham importante papel na defesa de tais direitos, daí a sua importância na defesa do meio ambiente e da vida, no sentido mais amplo do termo. Mesmo considerando-se as iniciativas do chamado *terceiro setor* no campo da proteção ambiental, ainda assim cabe ao Poder Público atender majoritariamente a uma demanda de escala continental, haja vista a extensão do território brasileiro. Quando as organizações não governamentais (ONGs) empreendem ações destinadas a proteger o meio ambiente, é comum que recorram ao auxílio de algum órgão público, nas esferas nacional, estadual ou municipal.

Fiscalizando, multando, processando ou educando, os agentes da Administração Pública, devidamente lotados nas suas respectivas funções, encontram algumas limitações para seus atos.

O texto constitucional procurou estabelecer alguns princípios concebidos no intento de evitar o abuso do poder por parte de seus agentes, que, na sua frágil condição humana, estão sujeitos a equívocos e exageros incompatíveis com um Estado pautado pelo princípio da ordem democrática. Tais princípios – a legalidade, a impessoalidade, a moralidade, a publicidade e a eficiência – estão expressos no art. 37 da CF/1988.

> Art. 37. A administração pública direta e indireta de qualquer dos Poderes da União, dos Estados, do Distrito Federal e dos Municípios obedecerá aos princípios de legalidade, impessoalidade, moralidade, publicidade e eficiência e, também, ao seguinte:
> [...] (Brasil, 1988)

Conforme a lição de Meirelles (1997, p. 82), esses princípios básicos são "os sustentáculos da atividade pública". É deles que nascem os fundamentos da ação dos agentes públicos, criando um "padrão" pelo qual não só o agente, mas também o administrador público devem se pautar.

No dizer de Silva (1999, p. 646), tais princípios servem para orientar o administrador no sentido de uma "correta gestão dos negócios públicos e no manejo dos recursos públicos. Por outro lado, os administrados provam de um ambiente de práticas administrativas 'honestas e probas'".

Onde impera uma relação harmônica entre governantes e governados surgem condições para uma efetiva pacificação social, enquanto o abuso do Poder Público, típico nos regimes políticos em processo de desenvolvimento, contribui para um sentimento coletivo de revolta e insegurança.

Estabelecer o poder, portanto, não é o suficiente para garantir a ordem e o funcionamento das instituições; é necessário saber usar esse poder. Para tanto, o legislador pátrio elencou princípios, apresentados na sequência, que servem de paradigma para a atividade dos agentes do Estado.

1.1.1 Princípio da legalidade

Esse princípio determina que o agente público tem por dever seguir aquilo que a lei expressa e que não deve valer-se de interesses e motivações pessoais em sua atuação.

Enquanto na iniciativa privada o cidadão dispõe de um vasto campo de possibilidades para empreendimentos, desde que não agrida a lei, na Administração Pública as ações apenas poderão ser executadas quando autorizadas pela legislação. Aliás, "a eficácia de toda atividade administrativa está condicionada ao atendimento da lei" (Meirelles, 1997, p. 82).

Esse apego à letra imperativa da lei vem da tradição do Estado de direito liberal, o qual, conforme Silva (1999, p. 116-117), tinha como características básicas a submissão ao império da lei, a divisão de poderes e a garantia dos direitos individuais.

A evolução do Estado democrático fez com que a lei ganhasse maior importância na organização estatal, principalmente nas tradições de direito escrito, como a brasileira, na qual o cidadão viu seus direitos reconhecidos de modo expresso, ao contrário do ocorrido em períodos passados, quando prevalecia a subjetividade dos governantes no trato com seus governados. A importância dada ao texto legal serve para que haja maior controle sobre os atos da Administração Pública, uma vez que as leis administrativas são de ordem pública, visando ao bem da coletividade, e a legalidade pretendida na ação dos agentes públicos visa atender aos interesses de toda a sociedade governada por uma instituição burocraticamente organizada identificada como *Estado*.

Descumprir a lei e todo o ordenamento jurídico proposto é ir de encontro às finalidades do Estado democrático de direito, conclamado, no caso brasileiro, no art. 1º da CF/1988. Mais que um pensamento filosófico ou doutrinário jurídico, esse princípio é fundamental para a existência e a eficácia de qualquer ato de um agente público.

1.1.2 Princípio da impessoalidade

Esse princípio trata da finalidade dos atos públicos. O administrador público deve atender ao fim legal previsto para cada ato, ou seja, impõe-se ao administrador que sejam atendidos os fins públicos declarados na legislação específica sem privilegiar sujeitos ou grupos; a atenção dispensada deve se dar de forma impessoal.

Como lembra Meirelles (1997, p. 86), o princípio da impessoalidade, identificado no art. 37 da Carta Magna de 1988, é o clássico princípio da finalidade, que veda, para a Administração Pública, a prática de atos desprovidos de interesse público ou por conveniência, apenas motivados por interesses privados, favoritismos ou, ainda, perseguição de qualquer natureza, constituindo, nesses casos, desvio de finalidade e, consequentemente, abuso de poder.

Para Silva (1999, p. 647), esse princípio estabelece a regra pela qual "os atos e provimentos administrativos são imputáveis não ao funcionário que os pratica, mas ao órgão ou entidade administrativa em nome do qual age o funcionário". Segundo esse autor, o princípio da impessoalidade atende à objetividade nos procedimentos desenvolvidos na Administração Pública, livrando o administrado de qualquer personalismo por parte dos agentes do Estado, pois é o órgão público o autor institucional do ato, e não seus agentes.

1.1.3 Princípio da moralidade

O *caput* do art. 37 da CF/1988 expressa que é "pressuposto de validade" do ato administrativo a chamada *moralidade administrativa*. Considerando-se que a finalidade da Administração Pública é o bem comum, a concepção daquilo que é moral no interior dos órgãos públicos deve seguir esse parâmetro, uma vez que um juízo moral (conjunto de valores) oscila em cada indivíduo.

Cada consciência individual tem uma perspectiva diferente do honesto e do desonesto, mas, para constituir uma **moral administrativa**, só se leva em consideração a relação do administrador com os seus subordinados e, em última análise, com os cidadãos dependentes da atividade pública.

Não basta atender ao disposto na lei para validar o ato administrativo, conforme bem lembra Meirelles (1997, p. 83), ao citar o brocardo latino que diz: "Nem tudo que é legal é honesto (*Non omne quod licet honestum est*)".

Ainda na lição desse jurista, o princípio da moralidade foi consagrado de modo objetivo no texto constitucional quando trata da improbidade administrativa:

> Art. 37. [...]
> § 4º Os atos de improbidade administrativa importarão a suspensão dos direitos políticos, a perda da função pública, a indisponibilidade dos bens e o ressarcimento ao erário, na forma e gradação previstas em lei, sem prejuízo da ação penal cabível. (Brasil, 1988)

Na definição de Bernardi (2007, p. 195), ao se referir à Administração Pública, o termo *improbidade* "significa de má qualidade, sem moral administrativa, que causa prejuízo ao público, que é prejudicial a toda coletividade". O autor ainda lembra que a Lei n. 8.429, de 2 de junho de 1992, conhecida como *Lei de Improbidade Administrativa* (Brasil, 1992a), visa impor sanções aos agentes públicos que enriquecerem ilicitamente no exercício dos seus respectivos mandatos, cargos, empregos ou da sua função na Administração Pública direta, indireta ou fundacional.

Mesmo sendo difícil definir e quantificar as fronteiras da moral administrativa, ela não está muito distante dos valores que sobressaem na sociedade. Aliás, o direito como um todo, na sua condição de produção cultural ética, é o reflexo de cada sociedade, assim como os princípios morais.

A moral administrativa tem nas suas raízes aquilo que se observa nas ruas fora da repartição e ainda necessita ser lapidada para que seja justa ao lidar com os cidadãos de modo impessoal, banindo da história brasileira os casos de abuso de poder e de corrupção motivados pela ganância e pela má-fé de alguns indivíduos quando agem na condição de "autoridades".

1.1.4 Princípio da publicidade

No dizer de Meirelles (1997, p. 86), a **publicidade** "é a divulgação oficial do ato para conhecimento público e início de seus efeitos externos". Assim, a publicidade, segundo o mesmo jurista, "é requisito de eficácia e moralidade".

A publicidade dos atos administrativos é de grande relevância ao expor perante a opinião pública as verdadeiras ações dos agentes públicos, permitindo, assim, algum controle contra possíveis desvios por parte dos administradores da coisa pública. Os atos são públicos para gerar validade e informação entre partes e perante terceiros, justificando-se o sigilo apenas em determinados casos em que sobressai o interesse particular ou nacional em relação ao geral, como em investigações policiais, apesar de, mesmo nesses casos, haver, vez ou outra, a necessidade de declaração expressa do sigilo.

Além dos órgãos competentes e responsáveis pela fiscalização dos atos administrativos, o povo tem por direito conhecer o conteúdo dos atos e contratos administrativos, até mesmo para garantir o bem comum, conclamado como finalidade da Administração Pública. Para tanto, a sociedade pode se valer de remédios constitucionais quando não é respeitado esse princípio, tais como: mandado de segurança, ação popular e *habeas data*.

Tratando-se de questões ambientais, é de grande importância o princípio aqui estudado, uma vez que recursos naturais estratégicos, de interesse coletivo, são entregues à iniciativa privada por meio de concessões, a fim de que sejam administrados e resultem na obtenção de lucro, como é o caso do Parque das Cataratas do Iguaçu, no Estado do Paraná.

Instrumentos como o **Diário Oficial** e demais órgãos de imprensa, assim como a facilitação do acesso a documentos (como afixar decisões e editais de convocação em locais públicos), auxiliam o olhar do cidadão atento e disposto a atender aos próprios interesses e aos da coletividade. Quando descobre uma irregularidade e não está apto a empreender uma medida judicial, no intuito de fazer valer o interesse coletivo, o cidadão pode recorrer ao membro do Ministério Público, na figura do promotor de justiça, seja federal, seja estadual. Desse modo, auxilia na fiscalização da coisa pública, mesmo que não esteja agindo em nome próprio para a defesa do interesse tutelado.

1.1.5 Princípio da eficiência

Esse princípio, estabelecido no *caput* do art. 37 da CF/1988, foi readequado na Carta Magna pela Emenda Constitucional n. 19, de 4 de junho de 1998 (Brasil, 1998a). No dizer de Silva (1999, p. 651), trata-se de um princípio mais correlato com questões de ordem econômica do que jurídica, uma vez que "não qualifica normas; qualifica atividades". Segundo o autor, é o princípio que impõe à atividade administrativa obter resultados satisfatórios dispondo dos menores recursos possíveis.

De acordo com Meirelles (1997, p. 90): "dever de eficiência é o que se impõe a todo agente público de realizar suas atribuições com presteza, perfeição e rendimento funcional". É a produtividade do serviço público mensurada pelos aspectos da quantidade e da qualidade.

Entende-se que, para alcançar essa eficiência almejada, é necessário investimento na formação e constante atualização daqueles que vão exercer uma atividade pública. Daí a necessidade de concursos públicos constantes para selecionar as pessoas mais capacitadas para determinados cargos e a adoção das mais modernas técnicas de gerenciamento dos órgãos públicos, como o Planejamento Estratégico Municipal (PEM), que visa adequar os gastos municipais com os recursos disponíveis (humanos e financeiros) por meio de um sistema de planejamento e controle prévios.

Além desse aspecto, o Poder Público necessariamente tem de recorrer a métodos de base científica de comprovada eficiência para promover suas ações. A capacidade discricionária do Estado não pode ignorar as técnicas mais recentes que auxiliam no bom funcionamento das suas atividades. Cabe lembrarmos o alerta lançado por Meirelles (1997, p. 91), para o qual "não cabe à Administração decidir por critério leigo quando há critério técnico solucionando o assunto".

Em se tratando de matéria ambiental, esse princípio é de grande relevância, uma vez que todos os elementos que informam as condições de meio ambiente são de base técnica, como o estudo de impacto ambiental (eia) e o relatório de impacto ambiental (Rima), nos termos da Resolução n. 1, de 23 de janeiro de 1986, do Conselho Nacional do Meio Ambiente – Conama (Brasil, 1986b).

1.2 Princípios processuais constitucionais

A seguir, apresentaremos os princípios que norteiam o sistema processual brasileiro, inseridos no texto da CF/1988. Aliás, quando o texto constitucional consagra tais princípios processuais e seus respectivos conteúdos, insere a república brasileira num rol de uma legítima democracia de base liberal, inspirada nas experiências norte-americana, francesa e inglesa.

1.2.1 Princípio do devido processo legal

Para Cintra, Grinover e Dinamarco (1997, p. 47), o direito constitucional estabelece as bases do direito processual, não só ao instituir o Poder Judiciário e seus órgãos auxiliares, mas também quando reconhece princípios de ordem política e ética, como o do devido processo legal, elencado na CF/1988:

> Art. 5º [...]
> LIV – ninguém será privado da liberdade ou de seus bens sem o devido processo legal;
> [...] (Brasil, 1988)

O texto constitucional é claro ao afirmar que o Estado só pode se impor sobre o cidadão, em termos físicos ou econômicos, apenas posteriormente a um julgamento legal e justo ou salvo raras exceções, como em caso de prisão preventiva.

O princípio do devido processo legal, somando-se aos demais princípios que norteiam a Administração Pública como um todo, serve de orientação (origem) para os demais princípios processuais constitucionais aqui estudados.

A esse princípio se interligam outros dotados de grande importância para o sistema processual, tais como: ampla defesa, legalidade, juiz natural, duplo grau, isonomia, produção de provas etc. A importância desse conjunto de princípios está na segurança jurídica garantida aos sujeitos interessados, por meio da sua observância, em especial, por parte do Poder Público, indo ao encontro dos preceitos norteadores de um Estado democrático de direito.

Conforme Mirabete (1998, p. 27), esse princípio remonta à Carta Magna Inglesa de 1215, segundo a qual uma sanção só poderia ser aplicada conforme a Lei da Terra (*by the Law of the Land*), proclamando, assim, respeito aos costumes locais. Em 1355, esse preceito evoluiu para o chamado *due process of Law* (devido processo legal), estatuto regrado pelo Parlamento Inglês, que veio a influenciar o ordenamento jurídico das 13 colônias de além-mar, convertendo-se na 5ª Emenda, de 1791, e posteriormente na 14ª Emenda, de 1867, da Constituição dos Estados Unidos da América (EUA, 1787).

Emenda V

> Ninguém será detido para responder por crime capital, ou outro crime infamante, salvo por denúncia ou acusação perante um Grande Júri, exceto em se tratando de casos que, em tempo de guerra ou de perigo público, ocorram nas forças de terra ou mar, ou na milícia, durante serviço ativo; ninguém poderá pelo mesmo crime ser duas vezes ameaçado em sua vida ou saúde; nem ser obrigado em qualquer processo criminal a servir de testemunha contra si mesmo; nem ser privado da vida, liberdade, ou bens, sem processo legal; nem a propriedade privada poderá ser expropriada para uso público, sem justa indenização.
> [...]

Emenda XIV

> Seção 1
> Todas as pessoas nascidas ou naturalizadas nos Estados Unidos e sujeitas a sua jurisdição são cidadãos dos Estados Unidos e do Estado onde tiver residência. Nenhum Estado poderá fazer ou executar leis restringindo os privilégios ou as imunidades dos cidadãos dos Estados Unidos; nem poderá privar qualquer pessoa de sua vida, liberdade, ou bens sem processo legal, ou negar a qualquer pessoa sob sua jurisdição a igual proteção das leis.
> [...] (EUA, 1787)

Ensina Mirabete (1998), citando Sanguiné, que o princípio visa proteger o indivíduo de eventuais abusos de poder, uma vez que confere ao Poder Judiciário um "recurso extremo" para tornar ilegais as atividades dos outros ramos do governo quando desvirtuados das suas funções, não apenas pelas determinações processuais (*procedual due process*), mas também para garantir os direitos substanciais das partes (*substantive due process*).

Há uma nova ordem de direitos que visam atender aos direitos coletivos. Para tanto, observar o devido processo legal na atualidade é ir além da abordagem tradicional, a qual é de base liberal. Essa abordagem está parcialmente amparada na Lei n. 13.105, de 16 de março de 2015, denominada *Código de Processo Civil* – CPC (Brasil, 2015), pois outros dois diplomas legais trazem inovações no sistema processual brasileiro: o Código de Defesa do Consumidor (Lei n. 8.078, de 11 de setembro de 1990 – Brasil, 1990c) e a Lei da Ação Civil Pública – LACP (Lei n. 7.347, de 24 de julho de 1985 – Brasil, 1985).

Contudo, é urgente uma interpretação sistemática dos tribunais pátrios no sentido do reconhecimento dos direitos coletivos, "sob pena de assim violarmos a Constituição, impedindo o efetivo acesso à justiça" (Fiorillo, 2008, p. 366).

O referido art. 5°, inciso LIV, da CF/1988, não se trata de mero enunciado desprovido de conteúdo na letra fria da lei. Sua expressão em texto constitucional serviu, e serve, para a elaboração de doutrina e jurisprudência capaz de minar as medidas que inferiorizem uma das partes quando num litígio, principalmente daqueles sujeitos economicamente fragilizados.

1.2.2 Princípio da igualdade processual

Garantir o direito à igualdade é assentar uma pedra mestra no edifício da democracia. Mas essa garantia deve ir além da mera garantia formal conclamada nos regimes liberais do século XIX. O atual ordenamento constitucional brasileiro, visando atender a uma igualdade social, universalizou para os cidadãos saúde, seguridade social, educação, segurança, meio ambiente equilibrado etc.

Está expressa na CF/1988 a garantia de igualdade de tratamento a todos os brasileiros, conforme o *caput* do art. 5º:

> Art. 5º Todos são iguais perante a lei, sem distinção de qualquer natureza, garantindo-se aos brasileiros e aos estrangeiros residentes no País a inviolabilidade do seu direito à vida, à liberdade, **à igualdade**, à segurança e à propriedade, nos termos seguintes: [...] (Brasil, 1988, grifo nosso)

De acordo com Silva (1999), o ordenamento jurídico tende a tratar abstratamente todos os sujeitos de modo igualitário, mas isso não significa que na prática sejam excluídas as particularidades de cada indivíduo, inclusive as condições econômicas. Nesse sentido, "as pessoas ou situações são iguais ou desiguais de modo relativo, ou seja, sob certos aspectos" (Silva, 1999, p. 219).

Coube ao ordenamento jurídico estabelecido consagrar uma igualdade sob os aspectos social, político e jurídico, além de criar garantias para instrumentalizar essa igualdade, inclusive sob um viés de acesso a recursos materiais, diminuindo, com isso, a desigualdade social, pelo menos no tocante ao acesso à justiça e à relação com ela quando numa demanda.

Em termos processuais, a igualdade é conferida a ambas as partes litigantes, sem, no entanto, extrapolar um mínimo coerente de oportunidades para fazer valer em juízo as respectivas razões.

Cabe ao juiz promover essa igualdade processual por força do art. 139, inciso I, do CPC, assim como nos casos em que a parte tem a seu favor um defensor dativo devidamente nomeado.

Dentro de um país onde há uma grande desigualdade econômica, como é o caso brasileiro, as partes são tratadas de modo proporcionalmente igual, uma vez que, por força do texto constitucional, houve de modo objetivo a disponibilidade da conclamada igualdade, conforme vão sendo dispostas oportunidades de tratamento com vistas a diminuir as diferenças sociais e econômicas.

Mesmo diante da referida desigualdade socioeconômica, não se pode, em nome de um equilíbrio processual das partes litigantes, extrapolar o estritamente necessário para restituir tal equilíbrio, uma vez que o "tratamento privilegiado dispensado às partes" (Cintra; Grinover; Dinamarco, 1997, p. 54-55) se configura num ato inconstitucional.

No entanto, em alguns casos é possível que uma das partes goze de privilégios, haja vista suas prerrogativas que estão correlatas ao interesse público, como é o caso da Fazenda Pública e do Ministério Público.

1.2.3 Princípio do direito de ação

Para Fiorillo (2009, p. 51), foi esse princípio que "criou diretamente na própria Carta Magna os elementos de toda e qualquer ação ambiental que vise assegurar a defesa do direito material consagrado imediatamente no art. 225 e mediatamente em outros dispositivos formadores do meio ambiente cultural, artificial, do trabalho e natural".

Esse princípio também visa garantir ao sujeito o seu direito subjetivo de acesso aos órgãos encarregados da função jurisdicional. Desse modo, afasta-se o sentimento comum das sociedades mais primitivas de realizar a justiça privada "com as próprias mãos", cedendo ao Estado a prerrogativa de "dizer" o direito de cada uma das partes em litígio e, assim, pacificar os conflitos existentes.

> Art. 5º [...]
> XXXV – a lei não excluirá da apreciação do Poder Judiciário lesão ou ameaça a direito; [...] (Brasil, 1988)

Cabe esclarecermos que a garantia de acesso à justiça não configura benefícios ou ganho de causa para uma das partes, uma vez que estas têm garantido apenas o acesso ao Judiciário. Posteriormente, é no decorrer do devido processo de conhecimento que as razões serão analisadas e, então, julgadas.

Trata-se de um direito público subjetivo, o qual pode ser invocado até mesmo contra o Estado, mas cabe à parte interessada provocar o Judiciário para fazer valer seus direitos, pois a regra que impera no ordenamento brasileiro é o da inércia dos órgãos jurisdicionais.

Nesse tema se leva em conta quais sujeitos estão buscando a proteção jurisdicional e em relação a quais direitos. Em primeiro lugar, há a liberdade para o exercício dos direitos.

Como ensinam Cintra, Grinover e Dinamarco (1997, p. 61), há no processo civil maior disponibilidade de direitos dada a natureza material de seus objetos, uma vez que cabe à parte interessada exercer sua pretensão em juízo ou abrir mão de uma eventual demanda.

Já na esfera criminal, em regra, prevalece a indisponibilidade de direitos, uma vez que o crime fere o interesse coletivo, não cabendo às partes optar por prosseguir ou não numa eventual demanda.

Há, ainda, aqueles órgãos que têm por obrigação provocar o juízo e tomar determinadas atitudes para fundamentar uma eventual demanda, como é o caso da autoridade policial, que é obrigada a exercer investigações preliminares diante de um delito; do Ministério Público, que é obrigado a apresentar a denúncia de um suspeito; da Procuradoria da Fazenda, que é obrigada a demandar contra sonegadores de tributo.

Nesses casos, não compete aos sujeitos decidir sobre a tomada ou não de uma atitude objetiva. Por força de lei, são obrigados a agir em nome do interesse coletivo, sob pena do crime de prevaricação.

1.2.4 Princípio do contraditório e da ampla defesa

Esse princípio está relacionado diretamente com a noção de processo, uma vez que um contencioso judicial, assim como nos processos administrativos e no inquérito civil, apenas se efetiva pela atenção dispensada a ambas as partes ao exporem suas razões perante a autoridade competente (*audiatur et altera pars*).

Garantir constitucionalmente esse princípio é fator de grande relevância na construção de relações sociais dentro de um Estado democrático de direito, protegendo-se, desse modo, os cidadãos comuns de práticas inquisitivas que, invariavelmente, invadiam a esfera da privacidade de modo abrupto e injusto. Nesse sentido, dita a Carta Magna de 1988:

> Art. 5º [...]
> LV – aos litigantes, em processo judicial ou administrativo, e aos acusados em geral são assegurados o contraditório e a ampla defesa, com os meios e recursos a ela inerentes; [...] (Brasil, 1988)

Cabe ao autor da lide (demandante) provocar o Judiciário para ter atendidas suas pretensões. Entretanto, a relação processual apenas se efetiva quando o réu é devidamente chamado em juízo e a ele é disponibilizada a oportunidade para narrar e comprovar suas razões.

Com base no que foi descrito, entende-se que o processo assume um perfil dialético, no qual um sujeito ativo provoca o contencioso judicial apresentando a tese e um sujeito passivo expõe uma antítese, ou seja, um pensamento contrário aos argumentos anteriormente narrados, cabendo ao magistrado apresentar, de modo imparcial e racional, uma síntese de tudo aquilo que foi apresentado.

Além de reconhecer o discurso contraditório como um direito e uma garantia fundamental, o texto constitucional ainda trata da ampla defesa, ou seja, da possibilidade de o demandado apresentar argumentos e provas que confirmem a sua versão dos fatos.

No intuito de o acionado se defender em juízo, é necessário que seja informado dos argumentos apresentados pelo demandante. A comunicação dos atos processuais complementa o princípio aqui estudado, uma vez que é a partir da tomada de ciência das razões da parte autora que o réu está motivado a lutar pela sua versão dos fatos. A comunicação desses atos no ordenamento brasileiro se dá por meio da citação, da intimação e da notificação.

Ainda é levada em consideração a natureza dos direitos em litígio: se eles são disponíveis ou indisponíveis. No primeiro caso, a revelia do réu, em processo cível, não obsta o prosseguimento da lide. Já no segundo caso, como nas demandas criminais, quando o réu estiver na condição de revel, cabe ao juiz nomear um defensor.

Para Cintra, Grinover e Dinamarco (1997, p. 57), o discurso contraditório é constituído por dois elementos:

» informação;
» reação (principalmente em se tratando de direitos disponíveis).

Os autores anteriormente citados ainda entendem que, dada a natureza constitucional desse princípio, este deve ser observado pelo viés substancial além do mero aspecto formal, sob pena de inconstitucionalidade das normas e de serem considerados nulos ou anuláveis os atos que não o respeitem.

Para Mirabete (1998, p. 43), desse princípio também decorrem dois aspectos:

» o da igualdade processual entre acusador e acusado; e
» o da liberdade processual, conferida ao acusado para nomear o advogado da sua confiança, assim como para apresentar as provas que julgar necessárias.

Assim, demonstramos que a ação pretendida, principalmente em se tratando de matéria ambiental, deve atender seus fins sem deixar, no entanto, de atender a princípios inerentes à atividade jurisdicional.

1.2.5 Princípio da licitude dos meios probatórios

Esse princípio visa trazer garantias para as partes em litígio quando na busca da verdade não obtenham um favorecimento por meio de provas duvidosas, pelo menos do ponto de vista processual.

A questão não é ganhar ou perder uma demanda, mas fazer com que a solução da controvérsia se dê de modo claro e inequívoco. Caso contrário, as partes permanecerão em desavença, não conseguindo o juízo restabelecer a paz entre as relações.

Tamanha é a importância da veracidade dos meios probatórios que mesmo o texto bíblico traz, entre as diretrizes do decálogo narrado por Moisés, a de "não levantar falso testemunho". A Bíblia, como fonte moral construída com base na experiência sedimentada de vários anos da sociedade hebraica, dá especial destaque à fidelidade na produção de provas, no caso, a prova testemunhal.

Essa abordagem moral persiste até os dias atuais, não por mera herança religiosa ou social, mas por uma questão óbvia, uma vez que o juiz depende de provas coerentes para "dizer" o direito que cabe a cada uma das partes que se apresentam perante a sua autoridade.

No ordenamento pátrio, o princípio foi alocado entre os direitos individuais e coletivos justamente para proteger o cidadão de qualquer ato ilegítimo que atente contra seus interesses particulares.

> Art. 5º [...]
> LVI – são inadmissíveis, no processo, as provas obtidas por meios ilícitos;
> [...] (Brasil, 1988)

Conforme o ponto de vista de Cintra, Grinover e Dinamarco (1997, p. 353), o texto constitucional veio a pacificar uma discussão em aberto na doutrina e na jurisprudência, uma vez que "não se trata, pois, de admitir a prova obtida ilicitamente, em nome do princípio da

verdade real ou de outro qualquer, para depois responsabilizar quem praticou o ilícito (civil, penal, administrativo) – mas simplesmente de impedir que tais provas venham ao processo ou nele permaneçam".
Na esfera cível, o CPC reconhece, no seu art. 369, a necessidade de um conteúdo moralmente aceito para as provas trazidas ao processo:

> Art. 369. As partes têm o direito de empregar todos os meios legais, bem como os moralmente legítimos, ainda que não especificados neste Código, para provar a verdade dos fatos em que se funda o pedido ou a defesa e influir eficazmente na convicção do juiz. (Brasil, 2015)

Como salienta Bueno (2015), o art. 369 agrega no seu texto a relação do modelo processual determinado no texto constitucional com o "princípio da atipicidade da prova", expresso no atual art. 332 do CPC:

> Art. 332. Nas causas que dispensem a fase instrutória, o juiz, independentemente da citação do réu, julgará liminarmente improcedente o pedido que contrariar:
> I – enunciado de súmula do Supremo Tribunal Federal ou do Superior Tribunal de Justiça;
> II – acórdão proferido pelo Supremo Tribunal Federal ou pelo Superior Tribunal de Justiça em julgamento de recursos repetitivos;
> III – entendimento firmado em incidente de resolução de demandas repetitivas ou de assunção de competência;
> IV – enunciado de súmula de tribunal de justiça sobre direito local.
> § 1º O juiz também poderá julgar liminarmente improcedente o pedido se verificar, desde logo, a ocorrência de decadência ou de prescrição.
> § 2º Não interposta a apelação, o réu será intimado do trânsito em julgado da sentença, nos termos do art. 241.
> § 3º Interposta a apelação, o juiz poderá retratar-se em 5 (cinco) dias.

> § 4º Se houver retratação o juiz determinará o prosseguimento do processo com a citação do réu, e, se não houver retratação, determinará a citação do réu para apresentar contrarrazões, no prazo de 15 (quinze) dias.
> (Brasil, 2015)

A doutrina entende que o texto do referido art. 332 do CPC permitiu ao magistrado a interrupção do processamento do feito caso fossem observadas irregularidades, assim contribuindo para a economia processual em demandas que, em fases futuras, não tinham condições de sobreviver.

É necessário que a petição do autor contenha os requisitos probatórios descritos no art. 382 do CPC, em especial no tocante à admissibilidade das provas apresentadas e/ou requeridas, objetivando o prosseguimento do feito sem a objeção do juízo:

> Art. 382. Na petição, o requerente apresentará as razões que justificam a necessidade de antecipação da prova e mencionará com precisão os fatos sobre os quais a prova há de recair.
> § 1º O juiz determinará, de ofício ou a requerimento da parte, a citação de interessados na produção da prova ou no fato a ser provado, salvo se inexistente caráter contencioso.
> § 2º O juiz não se pronunciará sobre a ocorrência ou a inocorrência do fato, nem sobre as respectivas consequências jurídicas.
> § 3º Os interessados poderão requerer a produção de qualquer prova no mesmo procedimento, desde que relacionada ao mesmo fato, salvo se a sua produção conjunta acarretar excessiva demora.
> § 4º Neste procedimento, não se admitirá defesa ou recurso, salvo contra decisão que indeferiu totalmente a produção da prova pleiteada pelo requerente originário.
> (Brasil, 2015)

Trata-se de uma faculdade concedida ao magistrado para determinar antecipadamente o arquivamento da lide, mesmo antes da produção das provas e em detrimento dos interesses do autor. Contudo, é importante destacarmos que a discricionariedade conferida ao juiz de primeira instância não subsiste perante os efeitos de uma súmula vinculante do Supremo Tribunal Federal – STF (Laspro, citado por Tucci et al., 2015, p. 553).

Esse princípio é de grande importância na esfera criminal, uma vez que o maior bem do cidadão, a sua liberdade, é questionada. Na história da humanidade, diversos são os casos de vidas que foram privadas da própria liberdade ou de seus bens tendo a injúria e a calúnia como único liame motivacional dos seus coatores.

1.2.6 Princípio da imparcialidade do juiz

Ao observar a posição de um juiz em relação às partes que se encontram num litígio, é notável que ele mantém uma postura de superioridade, uma vez que cabe à sua posição ouvir as razões de cada litigante, examinar as provas trazidas nos autos e, finalmente, produzir um veredicto.

Contudo, para que esse indivíduo, na sua condição humana passível de erros e fragilidades, exerça com a melhor qualidade possível a sua função jurisdicional, é necessário que se valha de capacidades subjetivas capazes de criar confiança e respeito nos litigantes que a ele recorrem. E é com essa finalidade que a Carta Magna prevê garantias (art. 95) para o magistrado, assim como estabelece vedações (art. 95, parágrafo único).

O art. 5º da Lei Maior, no seu inciso XXXVII, trata dos tribunais de exceção, que no Estado democrático de direito se encontram banidos, uma vez que ameaçam a dignidade e a segurança dos cidadãos.

> Art. 5°
> [...]
> XXXVII – não haverá juízo ou tribunal de exceção;
> [...]
> LIII – ninguém será processado nem sentenciado senão pela autoridade competente;
> [...] (Brasil, 1988)

Tais tribunais são constituídos a fim de atender a interesses particulares daqueles que detêm o poder. Contrapõem-se ao **princípio do juiz natural**, que são os juízos estabelecidos antes da ocorrência dos fatos, e não quando esses fatos, atentando contra os interesses de determinadas pessoas, são tratados em juízos criados especialmente para julgá-los.

Já o inciso LIII da CF/1988 trata dos órgãos jurisdicionais e da garantia das suas respectivas competências, sendo que não há poder discricionário do Estado que exclua a competência de um juiz pré-constituído.

No dizer de Silva (1999, p. 222), essas garantias, além de beneficiarem as partes, também auxiliam o juiz a exercer as suas atividades, uma vez que o "juiz sem independência é juiz amedrontado, e juiz amedrontado é juiz potencialmente parcial e sujeito à influência de poderosos, pois a independência do juiz é necessária para assegurar sua imparcialidade".

Para Cintra, Grinover e Dinamarco (1997, p. 52-53), uma vez que atraiu para si a administração da função jurisdicional (impedindo, assim, a **vingança privada ou a justiça com as próprias mãos**), o Estado deve, no mínimo, agir com imparcialidade nas causas que são submetidas perante seus tribunais, sendo que o juiz imparcial deve transparecer não apenas sob o aspecto técnico, mas também sob o ético.

1.2.7 Princípio da publicidade

Neste capítulo trataremos do princípio da publicidade, que foi examinado anteriormente ao nos referirmos aos atos da Administração Pública em geral. Fica explícita, portanto, a importância que o texto da Carta Magna dá à publicidade dos atos dos agentes do Poder Público, uma vez que, sendo *res publica* (um bem de todos), cabe à opinião pública zelar pelos seus interesses.

Caso esses atos fossem omitidos do olhar vigilante do indivíduo comum, com muita dificuldade haveria uma fiscalização segura da sociedade em relação aos rumos tomados pelo Poder Público. Como consequência, o indivíduo estaria sujeito a testemunhar todo tipo de arbitrariedades e a dilapidação do patrimônio público. Nesse rol se incluem as riquezas naturais da nação, como rios e florestas, as quais se constituem em bens de interesse coletivo. Dentro do processo judicial, o referido princípio é de grande importância na garantia da equidade de tratamento entre as partes, uma vez que o acesso aos autos contribui para a ampla defesa e o contraditório.

Esse princípio ganhou grande notoriedade a partir da Revolução Francesa, com o nascimento do Estado moderno, que viria a substituir a tirania inquisitiva da monarquia por um modelo embrionário de relações estruturadas sobre princípios democráticos.

Se antes o poder central estava livre para seguir direções conforme os próprios interesses, nesse "novo estado de coisas" o Poder Público começou a prestar contas dos seus atos para os seus verdadeiros donos: o povo.

Tratando-se do princípio da publicidade especificamente no campo processual, deve prevalecer o interesse da sociedade sobre o particular nas causas em litígio. Desse modo, em regra, as audiências são públicas e os autos podem ser consultados no balcão do fórum. Em algumas cidades, principalmente do interior, o tribunal do júri atrai verdadeiras plateias aos seus trabalhos. Diante dessa situação, a população acaba por fiscalizar de modo seguro as atividades dos magistrados, dos promotores e dos advogados. No dizer de Cintra, Grinover e Dinamarco (1997, p. 69), "o povo é o juiz dos juízes".

A sociedade é a maior interessada na justiça, que, uma vez conquistada, garante a pacificação das relações como um todo.

> Art. 5º [...]
> LX – a lei só poderá restringir a publicidade dos atos processuais **quando a defesa da intimidade ou o interesse social o exigirem**;
> Art. 93. [...]
> IX – **todos os julgamentos dos órgãos do Poder Judiciário serão públicos**, e fundamentadas todas as decisões, sob pena de nulidade, podendo a lei limitar a presença, em determinados atos, às próprias partes e a seus advogados, ou somente a estes, em casos nos quais a preservação do direito à intimidade do interessado no sigilo **não prejudique o interesse público à informação**;
> [...] (Brasil, 1988, grifo nosso)

O princípio da publicidade não é absoluto quando estão em jogo interesses irreparáveis das partes ou quando é invocado o interesse público. O próprio texto constitucional apresenta a dimensão dessa exceção.

Conforme Mirabete (1998), sendo **geral** a publicidade, os atos podem ser assistidos por qualquer pessoa; já no caso da publicidade **especial**, há uma restrição que beneficia apenas as partes da demanda, uma vez que, de acordo com o citado autor, "a publicidade absoluta pode acarretar, às vezes, sérios inconvenientes com prejuízos sociais maiores do que a restrição do princípio (sensacionalismo, desprestígio do réu ou da própria vítima, convulsão social etc.)" (Mirabete, 1998, p. 45).

Esse entendimento é fundamentado, inclusive, no texto da Lei n. 3.689, de 3 de outubro de 1941 (Brasil, 1941), que institui o Código de Processo Penal (CPP) vigente:

> Art. 792 As audiências, sessões e os atos processuais serão, em regra, públicos [...].
> § 1° Se da publicidade da audiência, da sessão ou do ato processual, puder resultar escândalo, inconveniente grave ou perigo de perturbação da ordem, o juiz, ou o tribunal, câmara, ou turma, poderá, de ofício ou a requerimento da parte ou do Ministério Público, determinar que o ato seja realizado a portas fechadas, limitando o número de pessoas que possam estar presentes. (Brasil, 1941)

Com o avanço da mídia de massa, o legislador pátrio se acautelou em relação à dimensão desse princípio, uma vez que emissoras de televisão e jornais escritos, em vez de prestar um auxílio social na divulgação de notícias de interesse público, insistem em divulgar, de modo exaustivo, fragmentado e parcial, notícias que acabam inflamando a opinião pública e prejudicando os trabalhos da justiça, dado que juízes, advogados e até mesmo as partes acabam pressionados e molestados.

Nesse sentido, segue o alerta de Cintra, Grinover e Dinamarco (1997, p. 71), para os quais a "publicidade, com garantia política – cuja finalidade é o controle da opinião pública nos serviços da justiça – não pode ser confundida com o sensacionalismo que afronta a dignidade humana".

Aliás, para que a parte possa recorrer de uma sentença, atendendo ao princípio do duplo grau de jurisdição (ver Seção "Princípio do duplo grau de jurisdição"), é necessário saber da existência dessa resolução, dada a publicidade do ato, e do conteúdo que fundamentou a decisão do juiz, como passaremos a estudar a seguir.

1.2.8 Princípio da motivação das decisões judiciais

Em se tratando de causas englobadas no tema aqui estudado, a "sentença ambiental é o ato do juiz que, no primeiro grau de jurisdição, extingue o processo ambiental [...] com ou sem julgamento de mérito" (Fiorillo, 2009, p. 115).

Na doutrina processual, constam dois tipos de sentença: a **sentença terminativa definitiva** – aquela que encerra, que "corresponde à resposta do poder jurisdicional ao pedido formulado pelo autor", ou que de algum modo resolve a lide –, e a **sentença meramente terminativa** – aquela que extingue o processo sem o julgamento do mérito, também conhecida como *interlocutória mista* (Greco Filho, 1997, p. 15).

Em ambos os casos, o juiz está obrigado a apresentar a ordem lógica de que se valeu para chegar à sua decisão. É certo que o texto constitucional determina algumas garantias para que o magistrado possa prestar o seu trabalho com liberdade (ver Seção "Princípio da imparcialidade do juiz"). Contudo, o juiz não está autorizado a decidir as demandas de modo contrário à legislação ou sob uma ordem lógico-racional viável, atendendo apenas aos seus pensamentos.

Esse princípio visa garantir que as partes não sejam vítimas de arbitrariedades de indivíduos lotados num cargo de grande prestígio e importância, como o da magistratura.

Conforme Cintra, Grinover e Dinamarco (1997, p. 69), trazer para o texto constitucional o princípio da motivação das decisões judiciais é uma tendência moderna de algumas constituições, como a belga, a italiana e a grega, por entender esses ordenamentos como uma função política do processo.

É observada uma função política da atividade jurisdicional, uma vez que os interesses das partes ou do juiz da causa são secundários (porém, não menos importantes), pois é a sociedade a principal destinatária da justiça realizada em concreto, com a devida aplicação da lei por meio da imparcialidade do juízo no conteúdo das sentenças proferidas.

Como pode ser observado na legislação em vigor, caso o magistrado não demonstre os elementos, principalmente legais, dos quais se valeu para chegar a uma conclusão, sua sentença pode ser anulada. A nulidade, como observa Greco Filho (1997, p. 240), pode ainda ser requerida contra uma sentença que não manteve fiel correspondência com o pedido do autor.

> Art. 93. [...]
> IX – todos os julgamentos dos órgãos do Poder Judiciário serão públicos, **e fundamentadas todas as decisões, sob pena de nulidade**, podendo a lei limitar a presença, em determinados atos, às próprias partes e a seus advogados, ou somente a estes, em casos nos quais a preservação do direito à intimidade do interessado no sigilo não prejudique o interesse público à informação;
> [...] (Brasil, 1988, grifo nosso)

As sentenças que estão em desacordo com o conteúdo da inicial podem ser classificadas em:

» **ultra petita**: sentença que julga além do pedido;
» **extra petita**: sentença que julga fora do pedido;
» **citra petita**: sentença que deixa de apreciar pedido expressamente formulado.

São justamente os eventuais defeitos dos textos das sentenças que servem de fundamento às partes em litígio, para engrossar as peças recursais, como lembra Greco Filho (1997, p. 241), ao tratar dos **embargos de declaração** que são interpostos quando na sentença houver omissão, obscuridade, dúvida ou contradição no seu conteúdo textual.

Conforme a lição de Theodoro Júnior (2007, p. 566), a sentença depende de condições intrínsecas e formais, pois, ao longo do seu conteúdo expresso, minimamente devem estar descritas as pretensões do autor e as razões do réu, bem como os fatos comprovados (por meio de provas legalmente admitidas), o direito correlato ao caso e uma solução à controvérsia.

Tais condições intrínsecas estão expressas no CPC, em seu art. 489:

> Art. 489. São elementos essenciais da sentença:
> I – o relatório, que conterá os nomes das partes, a identificação do caso, com a suma do pedido e da contestação, e o registro das principais ocorrências havidas no andamento do processo;
> II – os fundamentos, em que o juiz analisará as questões de fato e de direito;
> III – o dispositivo, em que o juiz resolverá as questões principais que as partes lhe submeterem.
> § 1º Não se considera fundamentada qualquer decisão judicial, seja ela interlocutória, sentença ou acórdão, que:
> I – se limitar à indicação, à reprodução ou à paráfrase de ato normativo, sem explicar sua relação com a causa ou a questão decidida;
> II – empregar conceitos jurídicos indeterminados, sem explicar o motivo concreto de sua incidência no caso;
> III – invocar motivos que se prestariam a justificar qualquer outra decisão;
> IV – não enfrentar todos os argumentos deduzidos no processo capazes de, em tese, infirmar a conclusão adotada pelo julgador;
> V – se limitar a invocar precedente ou enunciado de súmula, sem dentificar seus fundamentos determinantes nem demonstrar que o caso sob julgamento se ajusta àqueles fundamentos;
> VI – deixar de seguir enunciado de súmula, jurisprudência ou precedente invocado pela parte, sem demonstrar a existência de distinção no caso em julgamento ou a superação do entendimento.

> § 2º No caso de colisão entre normas, o juiz deve justificar o objeto e os critérios gerais da ponderação efetuada, enunciando as razões que autorizam a interferência na norma afastada e as premissas fáticas que fundamentam a conclusão.
> § 3º A decisão judicial deve ser interpretada a partir da conjugação de todos os seus elementos e em conformidade com o princípio da boa-fé. (Brasil, 2015)

É na condução das demandas e na elaboração das respectivas sentenças que a atividade jurisdicional se foca, pois muito mais que atender aos anseios pessoais dos sujeitos envolvidos na lide, o fim máximo é garantir o respeito à lei vigente para que, em última análise, o tecido social se mantenha pacificado.

1.2.9 Princípio do duplo grau de jurisdição

Esse princípio trata da possibilidade de a parte vencida na demanda recorrer a uma instância superior para, por meio de pedido formulado expressamente, reformar a decisão da sentença de instância inferior.

Como ensinam Cintra, Grinover e Dinamarco (1997), os termos *jurisdição superior* e *jurisdição inferior* não servem para ampliar ou limitar as garantias conferidas pela Carta Magna aos juízes, mas apenas para designar são os órgãos jurisdicionais e a efetiva aplicação do duplo grau, pois, independentemente da instância, o juiz no ordenamento pátrio "tem independência jurídica [...], julgando apenas em obediência ao direito e à sua consciência jurídica" (Cintra; Grimover Dinamarco, 1997, p. 74).

Esses mesmos autores observam que tal princípio é de **natureza política**, uma vez que "nenhum ato estatal pode ficar imune aos necessários controles" (Cintra; Grinover; Dinamarco, 1997, p. 75) e, como o Poder Judiciário não se origina, no sistema brasileiro, pela legitimação popular por meio do voto, é necessário recorrer a um controle interno das suas ações. Tal controle se efetiva quando a decisão de primeira instância é encaminhada para uma nova apreciação de um tribunal, normalmente composto por juízes mais experientes, os quais julgam em órgãos colegiados.

Nas modernas democracias, tal princípio é garantido, uma vez que o cidadão vencido pode estar à mercê de interesses externos aos autos do processo, mas que de algum modo são capazes de influenciar a decisão do juízo de primeiro grau, tornando a sentença injusta, ou até mesmo errada.

Trata-se de uma garantia a possibilidade de recurso a uma jurisdição superior, pois, sentindo-se injustiçado, o indivíduo pode ver a sentença de primeiro grau reformada ou confirmada; em qualquer uma dessas situações, é criada uma condição psicológica favorável ao conformismo, da parte vencida, com o resultado da lide, dirimindo qualquer dúvida sobre a idoneidade e a imparcialidade do órgão jurisdicional.

Como lembra Mirabete (1998, p. 50), o princípio não está expresso diretamente no texto constitucional, mas se encontra de modo implícito na Lei Maior, dado o sistema processual descrito na CF/1988, que, em regra, abre a possibilidade do reexame das causas por uma instância de grau superior, ressalvados os casos de **competência originária dos tribunais**.

> Art. 5º [...]
> LV – aos litigantes, em processo judicial ou administrativo, e aos acusados em geral são assegurados o contraditório e a ampla defesa, com os meios e recursos a ela inerentes;
> [...]
> Art. 102. Compete ao Supremo Tribunal Federal, precipuamente, a guarda da Constituição, cabendo-lhe:
> [...]

> II – julgar, em recurso ordinário:
> [...]
> III – julgar, mediante recurso extraordinário, as causas decididas em única ou última instância, quando a decisão recorrida:
> [...]
> § 3º No recurso extraordinário o recorrente deverá demonstrar a repercussão geral das questões constitucionais discutidas no caso, nos termos da lei, a fim de que o Tribunal examine a admissão do recurso, somente podendo recusá-lo pela manifestação de dois terços de seus membros.
> [...]
> Art. 105. Compete ao Superior Tribunal de Justiça:
> [...]
> II – julgar, em recurso ordinário:
> [...]
> III – julgar, em recurso especial, as causas decididas, em única ou última instância, pelos Tribunais Regionais Federais ou pelos tribunais dos Estados, do Distrito Federal e Territórios, quando a decisão recorrida:
> [...] (Brasil, 1988)

Tratando-se de matéria de direito ambiental que visa atender aos interesses coletivos (metaindividuais), todas as instâncias podem ser provocadas, dadas a dimensão e a importância do conteúdo da lide.

Para Fiorillo (2009, p. 124-125), observando-se o princípio do devido processo legal, é justo que as causas com conteúdo ambiental específico, que visam atender à tutela da dignidade da pessoa humana, ganhem especial destaque no STF, sobrepondo-se àquelas com "temas de menor impacto social". Esse entendimento corresponde ao texto constitucional (art. 102, § 3º, anteriormente citado).

O parágrafo 1º do art. 1.035 do CPC, ao determinar a extensão das tais "questões relevantes", procurou abraçar elementos materiais que diretamente dão sustentáculo à dignidade do ser humano, como os aspectos econômicos e sociais.

> Art. 1.035. O Supremo Tribunal Federal, em decisão irrecorrível, não conhecerá do recurso extraordinário quando a questão constitucional nele versada não tiver repercussão geral, nos termos deste artigo.
> § 1º Para efeito de repercussão geral, será considerada a existência ou não de questões relevantes do ponto de vista econômico, político, social ou jurídico que ultrapassem os interesses subjetivos do processo.
> § 2º O recorrente deverá demonstrar a existência de repercussão geral para apreciação exclusiva pelo Supremo Tribunal Federal.
> § 3º Haverá repercussão geral sempre que o recurso impugnar acórdão que:
> I – contrarie súmula ou jurisprudência dominante do Supremo Tribunal Federal;
> [...]
> III – tenha reconhecido a inconstitucionalidade de tratado ou de lei federal, nos termos do art. 97 da Constituição Federal. (Brasil, 2015)

Ainda, sua determinação *in fine* (ao final do parágrafo) visou em primeiro lugar atender às necessidades da coletividade, sobrepondo-as **interesses subjetivos da causa**, ou seja, para se caracterizar uma **questão relevante**, é necessário que ela cause impactos em grande extensão da coletividade, indo além até mesmo dos interesses tratados nos autos.

Síntese

» *Princípio*: palavra discutida com base na seguinte possibilidade de significado – "origem" e/ou "semente".

» Princípios constitucionais dos atos administrativos:
  » Embasam os atos dos agentes do Poder Público brasileiro.

» Orientam o administrador público no sentido de empregar de modo racional os recursos limitados, tendo como fim o bem-estar da coletividade.
» Estudo do art. 37 da CF/1988:
1) Princípio da legalidade: atenção estritamente ao texto da lei.
2) Princípio da impessoalidade: atenção aos fins da administração independentemente dos sujeitos ou grupos atendidos.
3) Princípio da moralidade: atenção a um juízo de valores, conexos com a moral social, visando ao bem comum no trato com a *res publica*.
4) Princípio da publicidade: quando o ato se torna público para que seja do conhecimento dos cidadãos e das partes interessadas.
5) Princípio da eficiência: atividade administrativa com melhores resultados dispondo-se de recursos limitados.
» Princípios processuais constitucionais:
1) Princípio do devido processo legal:
   » Expresso no art. 5º, inciso LIV, da CF/1988.
   » Elementos de ordem política e ética, constantes no sistema processual.
   » Poder de polícia exercido pelo Estado, associado ao julgamento dentro da legalidade.
   » Princípio que serve de origem para os demais princípios processuais constitucionais.
   » Evolução do by the Law of the Land (pela Lei da Terra) para o estatuto inglês due process of Law – devido processo legal (Inglaterra) –, que se converteu na 5ª e 13ª Emendas da Constituição dos Estados Unidos da América.

» Conjunto de direitos que visam atender aos direitos coletivos baseados em procedual due process (devido processo legal) e substantive due process (direitos substanciais das partes).

2) Princípio da igualdade processual:
   » Expresso no art. 5º, *caput*, da CF/1988, bem como no art. 139, inciso I, do CPC.
   » Atualidade: igualdade, inclusive no campo social.
   » Tratamento igualitário abstrato dos sujeitos, sem excluir suas particularidades.
   » Igualdade sob os aspectos: social, político e jurídico.
   » Processo: igualdade conferida a ambas as partes, sem extrapolações.

3) Princípio do direito de ação:
   » Expresso no art. 5º, inciso XXXV, da CF/1988.
   » Garantia ao sujeito do seu direito subjetivo de acesso aos órgãos encarregados da função jurisdicional.
   » Acesso à justiça: não configura benefícios ou ganho de causa para uma das partes, mas apenas garantia de acesso ao tribunal.
   » Direito público subjetivo, invocado até mesmo contra o Estado.
   » Direitos disponíveis e indisponíveis.
   » Órgãos com obrigação funcional de provocar o juízo: Ministério Público e Procuradoria da Fazenda.

4) Princípio do contraditório e da ampla defesa:
   » Expresso no art. 5º, inciso LV, da CF/1988.
   » Atenção dispensada a ambas as partes (*audiatur et altera pars*).
   » Evita práticas inquisitivas no interior dos processos.
   » O autor provoca o juízo e o réu se defende.
   » Relação dialética.

» Comunicação dos atos processuais: citação, intimação e notificação.

» Contraditório: informação e reação.

» Dois aspectos: igualdade processual e liberdade processual.

5) Princípio da licitude dos meios probatórios:

» Expresso no art. 5º, inciso LVI, da CF/1988 e no art. 369 do CPC.

» Garantias às partes mediante meios probatórios admitidos pelo ordenamento vigente.

» Provas duvidosas: favorecimento de uma parte resultando em desavença permanente entre as partes.

» Ordenamento que não admite nos autos as provas obtidas ilicitamente.

6) Princípio da imparcialidade do juiz:

» Expresso no art. 5º, incisos XXXVII e LIII, da CF/1988.

» Juiz em posição de destaque em relação às partes.

» Texto constitucional: garantias (art. 95) e vedações (art. 95, parágrafo único).

» Tribunais de exceção: constituídos posteriormente aos fatos, contrapondo-se ao princípio do juiz natural.

» Competência: não há poder discricionário do Estado que exclua a competência de um juiz pré-constituído.

7) Princípio da publicidade:

» Expresso no art. 5º, inciso LX, e art. 93, inciso IX, da CF/1988 e no art. 792, parágrafo 1º, do CPP.

» População fiscalizando as atividades dos magistrados, promotores e advogados.

» Prevalece o interesse da sociedade sobre o particular nas causas em litígio.

» Exceção: interesses irreparáveis das partes ou interesse público.

8) Princípio da motivação das decisões judiciais:
   » Expresso no art. 93, inciso IX, da CF/1988.
   » Dois tipos de sentença: terminativa definitiva e meramente terminativa.
   » Juiz obrigado a apresentar a ordem lógica de que se valeu para chegar à sua decisão.
   » Tendência moderna dos textos constitucionais (belga, italiano e grego).
   » Sociedade: principal destinatária da justiça (imparcialidade do juiz).
   » Nulidade evocada contra sentença que não manteve fiel correspondência com o pedido do autor.
   » Sentenças em desacordo com o conteúdo da inicial: *ultra petita*, *extra petita* e *citra petita*.
   » Embargos de declaração: omissão, obscuridade, dúvida ou contradição.
9) Princípio do duplo grau de jurisdição:
   » Expresso no art. 5º, inciso LV, no art. 102, incisos II e III, parágrafo 3º e no art. 105, incisos II e III, da CF/1988.
   » Parte vencida recorre a uma instância superior para reformar a decisão da sentença de instância inferior.
   » "Jurisdição superior" ou "jurisdição inferior" não qualificam ou desqualificam os órgãos jurisdicionais.
   » Princípio serve como controle interno do Poder Judiciário.
   » Maior certeza no julgamento (conformismo com o resultado da demanda).
   » Princípio implícito no texto constitucional.
   » Supremo Tribunal Federal (STF): repercussão geral.

Questões para revisão

1) Quanto à sua natureza, os processos judiciais são classificados conforme a relação a seguir, **exceto**:
   a. Processo de conhecimento.
   b. Processo de execução.
   c. Processo cautelar.
   d. Processo disciplinar.

2) Associe a primeira coluna com a segunda:

I. Princípio da legalidade
II. Princípio da impessoalidade
III. Princípio da moralidade
IV. Princípio da publicidade
V. Princípio da eficiência

( ) É a divulgação oficial do ato.
( ) O ato deve seguir o que a lei expressa.
( ) Significa obter resultados com poucos recursos.
( ) Engloba um conjunto de valores no trato com a coisa pública.
( ) O agente deve atender ao fim legal previsto para cada ato.

A sequência correta é:
   a. I, II, III, V, IV.
   b. IV, V, I, II, III.
   c. IV, I, V, II, III.
   d. IV, I, V, III, II.

3) O princípio do devido processo legal remonta ao seguinte item:
   a. Texto da Constituição de 1988.
   b. *Audiatur et altera pars.*
   c. *By the Law of the Land.*
   d. *Procedual due process.*

4) A comunicação dos atos processuais colabora para que o demandado possa se defender em juízo. A comunicação desses atos no ordenamento brasileiro se dá por meio de:
   a. citação, intimação e chamamento.
   b. citação, publicação e notificação.
   c. citação, intimação e notificação.
   d. sentença, intimação e notificação.

5) Conforme o ordenamento pátrio, as provas que servem de fundamento às pretensões das partes num processo, se obtidas ilicitamente:
   a. são admitidas em nome do princípio da verdade real.
   b. são admitidas, e posteriormente é responsabilizado quem praticou o ilícito.
   c. são impedidas de compor os autos do processo ou nele permanecer quando descoberta a ilicitude.
   d. As alternativas "b" e "c" estão corretas.

Atividade prática

Assista ao filme *Em nome do pai* e identifique e discuta as consequências das violações dos direitos civis sofridas pelo personagem protagonista da trama, as quais foram promovidas por agentes do Poder Público.

EM NOME do pai. Direção: Jim Sheridan. Produção: Jim Sheridan. Irlanda/Grã-Bretanha/EUA: Universal Pictures, 1993. 132 min.

II

Tutela do meio ambiente na Constituição de 1988

Neste capítulo abordaremos alguns fatos que marcaram o aprofundamento da discussão sobre o meio ambiente, principalmente na segunda metade do século XX. Afinal, a legislação brasileira sistematizou toda uma ideologia referente ao ambiente natural em que está inserido o ser humano, o qual, através de sua atuação sobre o referido meio, tem a necessidade de preservá-lo para a atual e as futuras gerações.

Para tanto, discutiremos sobre a elaboração de diplomas legais sobre meio ambiente surgidos mesmo antes da Constituição de 1988 (Brasil, 1988) e examinaremos os consagrados artigos do texto constitucional que servem de fundamento para a devida manutenção da vida e dos recursos naturais, bens de interesse difuso e coletivo.

2.1 Contextualização histórica e legal da tutela do meio ambiente

A preocupação com a proteção do meio ambiente e com o desenvolvimento econômico foi uma constante em toda a opinião pública mundial, principalmente no período pós-Revolução Industrial. A adoção de um modelo focado na produção e no consumo levou os principais países ocidentais a se enfrentarem em duas grandes guerras e, para superar esses momentos críticos, a corrida armamentista foi uma necessidade.

O ápice desse processo desenfreado foi a chamada Guerra Fria*, na qual duas potências econômicas e militares (Estados Unidos da América – EUA – e a então União das Repúblicas Socialistas Soviéticas – URSS) disputavam o controle sobre armamentos desenvolvidos com base na energia nuclear, com grande poder de destruição em massa. Os traumas gerados pela Primeira e Segunda Guerras Mundiais e, ainda, por uma iminente guerra nuclear levaram a população civil a começar a exigir maiores espaços de participação nas decisões dos seus governos, uma vez que estes se mostraram incapazes de gerir os verdadeiros interesses das nações ocidentais.

Nesse cenário explodiu, em Paris, a revolução de maio de 1968, que, de acordo com Aranha (1996, p. 164-165), foi um movimento

---

* A Guerra Fria foi um período iniciado logo após a Segunda Guerra Mundial, quando os Estados Unidos da América (EUA) e a então União das Repúblicas Socialistas Soviéticas (URSS) travaram uma intensa batalha econômica, diplomática e tecnológica pela disputa de zonas de influência no cenário mundial, que se encontrava dividido em dois blocos: o capitalista (liderado pelos EUA) e o socialista (liderado pela URSS). Houve uma corrida armamentista que colocou a humanidade na expectativa de uma possível guerra nuclear. O marco final desse período foi a dissolução da URSS em 1991 (Piletti, 1988).

nascido na Universidade de Nanterre e que se estendeu até o *campus* universitário da Sorbonne e o *Quartier Latin*, ambos na capital francesa.

Segundo Reigota (1999, p. 34), essa revolução serviu para o surgimento do movimento ecologista global, que foi a articulação de um movimento que abordava questões ambientais com indivíduos não vinculados à burocracia do Poder Público. Essa iniciativa foi uma resposta à corrida armamentista gerada pela Guerra Fria e pelo temor do uso nocivo da energia nuclear.

Em resposta às agitações sociais e à opinião pública mundial, reuniram-se, em 1972, os países mais ricos do mundo no evento conhecido como *Clube de Roma*, a fim de consolidar o relatório intitulado *Limites do Crescimento*. Esse documento foi estruturado com base em um levantamento feito pela equipe de professores do Massachusetts Institute of Technology – MIT (Scliar, 2004, p. 8). Nessa ocasião, chegou-se ao consenso acerca da necessidade de reduzir o crescimento econômico e populacional global por meio, inclusive, do controle demográfico (Jacobi, 2003, p. 193).

Ainda em 1968, na Suécia, ocorreu a 23ª Assembleia Geral das Nações Unidas, que tratou das questões ambientais e do desenvolvimento humano. Entre os dias 5 e 16 de junho de 1972, a cidade de Estocolmo foi o palco da maior conferência das Nações Unidas até então realizada, na qual estiveram presentes representantes de 113 países e de 250 entidades internacionais para tratar de questões relacionadas com o meio ambiente global (Milaré, citado por São Paulo, 1993).

A Conferência das Nações Unidas sobre o Meio Ambiente Humano (Cnumah), de 1972, foi uma crítica ao modo de vida estruturado pela crescente sociedade internacional de consumo e, ainda, identificou a necessidade da busca pela sustentabilidade social, econômica e ecológica (Jacobi, 2003, p. 193).

Segundo Reigota (1999), o reflexo desses dois eventos – Clube de Roma e Conferência da Nações Unidas – levou à implantação, por parte da África e da América Latina, de programas de controle demográfico e à expansão das fronteiras colonizatórias. Como, na época daquela conferência, havia um interesse brasileiro e de outros países em estimular o desenvolvimento econômico em detrimento da conservação e preservação ambiental, no Brasil e na Índia foram construídos parques industriais de caráter poluente e multinacional, em um claro contraste com a legislação europeia, que se tornou, naquele momento, mais rigorosa quanto aos dejetos produzidos pelo setor industrial.

O debate global sobre questões humanas e ambientais convergiu para o mais significante encontro promovido para tratar desse tema: a Conferência das Nações Unidas sobre Meio Ambiente e Desenvolvimento (Cnumad), ocorrida na cidade do Rio de Janeiro, em junho de 1992, da qual nasceu a **Agenda 21 Global**, que viria a ser "um instrumento de políticas públicas para o desenvolvimento sustentável, de construção e implementação coletiva – com participação de todos os segmentos da sociedade, compartilhando responsabilidades na consolidação dos planos de ação governamental" (Brasil, 2004b, p. 6).

Interagindo com as iniciativas que originaram a Agenda 21 Global, a Organização das Nações Unidas (ONU) realizou, na cidade norte-americana de Nova York, em setembro de 2000, o evento conhecido como Cúpula do Milênio, no qual foi formado um pacto com lideranças de 189 países no sentido de mitigar a fome e a pobreza mundial até 2015. Nesse evento, firmou-se a **Declaração do Milênio**, inspirada nos debates realizados desde Estocolmo até o Rio de Janeiro e na qual foram estabelecidos oito objetivos que, basicamente, referem-se à fome e à miséria, à saúde materna, à cooperação mundial, à qualidade ambiental, ao ensino fundamental, às doenças infectocontagiosas e à igualdade entre os gêneros

(Cerqueira; Facchina, 2005). O entendimento foi o de que não há como falar em distribuição de renda nos países ricos do Hemisfério Norte sem pensar nas consequências às sociedades e ao meio ambiente do Hemisfério Sul (Reigota, 1999, p. 44).

O Brasil, atendendo ao debate global sobre o modelo de desenvolvimento, procurou elaborar uma Agenda 21 própria. A Agenda 21 Global, da qual o Brasil foi signatário, está estruturada em 40 capítulos temáticos, sendo um instrumento de gestão voltado a educar as atuais e futuras gerações. Como expressa Zióle Zanotto Malhadas na Agenda 21, trata-se de uma ferramenta destinada a "preparar os jovens para exercerem as futuras profissões dentro de uma nova ética socioambiental, convivendo e interagindo com respeito à harmonia entre o Homem e a Natureza" (Cnumad, 2001, p. 2). Além disso, na elaboração do novo Código Florestal, o legislador brasileiro determinou como objetivo do referido diploma legal o desenvolvimento sustentável (art. 1º A, parágrafo único). O Brasil detém 15% da água doce em forma líquida existente no mundo e a melhor forma de gerir todo esse potencial hídrico é envolver a comunidade, tema, aliás, tratado na Lei n. 9.433, de 8 de janeiro de 1997 (Brasil, 1997a), que regulamenta os comitês de bacia hidrográfica (CPDS, 2004, p. 70).

O debate internacional sobre o meio ambiente visualizou como estratégia de preservação o aprimoramento da educação ambiental das comunidades a fim de difundir uma consciência ética por meio da criação de canais de gestão compartilhada dos recursos naturais. A educação voltada para a cidadania é uma prioridade identificada, pois apenas essa iniciativa é capaz de desenvolver nas pessoas "uma consciência ética que questione o atual modelo de desenvolvimento, marcado pelo caráter predatório e pelo reforço das desigualdades socioambientais" (Jacobi, 2003, p. 196).

Leff (2000) identifica, no momento atual, a oportunidade para a humanidade, na busca da sustentabilidade, de desenvolver a sua forma de pensar e entender o mundo pela perspectiva da heterogeneidade e da diversidade, contrapondo-se à cultura hegemônica homogeneizante que estava fundada num único modelo globalizante de desenvolvimento econômico. Com a crise ambiental, o ser humano é convidado a reformular a visão de mundo, com mais espaço para a liberdade, entendendo a diversidade como algo próprio do ambiente natural que o cerca.

Contudo, o convite à participação na discussão dos problemas do seu meio social apenas é justificado quando o indivíduo encontra canais para influir no destino da comunidade. A sociabilidade está fundamentada na pluralidade de atores e, antes de tudo, em uma educação voltada à participação (Jacobi, 2000, p. 27). Nesse sentido, a cidade do Rio de Janeiro foi a sede do 1º Congresso Ibero-Americano sobre Desenvolvimento Sustentável, no qual foi confirmado o lançamento da Década da Educação para o Desenvolvimento Sustentável, promovida pela ONU (Mussara, 2005, p. 67).

Contudo, o processo de educação é tarefa complexa e demanda grande gama de recursos. Muito se fala em conscientização para um mundo ecologicamente sustentável, mas pouco delibera sobre de mecanismos para obter a referida educação do cidadão comum.

Além de explicitar os problemas existentes no país e reconhecer a necessidade de educar a população sob o signo da corresponsabilidade ambiental, o Poder Público é impelido até mesmo a destinar financiamentos à elaboração das iniciativas tidas como sustentáveis (Cnumad, 2001).

O economista brasileiro Celso Furtado (2002) identificou no modelo histórico de desenvolvimento econômico do Brasil um **mau desenvolvimento**, na medida em que se amparou numa economia de subsistência e numa industrialização tardia voltada a atender ao consumo interno e que se limitou à substituição dos manufaturados antes importados, sem a perspectiva de avançar rumo a novos mercados. De tal modelo desenvolvimentista derivou "seu dinamismo da reprodução indiscriminada de padrões de consumo de sociedades que já alcançaram níveis de produtividade e bem-estar muitas vezes superiores aos nossos" (Furtado, 2002, p. 35).

O resultado desse processo foi o endividamento externo e do setor público interno e, na esfera social, a estagnação das classes sociais, sendo que uma pequena elite, na "tentativa de reproduzir a cultura do capitalismo mais avançado" (Furtado, 2002, p. 36), impediu que a grande parte da população conquistasse os mínimos meios de manutenção da própria dignidade. Como solução aos impasses criados na economia e sociedade brasileiras, o autor sugere uma maior participação popular no processo de "reconstrução" nacional e na tomada do poder político por lideranças interessadas em resgatar valores da cultura local.

Nesse mesmo sentido segue o geógrafo Milton Santos (1997) ao reconhecer que no interior de uma cidade há vários sistemas em constante interação: sejam da zona mais central ocupada pelas classes mais abastadas, sejam das zonas periféricas ocupadas pela população mais pobre. Tal ambiente sistêmico compreende todas as relações ali desenvolvidas; logo, ao pensarmos o meio urbano, havemos de recorrer a uma nova solidariedade fundada na combinação entre as limitações dos cidadãos mais pobres e a euforia competitiva das classes mais abastadas (Santos, 1997, p. 86), sem desprezar a realidade que cada agrupamento inserido num todo social vive.

Justamente por tratar-se de um país com as condições do Brasil, com vasta diversidade cultural e economicamente resignado, não é mais necessário recorrer aos padrões importados do Hemisfério Norte a fim de obter soluções para os problemas locais. Em tempos de pós-Segunda Guerra Mundial, o Hemisfério Sul não necessita se submeter culturalmente aos países com políticas expansionistas mais austeras, pois foram criados cenários para possibilitar diálogo entre nações desiguais (Reigota, 1999, p, 45).

Nas palavras de Oswald de Andrade, citado por Reigota (1999, p. 45), "pela primeira vez o homem do sul do Equador vai falar, não para repetir chavões neocolonizadores, mas falar de sua importância e presença no mundo".

2.2 Tutela do meio ambiente antes da Constituição de 1988

Desde o Brasil Colônia consta normatização que visa proteger os recursos naturais, como no caso das florestas. Contudo, tais medidas apenas procuravam atender aos interesses da Coroa Portuguesa quanto à extração da madeira, dos demais bens da flora e da fauna e dos recursos minerais.

Conforme o país foi avançando na sua independência e se consolidando como nação, foram surgindo institutos destinados a proteger essa base material (solo, água, florestas etc.) capaz de garantir a sobrevivência de toda a sociedade brasileira. O primeiro Código Florestal data de 1934, como resposta do Poder Executivo às práticas predatórias, principalmente da iniciativa privada; aliás, coincide com os processos de colonização de algumas regiões do país (como o norte do Paraná) e, ainda, de crescimento e reforma dos centros urbanos. Tais processos causaram grande impacto sobre os recursos existentes, uma vez que na primeira metade do século XX grandes extensões de florestas foram derrubadas no Brasil a fim de atender à indústria madeireira e à expansão humana sobre o território nacional.

Segundo Schramm (2006, p. 140), um dos primeiros documentos que trataram de questões ligadas à vida e ao meio ambiente é o **Protocolo de Genebra**, de 17 de junho de 1925, o qual proibiu o emprego de gases asfixiantes, tóxicos ou similares e de meios bacteriológicos em situações de guerra. O documento surgiu dos apelos do Comitê Internacional da Cruz Vermelha (CICV) a partir das experiências da Primeira Guerra Mundial e do uso deliberado de armas dessa natureza.

O principal argumento foi o temor da proliferação de doenças por meio de agentes invisíveis ao olho nu que poderiam dizimar comunidades inteiras, uma vez que a tecnologia da época era incapaz de controlar a expansão desses micro-organismos sobre o ar, a água, a terra, a flora e a fauna. O temor se intensificou nas décadas seguintes, haja vista os avanços das pesquisas com elementos químicos, biológicos e radioativos (Schramm, 2006, p. 140).

Os principais Estados da época reconheceram na prática da chamada *guerra química* um ato seu, como se expressa no preâmbulo do referido Protocolo, "condenado por motivos justos pela opinião geral do mundo civilizado" (Protocol..., 1925, tradução nossa). Esse protocolo demonstra, já no início do século XX, uma preocupação com as consequências do uso irracional de tecnologias que o ser humano passou a desenvolver durante a Revolução Industrial.

O Brasil encontrava-se sensível aos debates desenvolvidos na comunidade internacional, tanto que foi signatário do referido protocolo, assim como, na esfera interna, criou institutos jurídicos como o Decreto n. 24.643, de 10 de julho de 1934 (Brasil, 1934b), o qual instituiu o **Código de Águas**.

A proteção dos recursos naturais ganhou uma nova abordagem pelo Estado, que passou a reconhecer na natureza um bem a ser tutelado pelo Poder Público, e não apenas por interesses privados. Salientamos que essa nova visão foi o resultado dos conflitos existentes na comunidade internacional, a qual atribuiu aos Estados nacionais maiores responsabilidades com o bem-estar dos seus cidadãos, independentemente da classe social a que pertencessem. Não bastava garantir apenas no plano formal direitos como **igualdade, liberdade e fraternidade**, proclamados no Estado liberal, pós-Revolução Francesa, de 1789.

As discussões surgidas no seio da opinião pública naquele momento histórico obrigaram o Poder Público a expandir sua área de atuação internamente e, para que a sua população viesse a desfrutar de um mínimo de dignidade material (moradia, alimentação, vestuário etc.), era necessário diversificar os meios de produção capitalista. Logo no preâmbulo do Código de Águas, é observado o sentimento do legislador da época sensível a tais transformações:

> [...]
> Considerando que o uso das águas no Brasil tem-se regido até hoje por uma legislação obsoleta, em desacordo com as necessidades e interesse da coletividade nacional;
> Considerando que se torna necessário modificar esse estado de coisas, dotando o país de uma legislação adequada que, de acordo com a tendência atual, permita ao poder público controlar e incentivar o aproveitamento industrial das águas;
> [...] (Brasil, 1934a)

Nessa legislação, a água foi tratada como de uso comum, sem ignorar a sua importância ao desenvolvimento nacional a partir da industrialização, humanizando, assim, o texto da lei:

> Art. 34. É assegurado o uso gratuito de qualquer corrente ou nascente de águas, para as primeiras necessidades da vida, se houver caminho público que a torne acessível.
> (Brasil, 1934a)

Outro documento internacional de grande relevância foi a Convenção para a Proteção da Flora, da Fauna e das Belezas Cênicas Naturais dos Países da América de 1940, aprovado no Brasil pelo Congresso Nacional por meio do Decreto Legislativo n. 3, de 13 de fevereiro de 1948 (Brasil, 1948), tendo sido recepcionada pelo Decreto n 58.054, de 23 de março de 1966 (Brasil, 1966). No texto desse documento, mais precisamente em art. 1º, procurou-se definir o conceito de parques nacionais, reservas nacionais, monumentos nacionais, reservas de regiões virgens e aves migratórias. Tal conteúdo normativo foi concebido de modo que se estabelecesse um conteúdo mínimo para servir de embasamento ao fim pretendido por essa legislação: a proteção de recursos naturais mediante a conservação e mínima intervenção possível da ação antrópica. O art. 3º do citado decreto menciona a possibilidade de educação ambiental para os frequentadores dos parques e reservas e, ainda, o art. 5º, inciso I, estimula os países signatários da Convenção, que posteriormente foi recepcionada pela legislação interna, para que seus respectivos parlamentos, sede do Poder Legislativo, criem e adotem "leis e regulamentos que assegurem a proteção e conservação da flora e fauna dentro de seus respectivos territórios".

Essa legislação veio regulamentar e uniformizar uma prática que já ocorria em território nacional, pois o Decreto n. 1.713, de 14 de junho de 1937 (Brasil, 1937), o qual tem como fundamento o Decreto n. 23.793, de 23 de janeiro de 1934 (Brasil, 1934a) – antigo Código Florestal –, versa sobre a criação do Parque Nacional de Itatiaia, no Rio de Janeiro. Ao analisar o texto do preâmbulo dessa legislação, notamos que o pensamento da época não tinha clara a extensão do tema *ambiente natural* (pelo menos como se tem hoje), uma vez que a preocupação em criar o Parque do Itatiaia tinha as seguintes finalidades:

a) proteção à natureza;
b) auxílio às ciências naturais;
c) incremento das correntes turísticas;
d) reserva para as gerações vindouras.

O legislador não especificou o fim para se proteger a natureza ou os benefícios que essa lei traria para as futuras gerações da humanidade. Provavelmente, ela servia apenas para ampliar os estudos em "ciências naturais" e melhorar o turismo local.

Com o Decreto-Lei n. 2.848, de 7 de dezembro de 1940 (Brasil, 1940a), que instituiu o Código Penal (CP), expandiu-se a tutela de proteção aos recursos naturais, mas, nesse caso, visando proteger o bem "vida humana". Os arts. 270 e 271 estão inseridos na parte especial do código, no seu Título VIII, Capítulo III, que versa sobre os crimes contra a saúde pública:

> Art. 270. Envenenar água potável, de uso comum ou particular, ou substância alimentícia ou medicinal destinada a consumo:
> [...]
> Art. 271. Corromper ou poluir água potável, de uso comum ou particular, tornando-a imprópria para consumo ou nociva à saúde:
> [...] (Brasil, 1940a)

Classificar os crimes relacionados à corrupção dos meios aquosos, principalmente aqueles destinados ao consumo humano, no capítulo do CP destinado aos **crimes contra a saúde pública**, revela a preocupação do legislador de 1940 com a incolumidade do grupo social em relação à saúde.

Salienta Damásio de Jesus (1998, p. 327) que o CP dispõe de um capítulo específico sobre os **crimes contra a pessoa**, mas trata da proteção ao bem da vida e à integridade física de modo individualizado. Lembra esse doutrinador que os institutos aqui estudados procuram proteger as pessoas de um mesmo grupo social de forma indiscriminada, generalizante, abrangendo o maior número possível de indivíduos.

O verbo que remete ao crime indicado no art. 270 é *envenenar*, ou a modalidade de alterar a composição da água natural com substância, química ou orgânica, que "altera ou destrói as funções vitais" (Jesus, 1998, p. 341). Quanto ao art. 271 do CP, o verbo de ação punível é *corromper* (alterar, adulterar) ou *poluir* (sujar) a água própria para o consumo humano, seja no uso comum, seja no particular (Jesus, 1998, p. 345).

Note que tal ordenamento jurídico procurou estabelecer conteúdo para um direito coletivo, uma vez que o sujeito passivo do tipo penal é a "coletividade", pois uma sociedade de mercado em ascensão, em que se busca o lucro a qualquer custo, fica à mercê de indivíduos e grupos econômicos inescrupulosos, ou seja:

> *Na verdade, pelo próprio contexto em que tais condutas são realizadas, pela motivação econômica, pelo descaso, pela sorte de infindável número de pessoas e pelo perigo a que fica exposta uma indefesa comunidade, é que a atenção dos estudiosos se volta cada dia mais aos crimes contra a saúde pública, os quais os meios de comunicação não se cansam de noticiar.* (Jesus, 1998, p. 327)

Fica evidente a preocupação do legislador com questões ambientais relacionadas ao viés econômico, principalmente pela expansão das indústrias e do comércio pelo território nacional.

Os malefícios da sociedade industrial foram sentidos em diversos países do Ocidente ao longo do século XX. Um exemplo a ser citado é o da Alemanha, que, com a 18ª Lei de Alteração do CP de 1980, criou institutos destinados a cuidar da poluição das águas (parágrafo 324 do CP alemão), da poluição do ar (parágrafo 325) e do manuseio de detritos perigosos (parágrafo 326). Esse ordenamento, semelhante ao brasileiro, levantou uma discussão doutrinária quanto ao "bem jurídico" em questão, sendo que, nos dizeres de Roxin, Arzt e Tiedemann (2007, p. 119-120), a proteção ambiental assume três aspectos distintos:

1) Proteção dos bens individuais "vida" e "saúde" no campo preliminar do dano: A criminalização da poluição do ar está associada à proteção da saúde (o ar poluído é prejudicial à saúde).

2) Proteção das possibilidades de aproveitamento econômico do meio ambiente: A contaminação da água potável resulta em grandes prejuízos, daí a justificativa para a criminalização.

3) Proteção na qualidade de "bem ideal": Seja por motivos religiosos (respeito à criação divina), seja para a obtenção do prazer estético que a paisagem natural e a pureza da água e do ar proporcionam.

Conforme os autores anteriormente citados, a tutela dos recursos naturais encontra uma contradição diante dessas três abordagens, pois a especialização e o desenvolvimento do conhecimento humano, bem como a consequente intervenção desse saber na realidade das sociedades, alteram o estado primitivo do meio ambiente, cuja preservação em estado original não é a garantia de proteção da vida e da saúde humana (Roxin; Arzt; Tiedemann, 2007, p. 120): "Com efeito, as construções para obstrução de avalanches e para regulação do fluxo dos rios podem reduzir os riscos para a vida e a integridade física, mas elas se fazem em detrimento da intangibilidade da paisagem".

Desse modo, o texto legal ainda não é ponto pacífico quando visa proteger o meio ambiente num sentido amplo e generalizante, pois não pode ser desconsiderada a intervenção antrópica no meio, uma vez que as sociedades se expandem sobre o território, deixando a sua impressão. Logo, o texto legal é merecedor de uma interpretação sensível quando, por exemplo, um córrego de água inserido numa área de ocupação irregular sofre ligação clandestina de esgoto. Pela letra fria da lei, é certo punir todos os moradores da localidade, sem levar em consideração as condições socioeconômicas que permitiram a instauração de tal realidade.

Entretanto, cabe ressaltarmos que o direito é uma ciência em constante evolução. Antes de passarmos para o próximo capítulo, que enfocará o texto da Constituição de 1988 (CF/1988), é necessário lançar o olhar sobre a Carta Magna que o antecedeu: a Emenda Constitucional n. 1, de 17 de outubro de 1969 (Brasil, 1969a).

A Carta de 1969, no seu art. 4º, inciso II, trazia como bens da União "os lagos e quaisquer correntes de água em terrenos de seu domínio". No dizer de Ferreira Filho (1983, p. 59), esse texto constitucional reiterou o disposto nas Cartas Políticas de 1934 (art. 20), 1937 (art. 36) e 1946 (art. 34, I). Citando Themístocles Cavalcanti, a disposição constitucional sobre o domínio das correntes de água pacificou as controvérsias existentes desde 1891 (Ferreira Filho, 1983).

A Constituição de 1969 focou os recursos naturais com maior ênfase nos seus potenciais econômicos, como pode ser observado no seu art. 168:

> Art. 168. As jazidas, minas e demais recursos minerais e os potenciais de energia hidráulica constituem propriedade distinta da do solo, para o efeito de exploração ou aproveitamento industrial. (Brasil, 1969a)

Conforme Ferreira Filho (1983, p. 695), diante desse instituto, que seguiu disposição do texto constitucional de 1934, a propriedade era limitada ao uso particular apenas até o limite do solo, excluindo-se as substâncias minerais existentes no interior da terra e que tivessem valor econômico, como estabelecido no art. 4º do Decreto-Lei n. 227, de 28 de fevereiro de 1967 (Brasil, 1967b). Ainda de acordo com esse autor, tais disposições romperam com a concepção romanista de propriedade, segundo a qual os limites se expandiam *ab inferos ad astra*. O texto atribuía à União a responsabilidade de autorizar ou não a exploração do recurso natural, inclusive pelo "aproveitamento industrial" dessa natureza.

Diante de tais constatações, fica evidente a preocupação com os fins econômicos dos recursos naturais, especialmente quando o texto da Carta de 1969 tratou da saúde (art. 8º, XIV e XVII, "c"; art. 25, § 4º), mencionando o termo de modo amplo, sem qualquer vinculação com o equilíbrio do meio ambiente natural. Mesmo assim, o texto desse instituto já fazia menção ao fato de que estavam protegidos "os documentos, as obras e os locais de valor histórico ou artístico, os monumentos e as paisagens naturais notáveis, bem como as jazidas arqueológicas" (art. 180, parágrafo único), sendo que, no dizer de Ferreira Filho (1983, p. 717), o zelo com esses bens culturais era de obrigação conjunta da União, dos estados e dos municípios.

2.3 O meio ambiente na Constituição de 1988

A título de ilustração, nas sociedades primitivas germânicas a ideia de propriedade estava mais associada aos utensílios de uso pessoal (como vestuário, armas, adereços etc.). Gilissen (1988, p. 637) ensina que o sistema agrário consistiu na divisão das terras entre membros do mesmo clã, considerando-se que, citando César (*De Bello Gallico*), "ninguém possui uma superfície certa dos campos nem limites próprios".

Esses mesmos povos, uma vez fixados num território e ocupadas e cultivadas as terras pelos membros dos clãs, utilizaram as florestas, as estevas, os pastos, as lezírias e as turfeiras em comum. Como salienta Gilissen (1988), a apropriação comum do solo se constituiu em **bens comunais**, e esses institutos sobreviveram até o século

XX em textos legais (como o art. 542 do Código Civil* – CC – e os arts. 87 a 102 do Código Florestal Alemão).

Dessa ilustração podemos ser aprender que as sociedades, primitivas interagiam de forma mais harmônica com o meio natural que as rodeava. No exemplo citado, relativo aos povos germânicos, os indivíduos lavravam as terras destinadas à agricultura conforme suas relações com o clã, até mesmo porque dependiam do auxílio de vizinhos para a colheita, e os laços de parentesco facilitavam as interações sociais. Contudo, os grandes sistemas naturais (florestas, turfeiras) eram utilizados de modo comum entre diversos clãs consolidados na região.

O que chama a atenção é o modelo de relação social que não estava fundamentado no egoísmo no que se refere à exploração dos recursos naturais. Havia uma harmonia com a quantidade necessária desses recursos para suprir as necessidades daquelas comunidades.

Com o avanço do processo de industrialização, no qual a humanidade foi lançada de forma irreversível e, em paralelo, com a consolidação dos Estados nacionais como os conhecemos hoje, é urgente a necessidade de o organismo político estatal legitimamente constituído intervir de modo objetivo quando o assunto é negociar os diversos interesses conflitantes no interior das suas sociedades e no plano internacional.

O aprimoramento do mercado capitalista impôs aos recursos naturais um pesado ônus ao suprir os bens de consumo exigidos cada vez mais por uma sociedade fundamentada no consumismo e no lucro. Por conta disso, o Estado desempenha importante papel no equilíbrio das relações travadas no cotidiano das suas respectivas cidades, colocando em evidência a dignidade humana acima de qualquer outro valor equivocadamente idolatrado.

---

* Lei n. 10.406, de 10 de janeiro de 2002 (Brasil, 2002a).

A CF/1988 trouxe algumas inovações na abordagem das questões relacionadas ao meio ambiente e aos recursos naturais. Se antes esses recursos eram tutelados pelo Estado apenas com vistas ao fim econômico, com o novo ordenamento procurou-se proteger um bem ainda maior: a vida.

Na sequência serão descritas as principais áreas tuteladas pelo texto constitucional, em pleno acordo com o atual Estado democrático de direito, o qual confere ao cidadão o "direito de agir" quando um dos bens aqui relacionados estiver ameaçado, conforme o expresso no art. 5º, inciso XXXV, da Carta Magna de 1988.

Reforçando tal afirmação, emerge o pensamento de Temer (2000, p. 201), para o qual o texto constitucional ainda garante o "direito de petição", por força do art. 5º, inciso XXXIV, alínea "a", que permite ao cidadão peticionar ao Poder Público competente, em nome próprio ou coletivamente, contra ilegalidades ou abuso de poder. Essa garantia constitucional, ainda conforme esse autor, tem origem no *Bill of Rights*, de 1689, que conferia aos súditos ingleses o direito de elaborar petições dirigidas ao rei. Essa tradição foi seguida pela Constituição Francesa de 1791 e pela 1ª Emenda da Constituição dos Estados Unidos.

> Art. 5º [...]
> XXXIV – são a todos assegurados, independentemente do pagamento de taxas:
> a) o direito de petição aos Poderes Públicos em defesa de direitos ou contra ilegalidade ou abuso de poder;
> [...] (Brasil, 1988)

2.3.1 O patrimônio genético

De acordo com Silva (1999, p. 200), o texto constitucional de 1988, no seu art. 5º, *caput*, faz menção à palavra *vida* de modo a garanti-la como um direito fundamental. Continua dizendo esse autor que pensar sobre a vida não é meramente enfocar os aspectos biológicos, mas levar em conta todos os aspectos (materiais e imateriais) que constituem um ser.

No art. 225, parágrafo 1º, incisos II e V, da Constituição de 1988 se encontram tutelados o patrimônio genético da raça humana e todo tipo de material genético, inclusive fúngico e microbiano, livrando-os de qualquer ameaça:

> Art. 225. Todos têm direito ao meio ambiente ecologicamente equilibrado, bem de uso comum do povo e essencial à sadia qualidade de vida, impondo-se ao Poder Público e à coletividade o dever de defendê-lo e preservá-lo para as presentes e futuras gerações.
> § 1º Para assegurar a efetividade desse direito, incumbe ao Poder Público:
> [...]
> II – preservar a diversidade e a integridade do patrimônio genético do País e fiscalizar as entidades dedicadas à pesquisa e manipulação de material genético;
> [...]
> V – controlar a produção, a comercialização e o emprego de técnicas, métodos e substâncias que comportem risco para a vida, a qualidade de vida e o meio ambiente;
> [...] (Brasil, 1988)

Conforme Fiorillo (2009, p. 55), o texto constitucional opta por uma abordagem antropocêntrica ao dar importância não só à vida humana, mas à vida em todas as suas formas. Para Silva (1999, p. 201), a vida é a "fonte primária de todos os outros bens jurídicos", pois não haveria sentido em garantir outros direitos fundamentais (como liberdade, intimidade, bem-estar, igualdade) se a mínima possibilidade de existência não estivesse salvaguardada.

Porém, a simples manifestação biológica não basta para preencher a disposição do texto legal; é necessário que sejam asseguradas condições mínimas de sustentabilidade, uma vez que o bem jurídico protegido (tutelado) "consiste no direito de estar vivo, de lutar pelo viver, de defender a própria vida, de permanecer vivo. É o direito de não ter interrompido o processo vital senão pela morte espontânea e inevitável" (Silva, 1999, p. 201).

O atual Código Florestal Brasileiro tem como objetivo principal o desenvolvimento sustentável e, tendo em vista o contexto constitucional vigente, permite, inclusive, a exploração comercial da chamada *reserva legal*, desde que obedecidas a diversidade das espécies nativas (art. 22, I, II, III) e uma tendência de manejo que gradativamente colabore para sua regeneração em áreas onde prevaleçam espécies exóticas, protegendo a diversidade genética das espécies naturais de cada região do país.

Diante da atual Carta Magna, em especial em seu art. 5º, inciso XXXV, há o direito de agir juridicamente, num sentido amplo, no intuito de salvaguardar qualquer ameaça ou efetiva lesão ao patrimônio genético tratado no conteúdo do texto constitucional. Essa proteção se faz necessária nos dias atuais, quando estão em expansão as pesquisas com engenharia genética, principalmente no setor agropecuário, e se observa a nefasta prática da biopirataria, que coloca a fauna e a flora nacional em perigo, decorrente da ganância dos grupos internacionais de interesses escusos.

A própria raça humana não está livre dos efeitos perversos da manipulação genética, uma vez que as práticas com reprodução humana *in vitro* são cada vez mais comuns nos dias atuais. Associado a esses procedimentos sobressai o sentimento de eugenia da raça, que povoa o imaginário de alguns cientistas desejosos da criação (artificial) de um homem livre de doenças e geneticamente superior aos indivíduos que hoje povoam o mundo, extrapolando qualquer limite imposto pelos conceitos da **bioética**.

A preocupação com a crescente manipulação dos organismos geneticamente modificados (OGMs) fez com que fosse criada a Lei n. 11.105, de 24 de março de 2005 (Brasil, 2005a), a qual regulamentou os incisos II, IV e V do parágrafo 1º do art. 225 da Constituição Federal e trata da **biossegurança**:

> Art. 3º Para os efeitos desta Lei, considera-se:
> [...]
> V – organismo geneticamente modificado – OGM: organismo cujo material genético – ADN/ARN tenha sido modificado por qualquer técnica de engenharia genética;
> [...] (Brasil, 2005a)

Para Fiorillo (2008, p. 242-243), essa lei de **biossegurança** procurou estimular aquelas empresas que investem em pesquisas e tecnologias adequadas ao país, promovendo o desenvolvimento do sistema produtivo nacional e regional, sem, contudo, ameaçar a diversidade e a integridade do patrimônio genético nacional. Para tanto, conclui o citado autor, o sistema normativo procurou definir critérios que viabilizassem ao Poder Público uma efetiva fiscalização das entidades que manipulam material genético, assim como o controle da produção, comercialização e uso de técnicas ou substâncias que possam acarretar algum risco à vida e ao meio ambiente como um todo.

Diante das novas tecnologias, em especial nos campos da genética e da biologia de um modo geral, ainda em fase de consolidação, é prudente aos operadores do direito recorrer ao chamado *princípio da precaução* quando houver dúvidas sobre a segurança do uso de determinado produto ou técnica empregada para fins comerciais. Havendo risco para a vida (em todas as suas formas), é necessário recorrer a uma perícia complexa para dirimir, no interior do processo ambiental, qualquer controvérsia evocada por uma parte interessada.

2.3.2 O meio ambiente natural

Além de tratar do material genético das espécies, o texto constitucional procurou tutelar, principalmente no *caput* e no parágrafo 2º do art. 225, os bens naturais propriamente ditos:

> Art. 225. Todos têm direito ao meio ambiente ecologicamente equilibrado, bem de uso comum do povo e essencial à sadia qualidade de vida, impondo-se ao Poder Público e à coletividade o dever de defendê-lo e preservá-lo para as presentes e futuras gerações.
> [...]
> § 2º Aquele que explorar recursos minerais fica obrigado a recuperar o meio ambiente degradado, de acordo com solução técnica exigida pelo órgão público competente, na forma da lei.
> [...] (Brasil, 1988)

Observemos que o texto não se refere apenas à defesa do meio ambiente, mas também à necessidade de que ele se mantenha devidamente equilibrado. Não haveria sentido em dispor de recursos naturais sobre um território onde essas riquezas, após a degradação, estivessem em desarmonia com o meio e com os indivíduos que deles dependessem.

O parágrafo 2º trata da recuperação de recursos quando explorados, mas isso não significa que há uma autorização subjetiva para a exploração. É necessário, antes de tudo, prever as consequências futuras da intervenção antrópica sobre determinado meio e atender às conveniências dos projetos de exploração (em especial em atenção primeiramente aos interesses da coletividade).

Conforme Silva (1999, p. 817), o texto constitucional foi inovador ao impor à sociedade brasileira condutas preservacionistas no trato com o meio ambiente. Ainda de acordo com esse autor, além de o texto da Carta Magna dar ênfase às ações preventivas, o legislador não descuidou das medidas repressivas, notadamente as sanções penais e administrativas, assim como da obrigação de reparar os danos causados. A Lei n. 9.985, de 18 de julho de 2000 (Brasil, 2000b), procurou regular esse instituto no campo infraconstitucional:

> Art. 2º Para os fins previstos nesta Lei, entende-se por:
> [...]
> II – conservação da natureza: o manejo do uso humano da natureza, compreendendo a preservação, a manutenção, a utilização sustentável, a restauração e a recuperação do ambiente natural, para que possa produzir o maior benefício, em bases sustentáveis, às atuais gerações, mantendo seu potencial de satisfazer as necessidades e aspirações das gerações futuras, e garantindo a sobrevivência dos seres vivos em geral;
> [...] (Brasil, 2000b)

Desse modo, estão protegidos todos os elementos que compõem a atmosfera, as águas, o solo, o subsolo e a biosfera.

Um exemplo a ser estudado diz respeito aos recursos hídricos. O Capítulo 18 do texto da Agenda 21 indica que até 2025 mais de 60% da população mundial estará vivendo em zonas urbanas, compreendendo 5 bilhões de pessoas. O mesmo documento reconhece que o crescimento populacional é irreversível, cumulado com a concentração sobre uma única base territorial, e resulta e grande impacto nas reservas de água potável capazes de atender à demanda. Logo, no que diz respeito ao desenvolvimento dos aglomerados humanos, faz-se necessária a atenção aos recursos hídricos, uma vez que "uma oferta de água confiável e o saneamento ambiental são vitais para proteger o meio ambiente, melhorando a saúde e mitigando a pobreza" (Cnumad, 2001, p. 158).

É de vital importância abordar o tema dos recursos hídricos, que são limitados: conforme Branco (1993, p. 12), 95,5% do volume de água existente no planeta (ou 1,299 trilhão de toneladas) são de águas salgadas, que compõem os oceanos e os mares, restando apenas 2,2% que compõem as calotas polares e de geleiras e 2,3% de água doce para o consumo humano.

Em termos globais, o uso dos recursos hídricos está distribuído do seguinte modo: 70% para o uso de irrigação, 20% para a indústria e 6% para o consumo doméstico (Cnumad, 2001, p. 149). É nesse sentido que segue a Lei Federal n. 9.433, de 8 de janeiro de 1997 (Brasil, 1997a), no inciso II do art. 1º, ao reconhecer que "a água é um recurso natural limitado, dotado de valor econômico".

Nas sociedades de consumo, os recursos hídricos desempenham importante papel na manutenção da economia (Drew, 1994, p. 35), mas pensar esses recursos apenas pela abordagem econômico-liberal do mercado, que está estruturada na livre concorrência, no crescimento econômico e na prosperidade, não é suficiente para produzir uma "consciência ecológica nas decisões de compra" (Frey, 2001, p. 3), gerando, assim, uma fragilidade no uso racional de tal bem.

2.3.3 O meio ambiente cultural

Além de tutelar os bens físicos inerentes à sobrevivência humana, a Carta Magna procurou proteger de ameaças ou lesões aqueles bens vinculados a um plano espiritual, abstrato, da sociedade: a cultura. Mesmo amparados numa base material (argila, madeira, alimentos, vestuário etc.), tais bens representam a identidade de determinado agrupamento, traduzindo seus símbolos mais relevantes que garantem a coesão dessa sociedade.

Assim, além do já mencionado art. 225, os arts. 215 e 216, conjugados com o art. 5º, inciso XXXV, todos da Constituição de 1988, garantem à apreciação do Poder Judiciário qualquer ameaça ou lesão ao patrimônio cultural brasileiro:

> Art. 215. O Estado garantirá a todos o pleno exercício dos direitos culturais e acesso às fontes da cultura nacional, e apoiará e incentivará a valorização e a difusão das manifestações culturais.
>
> § 1º O Estado protegerá as manifestações das culturas populares, indígenas e afro-brasileiras, e das de outros grupos participantes do processo civilizatório nacional.
> [...]
> Art. 216. Constituem patrimônio cultural brasileiro os bens de natureza material e imaterial, tomados individualmente ou em conjunto, portadores de referência à identidade, à ação, à memória dos diferentes grupos formadores da sociedade brasileira, nos quais se incluem:
> I – as formas de expressão;
> II – os modos de criar, fazer e viver;
> III – as criações científicas, artísticas e tecnológicas;
> IV – as obras, objetos, documentos, edificações e demais espaços destinados às manifestações artístico-culturais;
> V – os conjuntos urbanos e sítios de valor histórico, paisagístico, artístico, arqueológico, paleontológico, ecológico e científico. (Brasil, 1988)

O texto constitucional enumera todas as formas de expressão cultural relacionadas com a identidade nacional, inclusive as criações científicas e tecnológicas que, quando inseridas na sociedade, passam a contribuir com suas dinâmicas sociais.

Os incisos IV e V do art. 216 são explícitos em proteger as construções localizadas nos diversos municípios da nação que traduzem nas suas paredes a história de um povo.

No dizer de Inami Custódio Pinto (2005, p. 12-13), o folclore é um ramo do saber humano que procura investigar a "alma coletiva de um povo", lançando luz sobre o passado desse povo e, assim, auxiliando no encontro da própria identidade deste. Esse autor ainda ensina que a palavra *folclore* teve como seu idealizador o pesquisador inglês William John Thoms (1803-1885), o qual juntou as palavras inglesas *Folk* (povo) e *Lore* (saber): "o saber tradicional do povo".

Os estudos de Thoms associados ao folclore englobaram: usos e costumes locais das diversas regiões inglesas, cerimônias, crenças, romances, reflexões, contos, lendas, histórias, antiguidades populares e literatura popular, literatura oral (narrativas tradicionais), festas populares, jogos, superstições e crenças (bruxaria, astrologia, práticas de feitiçaria) e linguagem popular (provérbios, refrões, expressões e adivinhações).

Ainda conforme Custódio Pinto (2005, p. 15), no Brasil, o folclore teve seu reconhecimento na chamada *Carta do Folclore Brasileiro**, aprovada no 1º Congresso Brasileiro de Folclore, ocorrido em 1951, na cidade do Rio de Janeiro. Nessa ocasião, o estudo do folclore nacional teve o seu assentamento nos ramos das ciências antropológicas.

É indiscutível a importância dos elementos folclóricos de um povo, devidamente reconhecida pelo próprio texto constitucional. Entretanto, determinadas práticas consideradas folclóricas são questionadas na atualidade, uma vez que estão em conflito com uma nova mentalidade social que, aliás, está se formando neste início de século XXI.

Essa reflexão serve para introduzir uma jurisprudência polêmica exarada pelo Supremo Tribunal Federal (STF), que decidiu sobre uma prática popular comum na região litorânea do Estado de Santa Catarina conhecida como *Farra do Boi*. Essa manifestação popular, oriunda das tradições açorianas do povo catarinense, foi amplamente divulgada nos meios de comunicação de massa enquanto uma lide corria nos tribunais pátrios. O resultado foi o seguinte acórdão:

---

* Caso queira ler o documento na íntegra, acesse: <http://www.fundaj.gov.br/geral/folclore/carta.pdf>.

RE 153531 / SC - SANTA CATARINA
RECURSO EXTRAORDINÁRIO
Relator(a): Min. FRANCISCO REZEK
Relator(a) p/ Acórdão: Min. MARCO AURÉLIO
Julgamento: 03/06/1997
Órgão Julgador: Segunda Turma
Publicação:
DJ 13-03-1998 PP-00013
EMENT VOL-01902-02 PP-00388

Parte(s):
RECTE.: APANDE-ASSOCIAÇÃO AMIGOS DE PETRÓPOLIS PATRIMÔNIO PROTEÇÃO AOS ANIMAIS E DEFESA DA ECOLOGIA E OUTROS
RECDO.: ESTADO DE SANTA CATARINA

Ementa - COSTUME - MANIFESTAÇÃO CULTURAL - ESTÍMULO - RAZOABILIDADE - PRESERVAÇÃO DA FAUNA E DA FLORA - ANIMAIS - CRUELDADE.

A obrigação de o Estado garantir a todos o pleno exercício de direitos culturais, incentivando a valorização e a difusão das manifestações, não prescinde da observância da norma do inciso VII do artigo 225 da Constituição Federal, no que veda prática que acabe por submeter os animais à crueldade. Procedimento discrepante da norma constitucional denominado "farra do boi". Decisão.

Após o voto do Senhor Ministro Francisco Rezek (Relator) conhecendo do recurso e lhe dando provimento para julgar procedente a ação, nos termos do pedido inicial, o julgamento foi adiado em virtude do pedido de vista do Senhor Ministro Maurício Corrêa. Falou pela recorrida o Dr. José Thomaz Nabuco de Araújo Filho e, pelo Ministério Público Federal, o Dr. Mardem Costa Pinto. 2ª Turma, 03.12.96. Decisão: Por maioria, a Turma conheceu do recurso e lhe deu provimento, nos termos do voto do Relator, vencido o Senhor Ministro Maurício Corrêa. Relatará o acórdão o Senhor Ministro Marco Aurélio (art 38, iv, b do RISTF). Ausente, justificadamente, neste julgamento, o Senhor Ministro Nelson Jobim. 2ª. Turma, 03.06.97.

Indexação
- PROIBIÇÃO, MANIFESTAÇÃO CULTURAL, DENOMINAÇÃO, "FARRA DO BOI", ESTADO, SANTA CATARINA, RESULTADO, SUBMISSÃO, ANIMAL, CRUELDADE. LEGITIMIDADE, AÇÃO CIVIL PÚBLICA, PEDIDO, INICIATIVA, PODER PÚBLICO, OBJETIVO, PROIBIÇÃO, MANIFESTAÇÃO POPULAR.
- VOTO VENCIDO, MIN. MAURÍCIO CORRÊA:

DESCABIMENTO, PROIBIÇÃO, MANIFESTAÇÃO POPULAR, COMUNIDADE CATARINENSE, ORIGEM AÇORIANA, PROTEÇÃO, CONSTITUIÇÃO FEDERAL, REFERÊNCIA, "QUAESTIO FACTI", INEXISTÊNCIA, "QUAESTIO IURIS", NATUREZA CONSTITUCIONAL. CABIMENTO, REPRESSÃO, EXCESSO, RESULTADO, TRATAMENTO CRUEL, ANIMAL.

Legislação:
LEG-FED CF ANO-1988 ART-00001 ART-00003 ART-00141 PAR-00016 ART-00215 PAR-00001 ART-00216 ART-00225 PAR-00001 INC-00007 CF-1988 CONSTITUIÇÃO FEDERAL
LEG-FED DEL-003688 ANO-1941 ART-00064 LCP-1941 LEI DAS CONTRAVENÇÕES PENAIS
LEG-FED LEI-007347 ANO-1985
LEI DA AÇÃO CIVIL PÚBLICA
LEI ORDINÁRIA LEG-FED
SUM-000279 SÚMULA DO SUPREMO TRIBUNAL FEDERAL – STF.

Observação:
- Acórdãos citados: RE 80934 (RTJ 85/563), RE 102436.
Número de páginas: (33).
Análise: 30/01/2007, JBM. Revisão: (RCO).
Doutrina: CAMPOS, Francisco. "Direito constitucional", 1956. v. II, p. 189. NEMÉSIO, Vitorino. "Corsário das Ilhas", Livraria Bertrand, Lisboa, 2. ed., p. 83.
(Brasil, 1998d, grifo do original e grifo nosso)

A legislação infraconstitucional se encarregou de especificar as condutas, visando dar maior proteção ao meio ambiente cultural. Assim, a Lei n. 9.605, de 12 de fevereiro de 1998 (Brasil, 1998c), no seu art. 62, inciso II, trata dos arquivos, museus, bibliotecas etc.:

> Art. 62. Destruir, inutilizar ou deteriorar:
> [...]
> II – arquivo, registro, museu, biblioteca, pinacoteca, instalação científica ou similar protegido por lei, ato administrativo ou decisão judicial:
> Pena – reclusão, de um a três anos, e multa. (Brasil, 1998c)

Todavia, como ensina Sznick (2001, p. 443), o texto legal é claro ao expressar "protegido por lei", trazendo para a proteção do Poder Público apenas aqueles locais ou documentos que, por ato administrativo ou decisão judicial, expressamente estão sob a responsabilidade do ente público. Caso contrário, conclui esse autor, quaisquer atos atentatórios contra tais bens desprotegidos pelo Estado vão importar em crimes comuns tratados no CP (como dano, furto ou roubo) e no CC (indenização por ato ilícito).

2.3.4 O meio ambiente artificial

Os impactos causados pelo desenvolvimento urbano são extremamente onerosos ao ecossistema, fazendo com que as cidades tenham grandes demandas na manutenção da segurança e qualidade de vida dos seus citadinos.

Quando grande parte da população brasileira estava no meio rural, maior era a incidência de doenças parasitárias e infecciosas; agora no meio urbano, com a contaminação do meio natural e a falta de infraestrutura capaz de diminuir os impactos dessa poluição, principalmente nas comunidades de baixa renda, os casos mais comuns de enfermidades são de variados tipos de câncer, doenças respiratórias e cardiovasculares, que agridem em maior grau crianças e idosos (Barbosa, 1995, p. 195; Hogan, 1995, p. 163).

Nesse cenário urbano, é relevante considerar os traços socioeconômicos da população afetada e constatar a incapacidade do Poder Público em promover políticas destinadas a melhorar, de modo eficiente, a qualidade de vida das comunidades, principalmente as de baixa renda, que normalmente estão alocadas em áreas periféricas (Hogan, 1995, p. 167).

A esse título, entende Fiorillo (2009, p. 62) que "os brasileiros e estrangeiros residentes no Brasil possuem o direito constitucional ao bem-estar relacionado às cidades em que vivem, em decorrência da existência de um direito material metaindividual que tutela aludido bem ambiental".

Os arts. 182 e 183 (Da Política Urbana), combinados com o art. 5º, inciso XXXV, todos da CF/1988, asseguram aos interessados postular em juízo quando ameaçado o meio ambiente artificial disciplinado, inclusive, pela legislação infraconstitucional:

> Art. 182. A política de desenvolvimento urbano, executada pelo Poder Público municipal, conforme diretrizes gerais fixadas em lei, tem por objetivo ordenar o pleno desenvolvimento das funções sociais da cidade e garantir o bem-estar de seus habitantes.
> [...]
> Art. 183. Aquele que possuir como sua área urbana de até duzentos e cinquenta metros quadrados, por cinco anos, ininterruptamente e sem oposição, utilizando-a para sua moradia ou de sua família, adquirir-lhe-á o domínio, desde que não seja proprietário de outro imóvel urbano ou rural.
> [...] (Brasil, 1988)

O art. 182 teve a sua regulamentação pela Lei n. 10.257, de 10 de julho de 2001 (Brasil, 2001), o chamado *Estatuto da Cidade*, que trata da função social da cidade, reconhecendo a importância da participação popular na chamada *gestão democrática*, que prioriza a cooperação entre o ente público, o privado e os demais setores da sociedade. Segundo Bernardi (2007, p. 356), "É o primeiro instrumento determinado pela Constituição para que o Poder Público municipal promova a política de desenvolvimento e de expansão urbana, objetivando ordenar as funções sociais da cidade e garantir o bem-estar dos moradores".

Dentro dessa mesma lógica, o art. 183 da Constituição de 1988 procura regularizar a situação fundiária urbana, livrando o cidadão e a sua família de eventuais especulações imobiliárias de grupos que visualizam apenas o lucro.

Há uma prática, observada nas áreas urbanas, de manter terrenos sem qualquer benfeitoria, visando apenas à valorização com o passar dos anos, enquanto a cidade se desenvolve. Essa situação se agravou nas últimas décadas com a expansão dos grandes centros. Não pode a sociedade esperar a boa vontade de proprietários que não observam, ou não entendem, a chamada *marcha do progresso*. Visando pacificar essa situação controversa, o constituinte, além de vincular a propriedade à sua função social (art. 5º, XXIII), criou o chamado *usucapião urbano*.

A necessidade de garantir uma base material mínima de sobrevivência para o cidadão (e família) inserido nas urbanidades promove a dignidade desses indivíduos de modo objetivo e não meramente formal. O espaço urbano é uma delimitada parte da superfície do globo terrestre onde se desenvolve a vida biológica, fauna e flora, sobre uma plataforma de elementos minerais, tais como solos, rochas e água. Ainda, é um ambiente onde se distinguem os seguintes subconjuntos: o meio natural, as tecnoestruturas criadas pelo homem e o meio social (Sachs, 1986, p. 12).

O grande problema da degradação ambiental, pelo menos no caso brasileiro, não está unicamente centrado e justificado pela natalidade das comunidades de baixa renda, mas na concentração populacional sobre uma única base territorial e a sua respectiva cultura quanto ao consumo de bens extraídos da natureza (Martine, 1996, p. 24).

Daí a necessidade de gestão das cidades, ou do meio ambiente artificial, com o maior envolvimento dos interessados (seus cidadãos), até mesmo recorrendo ao Poder Judiciário quando algum abuso estiver sendo cometido contra a estrutura do âmbito urbano.

2.3.5 O meio ambiente do trabalho

Visando atender a uma ordem social efetiva, a CF/1988 procurou tutelar o meio ambiente no qual o trabalhador comum está inserido, protegendo o seu maior bem numa sociedade capitalista: a mão de obra.

Assim, o art. 7º, inciso XXII, o art. 200, inciso VIII, e o art. 225, conjugados com o art. 5º, inciso XXXV, todos da Carta Magna, criam a faculdade de se recorrer ao Poder Judiciário quando ameaçado o meio ambiente do trabalho:

> Art. 7º São direitos dos trabalhadores urbanos e rurais, além de outros que visem à melhoria de sua condição social:
> [...]
> XXII – redução dos riscos inerentes ao trabalho, por meio de normas de saúde, higiene e segurança;
> [...] (Brasil, 1988)

Ainda:

> Art. 200. Ao sistema único de saúde compete, além de outras atribuições, nos termos da lei:
> [...]
> VIII – colaborar na proteção do meio ambiente, nele compreendido o do trabalho. (Brasil, 1988)

O texto constitucional recepcionou a legislação anterior à sua promulgação, que já cuidava do ambiente laboral, visando trazer maior segurança para o trabalhador. Esse é o caso da Lei n. 6.514, de 22 de dezembro de 1977 (Brasil, 1977b), que traz para o texto da Consolidação das Leis do Trabalho (CLT) uma nova abordagem sobre a segurança e medicina do trabalho (arts. 154 a 201). Essa legislação trouxe maiores detalhamentos sobre o uso de equipamentos de segurança, normas técnicas para a adequação do ambiente de trabalho e a estruturação da Comissão Interna de Prevenção de Acidentes (Cipa).

Complementando a CLT, o Ministério do Trabalho (MTb) instituiu a Portaria n. 3.214, de 8 de junho de 1978 (Brasil, 1978), a qual aprovou as Normas Regulamentadoras (NRs) relativas à segurança e medicina do trabalho (art. 1º):

> Art. 1º [...]
> NR – 1 – Disposições gerais
> NR – 2 – Inspeção Prévia
> NR – 3 – Embargo e Interdição
> NR – 4 – Serviço Especializado em Segurança e Medicina do Trabalho – SESMT
> NR – 5 – Comissão Interna de Prevenção de Acidentes – CIPA
> NR – 6 – Equipamento de Proteção Individual – EPI
> NR – 7 – Exames Médicos
> NR – 8 – Edificações
> NR – 9 – Riscos Ambientais
> NR – 10 – Instalações e Serviços de Eletricidade
> NR – 11 – Transporte, Movimentação, Armazenagem e Manuseio de Materiais
> NR – 12 – Máquinas E Equipamentos
> NR – 13 – Vasos Sob Pressão
> NR – 14 – Fornos
> NR – 15 – Atividades e Operações Insalubres
> NR – 16 – Atividades e Operações Perigosas
> NR – 17 – Ergonomia
> NR – 18 – Obras de Construção, Demolição e Reparos
> NR – 19 – Explosivos
> NR – 20 – Combustíveis Líquidos e Inflamáveis
> NR – 21 – Trabalho a Céu Aberto
> NR – 22 – Trabalhos Subterrâneos
> NR – 23 – Proteção Contra Incêndios
> NR – 24 – Condições Sanitárias dos Locais de Trabalho
> NR – 25 – Resíduos Industriais
> NR – 26 – Sinalização de Segurança
> NR – 27 – Registro de Profissionais
> NR – 28 – Fiscalização e Penalidades (Brasil, 1978)

A preocupação com a segurança do trabalhador é antiga no mundo moderno, e a evolução desse cuidado seguiu paralelamente à própria expansão industrial. Contudo, o seu reconhecimento e sua objetiva aplicação apenas foram possíveis graças a negociações permanentes por partes do Estado com os interesses das elites industriais. Essa dinâmica, por sua vez, só se tornou possível em virtude dos clamores surgidos no "chão de fábrica" que explodiram nas ruas europeias ao longo do século XIX, tendo como inspiração o ideário marxista, que de algum modo influenciou a produção legislativa no sentido de atender à dignidade humana e à segurança no interior fabril.

No Brasil, essa influência foi tardia, uma vez que, conforme Wachowicz (2007, p. 24-25), os trabalhos desenvolvidos no período colonial nos engenhos de cana-de-açúcar e nas minas de pedras preciosas eram oriundos de mão de obra escrava, a mais alta forma de exploração humana. Enquanto na Europa os médicos do trabalho já existiam desde 1842, em solo brasileiro o primeiro profissional dessa especialidade iniciou suas atividades em 1920. Esclarece a autora citada que o primeiro órgão brasileiro encarregado de fiscalizar e normatizar as questões trabalhistas surgiu apenas com o Decreto n. 19.433, de 26 de novembro de 1930 (Brasil, 1930), concebido para a criação do Ministério do Trabalho, Indústria e Comércio (MTIC). O art. 7º se refere à segurança do trabalho, considerando-se que um ambiente seguro garante por um maior espaço de tempo a atividade laboral livre de eventos que colaborem para a interrupção, momentânea ou definitiva, das atividades profissionais de um trabalhador.

Um meio ambiente adequado ao trabalho não é construído com base na ação de partes interessadas isoladas, ao contrário, "falar em segurança implica abordar aspectos referentes à higiene e à saúde do trabalhador, envolvendo medicina, meio ambiente, aspectos jurídicos e ergonomia, ou seja, a segurança requer uma ação holística" (Wachowicz, 2007, p. 34).

Síntese

» Raízes ideológicas:
  » Revolução de maio de 1968.
  » Descontentamento da jovem comunidade universitária que não era absorvida pelo mercado de trabalho.
  » Reivindicação pela criação de canais de participação do homem comum nas questões envolvendo o Estado.
  » Consolidação de um movimento ecologista global.
  » Educação de toda uma geração para promover a compreensão das mazelas impostas ao meio ambiente pela humanidade.

» Clube de Roma (1972):
  » Limites do crescimento.
  » Estudos com base em um levantamento do MIT.
  » Consenso acerca da necessidade de reduzir o crescimento econômico e populacional global.

» Suécia (1972) – 23ª Assembleia Geral das Nações Unidas:
  » Questões ambientais e desenvolvimento humano.
  » Crítica ao modo de vida estruturado pela crescente sociedade internacional de consumo.
  » Necessidade da busca pela sustentabilidade social, econômica e ecológica.

» Rio de Janeiro (1992) – Conferência das Nações Unidas sobre Meio Ambiente e Desenvolvimento (Cnumad) – Agenda 21 Global – Pré-1988:
  » Brasil Colônia: Proteção dos recursos naturais (florestas), visando atender aos interesses extrativistas da Coroa Portuguesa.
  » Código Florestal (1934): Resposta ao crescimento e reforma dos centros urbanos.

» Decreto n. 24.643/1934: Código de Águas.
» Decreto n. 58.054/1966 (recepciona a Convenção para a Proteção da Flora, da Fauna e das Belezas Cênicas Naturais dos Países da América de 1940).
» Decreto-Lei n. 2.848/1940 (Código Penal – CP): Crimes contra a saúde pública.
» Emenda Constitucional n. 1/1969 (art. 4º): Bens da União – lagos e quaisquer correntes de água em terrenos de seu domínio.
» Meio ambiente na Constituição de 1988:
  » Patrimônio genético: Art. 5º, *caput* (vida, aspectos materiais e imateriais); art. 225, parágrafo 1º, incisos II e V (patrimônio genético de todo ser vivo).
  » Meio ambiente natural (art. 225, *caput* e parágrafo 2º).
  » Meio ambiente cultural (arts. 215 e 216): Bens imateriais impressos numa base material (argila, madeira, alimentos, vestuário etc.).
  » Meio ambiente artificial (arts. 182 e 183): Qualidade de vida nas cidades.
  » Meio ambiente do trabalho (art. 7º, XXII; art. 200, VIII; art. 225): A preocupação com a segurança do trabalhador dentro do seu ambiente de trabalho.

Questões para revisão

1) Um movimento de origem popular que colaborou com as raízes ideológicas do movimento ambientalista global foi:
   a. a Revolução Francesa, de 1789.
   b. a Revolução de Maio, de 1968.
   c. a Guerra do Contestado.
   d. a Revolução dos Bichos.

2) Uma das preocupações do movimento citado na atividade anterior foi:
   a. a menor intervenção do Estado na economia.
   b. a alta carga tributária.
   c. o aquecimento global.
   d. o uso nocivo da energia nuclear.

3) O procedimento conhecido como *inquérito civil*, previsto no art. 8º da Lei n. 7.347/1985 – Lei da Ação Civil Pública (LACP) –, e no art. 129, inciso III, CF/1988, assemelha-se:
   a. ao inquérito policial.
   b. ao inquérito do Santo Ofício.
   c. à elaboração do estudo de impacto ambiental/relatório de impacto ambiental.
   d. ao estudo de impacto de vizinhança.

4) No período do Brasil Colônia, a normatização que visava proteger recursos naturais, como no caso das florestas, tinha como finalidade, essencialmente:
   a. a proteção dos recursos naturais de modo sustentável.
   b. os interesses da Coroa Portuguesa.
   c. a qualidade de vida dos silvícolas existentes na época.
   d. as rotas de comércio com a Europa.

5) O texto constitucional tutelou a proteção da vida no seu mais amplo sentido, reconhecendo-a como um direito fundamental. Contudo, a simples manifestação biológica não basta para preencher a disposição do texto legal. É necessário que:
   a. sejam asseguradas condições mínimas de sustentabilidade.
   b. a vida tutelada seja de um animal em extinção.
   c. a vida tutelada seja da flora colocada em risco pela poluição.
   d. apenas a fauna seja tutelada nas leis infraconstitucionais.

Atividade prática

Assista ao filme *Uma verdade inconveniente*, que tem a participação do ex-vice-presidente dos Estados Unidos Al Gore, discuta com seus pares o conteúdo do documetário, levando em consideração a legislação ambiental brasileira e os seus principais fundamentos.

UMA VERDADE inconveniente. Direção: Davis Guggenheim. Produção: Lawrence Bender. EUA: Paramount Classics; UIP, 2006. 100 min.

III

Competências da matéria ambiental

No presente capítulo, analisamos dois aspectos da tutela ambiental: a competência concorrente entre os órgãos federados sobre a competência legislativa da referida matéria e a competência de jurisdição ao determinar qual órgão do Poder Judiciário é apto para apreciar e julgar um caso em concreto relativo à proteção dos bens aqui estudados.

3.1 Competência legislativa

Ao analisarmos o texto constitucional, é possível encontrarmos uma grande contradição existente na disposição do conteúdo de alguns artigos, principalmente naqueles que tratam dos recursos naturais, uma vez que carecem de objetividade ao firmar a competência sobre a proteção de tais recursos. Em alguns casos, a lei impõe de modo vago uma **responsabilidade concorrente** entre União, estados e municípios, causando certa celeuma quando da aplicação da lei ao caso em concreto. Desse modo, cabe indagarmos qual é a extensão da capacidade legislativa dos entes federados a fim de dirimir o conflito existente no cotidiano dos órgãos públicos brasileiros encarregados de fiscalizar as ações contra o meio ambiente.

3.1.1 A União e os entes federados na Constituição de 1988 (estados, Distrito Federal e municípios)

Em um país de dimensões continentais como o Brasil, o poder político não pode estar concentrado sobre uma única base territorial. Essa é uma questão óbvia, pois sediar todas as decisões em Brasília contribuiria para o abuso das elites dispersas no território nacional e o distanciamento da participação popular nos rumos da nação. Tal cenário estaria em completo desacordo com os ideais liberais de democracia. Quanto mais próximo o poder político de decisão estiver dos seus destinatários – o povo –, melhor será o ambiente criado para uma "democracia sadia".

A descentralização é uma técnica de governo utilizada justamente para tornar o governo mais eficiente perante a opinião pública e, ainda, fortalecer as instituições governamentais. Um governo pode apenas beneficiar alguns segmentos, em detrimento dos interesses de todo o conjunto social, contribuindo para o surgimento de conflitos no interior dessa sociedade. O federalismo, por sua vez, é um regime que aproxima o cidadão do governo e de sua respectiva gestão. O meio empregado é a divisão do exercício do poder, levando em conta a base territorial existente, onde há de surgir órgãos federais, estaduais e municipais como entes independentes e autônomos, controlados por uma constituição escrita e rígida.

O Brasil adota a forma federativa de Estado desde a Proclamação da República, em 1889, em especial desde o texto da Constituição de 24 de fevereiro de 1891. A estruturação dos níveis de poder evoluiu no sentido de consolidarem órgãos de atuação central (União), regional (os estados-membros) e local (os municípios), sendo que estes últimos tiveram grande destaque no texto da Constituição de 1988 – CF/1988 (Brasil, 1988).

Conforme Bernardi (2007, p. 93), com a atual Carta Magna o município ganhou *status* de ente federativo de terceiro grau (primeiro a União, segundo os estados-membros e o Distrito Federal). Como tal, a competência legislativa do município é suplementar às legislações federal e estadual (CF/1988, art. 23). O município é o ente de maior importância para a vida democrática, uma vez que é a instituição que mais facilmente é percebida pelo cidadão, visto que as demais são construções jurídicas e abstratas. O município tem seus limites facilmente definidos e observados a olho nu, e é na mente do indivíduo que são construídas suas relações sociais. Já a União e os estados-membros são abstrações para a grande maioria da população brasileira. Então, é no município que a democracia se faz real, revelando a legitimidade das instituições políticas que em seu nome existem. Contudo, na prática, observamos que gradativamente a União impõe pesadas obrigações às gestões municipais sem, no entanto, prever recursos para atender às necessidades locais.

A organização federativa, ao mesmo tempo que traz benefícios com a fragmentação do poder, também traz uma relação perversa, que é a de permitir à União legislar ao seu favor em detrimento dos demais entes a ela subordinados.

Desde a CF/1988 os municípios brasileiros vêm gozando de uma maior autonomia, mas a transferência de poder acaba acontecendo de modo abrupto e inconsequente, posto que o município é obrigado a arcar com responsabilidades sem a devida estrutura capaz de absorvê-las, sendo que, do modo como está sendo feito, há um "claro esforço por parte do Governo central de transferir os custos políticos do processo de descentralização para os estados e municípios" (Melo, 1996, p. 19).

A tendência dos textos constitucionais brasileiros, que regulamentam as relações entre as camadas de poder, é a de trazer para a União a tutela de recursos estratégicos, em especial os recursos naturais. Posteriormente, o ente federal delega competências para tratar de tais recursos na esfera regional ou local. A reserva constitucional de competências atribuída estrategicamente à União influencia diretamente na organização dos demais entes, deixando o primeiro numa situação privilegiada e, em nome de uma suposta ordem, livre de arcar com as responsabilidades proporcionais aos benefícios trazidos pela organização institucional característica do atual regime político.

Nesse procedimento não é levada em consideração a diversidade cultural e econômica existente no Brasil, fazendo com que alguns estados-membros ou municípios sofram desajustes de orçamento, dado que suas respectivas demandas são maiores que a arrecadação.

Quanto à questão da fiscalização ambiental, a União já se mostrou ineficiente ao tratar de situações como a da Amazônia, não criando mecanismos para instrumentalizar a região afetada para que esta, de modo sustentável, possa diminuir suas mazelas conforme os costumes e a realidade local.

No atual regime declarado pela Carta Magna de 1988, o poder está fracionado em três níveis hierárquicos (União, estados-membros, Distrito Federal e municípios), limitando a organização interna dessas camadas de poder, assim como criando reservas constitucionais das suas respectivas competências. É na análise dessas competências que surgem respostas às controvérsias existentes no cotidiano das relações processuais envolvendo questões ambientais, afinal, não estão plenamente definidos os limites de atuação das "três camadas" e de seus respectivos órgãos, fato que dá origem a conflitos e dúvidas na aplicação da lei ambiental ao caso concreto.

Na hierarquia das normas jurídicas, o texto constitucional é aquele que está acima dos demais no direito interno, trazendo validade para todo o edifício normativo nacional. É na Constituição que se busca a fonte para compreender a estrutura do Estado que a redigiu, uma vez que no seu texto os principais órgãos estão descritos e os poderes dos organismos públicos estão legitimados. No momento da criação desses organismos também são definidas suas competências de atuação.

Quando se trata de dimensionar a área de atuação, inclusive legislativa, do estado-membro, conferindo-lhe competências exclusivas, estas só podem ser alteradas por conta de uma eventual emenda à Carta Magna, ou seja, uma vez atribuídas competências ao órgão de poder hierarquicamente inferior (no caso, o estado-membro), a supressão desse poder devidamente conferido só pode ser viável num processo que requer concentração de forças no meio político, dada a sua importância e o entendimento de que o órgão superior (a União) não está autorizado a manipular o texto da Carta Política conforme os interesses dos dirigentes ali arraigados, em detrimento dos interesses regionais ou locais.

A regra que paira no ordenamento jurídico brasileiro é a de que as demais normas jurídicas devem se submeter ao texto constitucional. A validade das legislações infraconstitucionais apenas encontra suporte quando em harmonia com a norma superior que lhes dá legitimidade, caso contrário, na iminência do conflito textual, sobressai uma inconstitucionalidade da norma ou de ato que, no exato momento, retira dessa ação conflitante o suporte legítimo que o Estado democrático de direito confere.

Tomando como base o caso brasileiro, estão atreladas ao texto da CF/1988 as leis federais, as leis estaduais, as Constituições Estaduais, as leis orgânicas municipais, assim como as leis municipais, não havendo, em regra, hierarquia entre essas normatizações, uma vez que cada uma compreende o nível de poder que a criou e a matéria das suas respectivas competências.

Nos estados-membros, a Constituição Estadual é a fonte da qual nasce a legitimidade das legislações estadual e municipal, não podendo haver contradições entre elas. De início, cabe ressaltar que o texto constitucional estadual está submetido aos ditames da Constituição Federal. Assim, a Constituição Estadual é a principal fonte no nível de poder entendido como estado-membro, desde que não conflite com a Constituição Federal, que lhe dá legitimidade.

Como foi visto anteriormente, não há hierarquia entre a legislação estadual e a municipal, já que cada um desses níveis de poder goza de autonomia para se organizar, desde que respeitados os limites impostos pelo texto da Constituição Federal complementado pela Constituição Estadual.

3.1.2 A repartição das competências legislativas na Constituição de 1988

Coube ao texto constitucional definir, de modo formal, a distribuição de competências legislativas a cada um dos níveis de poder da Federação, considerando sua respectiva órbita de atuação material e territorial.

Árdua é a tarefa de distribuir tais competências, pois são diversos os interesses dispersos nas sociedades. A prática demonstra que cada agrupamento humano vai desenhar sua estrutura política conforme os laços culturais que unem os membros que o compõem. Assim, a organização dos Estados Unidos da América (EUA) é diferente da observada pelo Japão, que, por sua vez, é diferente daquela adotada pelo Brasil. Mesmo coexistindo valores comuns, como o respeito à vida, os Estados são estruturados de modo diferente, cabendo ao seu povo ceder um pouco da liberdade individual para, voluntariamente, criar um organismo comum entendido como *país*.

A fim de abraçar os diversos interesses dispersos numa sociedade que opta pela coalizão de forças numa União, como é o caso brasileiro, é necessário que o poder esteja previamente determinado num texto escrito e de difícil alteração, para que seja garantida a estabilidade das instituições ali desenvolvidas. Daí a necessidade de um texto constitucional escrito com rigidez, que avança no tempo sem prazo definido para expirar. É no momento da sua elaboração, por conta de uma Assembleia Nacional Constituinte, que os debates desenvolvidos no Parlamento procuram atender aos interesses da União e das esferas regional e local, distribuindo a cada uma dessas camadas a competência necessária para garantir a própria autonomia e existência de modo sustentável.

Tal distribuição de competências é a alma do organismo federativo, que reserva algumas exclusividades à União, dada a sua característica de zelar pela integridade de todo o aparato político-institucional existente no território nacional:

> Art. 22. Compete privativamente à União legislar sobre:
> [...]
> IV – águas, energia, informática, telecomunicações e radiodifusão;
> [...]

> XII – jazidas, minas, outros recursos minerais e metalurgia;
> [...]
> XVIII – sistema estatístico, sistema cartográfico e de geologia nacionais;
> [...]
> XXII – competência da polícia federal e das polícias rodoviária e ferroviária federais;
> [...]
> XXIV – diretrizes e bases da educação nacional;
> [...]
> XXVI – atividades nucleares de qualquer natureza;
> [...]
> Parágrafo único. Lei complementar poderá autorizar os Estados a legislar sobre questões específicas das matérias relacionadas neste artigo. (Brasil, 1988)

Como exemplo, o seguinte julgado do Supremo Tribunal Federal – STF (Brasil, 2005c) entendeu que a lei editada no Estado do Paraná, a qual trata dos organismos geneticamente modificados, violou competência legislativa exclusiva da União:

> **ADI 3035/PR – PARANÁ. AÇÃO DIRETA DE INCONSTITUCIONALIDADE/ Relator(a): Min. GILMAR MENDES/ Julgamento: 06/04/2005 – Órgão Julgador: Tribunal Pleno**
> **Publicação**: DJ 14-10-2005 PP-07 EMENT VOL-2209-1 PP-00152 LEXSTF v. 27, n. 323, 2005, p. 53-64
> **Parte(s)**:
> REQTE.(S): PARTIDO DA FRENTE LIBERAL – PFL, ADV.(A/S): ADMAR GONZAGA NETO; REQDO.(A/S): GOVERNADOR DO ESTADO DO PARANÁ; REQDO.(A/S): ASSEMBLEIA LEGISLATIVA DO ESTADO DO PARANÁ.
> **Ementa**:
> **Ação Direta de Inconstitucionalidade ajuizada contra a lei estadual paranaense de n. 14.162, de 27 de outubro de 2003, que estabelece vedação ao cultivo, a manipulação, a importação, a industrialização e**

a comercialização de organismos geneticamente modificados. 2. Alegada violação aos seguintes dispositivos constitucionais: art. 1º; art. 22, incisos I, VII, X e XI; art. 24, I e VI; art. 25 e art. 170, caput, inciso IV e parágrafo único. 3. Ofensa à competência privativa da União e das normas constitucionais relativas às matérias de competência legislativa concorrente. 4. Ação Julgada Procedente.

Decisão: O Tribunal, por unanimidade, julgou procedente a ação para declarar a inconstitucionalidade da Lei n. 14.162, de 27 de outubro de 2003, do Estado do Paraná, nos termos do voto do relator. Votou o Presidente, Ministro Nelson Jobim. Ausente, justificadamente, a Senhora Ministra Ellen Gracie. Falou pelo requerente o Dr. Admar Gonzaga Neto. Plenário, 06.04.2005.

Indexação: DECLARAÇÃO, INCONSTITUCIONALIDADE, LEI ESTADUAL, (PR), VEDAÇÃO, CULTIVO, MANIPULAÇÃO, IMPORTAÇÃO, INDUSTRIALIZAÇÃO, COMERCIALIZAÇÃO, ORGANISMOS GENETICAMENTE MODIFICADOS, (OGMs), FINALIDADE, PROTEÇÃO, VIDA, SAÚDE, HOMEM, ANIMAL, PLANTA, MEIO AMBIENTE. OFENSA, COMPETÊNCIA PRIVATIVA, UNIÃO FEDERAL, LEGISLAÇÃO, COMERCIALIZAÇÃO, COMÉRCIO EXTERIOR, IMPORTAÇÃO, EXPORTAÇÃO, REGIME DE PORTOS. OFENSA, COMPETÊNCIA CONCORRENTE, UNIÃO FEDERAL, ESTADO-MEMBRO, LEI ESTADUAL, DISCIPLINA, MATÉRIA, PRODUÇÃO, CONSUMO, PROTEÇÃO, MEIO AMBIENTE, SAÚDE, HIPÓTESE, EXISTÊNCIA, LEI FEDERAL, MEDIDA PROVISÓRIA, FIXAÇÃO, NORMA GERAL.

Legislação:
LEG-FED CF ANO-1988 ART-00001 ART-00022 INC-00001 INC-00008 INC-00010 INC-00011 ART-00024 INC-00001 INC-00005 INC-00006 INC-00012 ART-00025 ART-00170 "CAPUT" INC-00004 PAR-ÚNICO CF-1988 CONSTITUIÇÃO FEDERAL LEG-FED LEI-8974 ANO-1995 ART-00001 ART-00007 ART-00008 INC-00001 INC-00002 INC-00003 INC-00004 INC-00005 INC-00006 PAR-00001 PAR-00002 LEG-FED LEI-010814 ANO-2003 LEG-FED MPR-131 ANO-2003 ART-00001 ART-00006 (Convertida na LEI-10814/2003) LEG-EST LEI-014162 ANO-2003 ART-00003 ART-00004.

Observação:
- Acórdão citado: ADI 2396.
- Termo(s) de resgate: alimentos transgênicos.
Número de páginas: (16). Análise: (AAC). Revisão: (JBM). Inclusão: 30/11/05, (AAC). (Brasil, 2005c, grifo do original e nosso)

A CF/1988 distribui competências entre os entes políticos existentes de tal modo que um nível hierárquico superior não pode submeter sua vontade quando se tratar de uma matéria de competência exclusiva. Quando a distribuição é feita no plano horizontal, que garante exclusividade a um dos níveis de poder, excluem-se aquelas camadas que ficaram fora da distribuição, não havendo hierarquia entre os níveis e, ainda, tornando-se inconstitucional qualquer invasão de competência de um nível sobre o outro. Há grande complexidade nessa distribuição quando o tema é o meio ambiente, por se tratar de uma matéria de competência concorrente entre os três entes de poder.

A competência concorrente ocorre quando mais de um ente político está autorizado a discorrer, em texto legal, sobre a mesma matéria (Silva, 1999, p. 481). Nesse caso, sobressaem tanto a repartição horizontal quanto a vertical, possibilitando uma distribuição desigual de poder entre os entes, forçando uma hierarquização de poderes:

> Art. 24. Compete à União, aos Estados e ao Distrito Federal legislar concorrentemente sobre:
> [...]
> VI – florestas, caça, pesca, fauna, conservação da natureza, defesa do solo e dos recursos naturais, proteção do meio ambiente e controle da poluição;
> VII – proteção ao patrimônio histórico, cultural, artístico, turístico e paisagístico;
> VIII – responsabilidade por dano ao meio ambiente, ao consumidor, a bens e direitos de valor artístico, estético, histórico, turístico e paisagístico;
> IX – educação, cultura, ensino e desporto;
> [...]
> XIV – proteção e integração social das pessoas portadoras de deficiência;
> XV – proteção à infância e à juventude;
> [...] (Brasil, 1988)

Há casos no texto constitucional nos quais, embora a competência legislativa esteja adstrita à União, admite-se que os estados-membros legislem sobre a mesma matéria de modo supletivo ou complementar (Silva, 1999, p. 479). Trata-se daquelas situações em que os estados ocupam os espaços vazios deixados pela União.

A competência supletiva dos estados-membros pode existir para:

» atender à ausência de lei federal; ou
» regular ou suprir a aplicação da lei federal no território do respectivo estado-membro.

Cabe à União, dentro da competência concorrente, editar normas gerais ou de diretrizes e bases a fim de servir de **referência para as legislações estaduais**, pois, caso as atribuições da União fossem de grande minúcia em determinadas matérias, e não de um caráter abrangente, estaria sendo ferida a órbita de competência dos estados; logo, tratar-se-ia de uma ação inconstitucional.

> Art. 24. [...]
> § 1º No âmbito da legislação concorrente, a competência da União limitar-se-á a estabelecer normas gerais.
> § 2º A competência da União para legislar sobre normas gerais não exclui a competência suplementar dos Estados.
> § 3º Inexistindo lei federal sobre normas gerais, os Estados exercerão a competência legislativa plena, para atender a suas peculiaridades.
> § 4º A superveniência de lei federal sobre normas gerais suspende a eficácia da lei estadual, no que lhe for contrário. (Brasil, 1988)

Já a competência supletiva dos estados-membros atende à autonomia conferida a esses entes em resolver as questões e interesses surgidos na esfera regional. Em regra, a União edita normas abrangentes que serão complementadas nos estados, adaptadas às realidades regionais.

Como exemplo, o estado está autorizado a legislar sobre:

» matéria puramente destinada a regular a própria administração, desde que atendidos os princípios gerais dispostos pela União;

» suprir lacunas da lei federal, adaptando-a aos órgãos estaduais;

» suprir legislação específica quando silencia a norma federal etc.

Ainda ao tratar das competências concorrentes, devem ser observados os limites constitucionais atribuídos à lei federal. Caso esses limites estejam respeitados, o texto da lei federal é superior aos ordenamentos estadual e municipal, vinculando estes dois últimos às consequências trazidas pela hierarquização das normas vigente no ordenamento pátrio.

Como exemplo, apresentamos o seguinte julgado do STF, o qual atendeu ao conflito entre a legislação da União e a dos estados-membros referente ao uso de amianto:

ADI-MC 3937 / SP – SÃO PAULO
MEDIDA CAUTELAR NA AÇÃO DIRETA DE INCONSTITUCIONALIDADE
Relator(a): Min. MARCO AURÉLIO
Julgamento: 04/06/2008 - Órgão Julgador: Tribunal Pleno
Publicação
DJe-192 DIVULG 09-10-2008 PUBLIC 10-10-2008
EMENT VOL-02336-01 PP-00059
Parte(s): REQTE.(S): CONFEDERAÇÃO NACIONAL DOS TRABALHADORES NA INDÚSTRIA
ADV.(A/S): MAURO MACHADO CHAIBEN E OUTRO(A/S); REQDO.(A/S): GOVERNADOR DO ESTADO DE SÃO PAULO
REQDO.(A/S): ASSEMBLEIA LEGISLATIVA DO ESTADO DE SÃO PAULO
INTDO.(A/S): ASSOCIAÇÃO BRASILEIRA DOS EXPOSTOS AO AMIANTO – ABREA
ADV.(A/S): ALEXANDRE SIMÕES LINDOSO E OUTRO(A/S)
INTDO.(A/S): ASSOCIAÇÃO BRASILEIRA DAS INDÚSTRIAS E DISTRIBUIDORES DE PRODUTOS DE FIBROCIMENTO – ABIFIBRO, ADV.(A/S): OSCAVO CORDEIRO CORRÊA NETO E OUTRO(A/S);

INTDO.(A/S): INSTITUTO BRASILEIRO DO CRISOTILA – IBC
ADV.(A/S): JOÃO PEDRO FERRAZ DOS PASSOS E OUTROS.
Ementa: COMPETÊNCIA NORMATIVA – COMÉRCIO. Na dicção da ilustrada maioria, em relação à qual guardo reservas, não há relevância em pedido de concessão de liminar, formulado em ação direta de inconstitucionalidade, visando à suspensão de lei local vedadora do comércio de certo produto, em que pese à existência de legislação federal viabilizando-o.

Decisão
Após o voto do Senhor Ministro Marco Aurélio (Relator), deferindo a cautelar, no que foi acompanhado pela Senhora Ministra Cármen Lúcia e pelo Senhor Ministro Ricardo Lewandowski, e do voto do Senhor Ministro Eros Grau, indeferindo-a, pediu vista dos autos o Senhor Ministro Joaquim Barbosa. Presidência da Senhora Ministra Ellen Gracie. Plenário, 29.08.2007.

Decisão:
O Tribunal, por maioria, negou referendo à liminar concedida pelo relator, prejudicado o agravo regimental, e indeferiu a liminar, vencidos os Senhores Ministros Marco Aurélio, Menezes Direito e Ellen Gracie. Votou o Presidente. Falaram, pelas *amici curiae* Associação Brasileira dos Expostos ao Amianto - ABREA e Associação Brasileira das Indústrias e Distribuidores de Produtos de Fibrocimento - ABIFIBRO, os doutores Mauro de Azevedo Menezes e Oscavo Cordeiro Corrêa Neto, na apreciação do referendo à liminar. Ausente, justificadamente, o Senhor Ministro Gilmar Mendes (Presidente). Presidiu o julgamento o Senhor Ministro Cezar Peluso (Vice-Presidente). Plenário, 04.06.2008.

Indexação
- VIDE EMENTA.
- FUNDAMENTAÇÃO COMPLEMENTAR, MIN. EROS GRAU: INEXISTÊNCIA, LEI, ESTADO-MEMBRO, VIOLAÇÃO, PRINCÍPIO DA LIVRE INICIATIVA. CONFIGURAÇÃO, COMPETÊNCIA CONCORRENTE, LEGISLAÇÃO, MATÉRIA, RESPONSABILIDADE, DANO, MEIO AMBIENTE, CONSUMIDOR. NECESSIDADE, STF, DECLARAÇÃO, INCONSTITUCIONALIDADE, LEI FEDERAL, PERMISSÃO, USO, AMIANTO.
- FUNDAMENTAÇÃO COMPLEMENTAR, MIN. JOAQUIM BARBOSA: INEXISTÊNCIA, INCONSTITUCIONALIDADE, LEI, ESTADO-MEMBRO, PROIBIÇÃO, USO, AMIANTO. INADMISSIBILIDADE, UNIÃO, ASSUNÇÃO, COMPROMISSO INTERNACIONAL, AUSÊNCIA, REFLEXO, EFICÁCIA, ESTADO-MEMBRO, MUNICÍPIO.

INAPLICABILIDADE, DISTINÇÃO, NORMA GERAL, NORMA ESPECÍFICA, CASO, LEI, DISCIPLINA, USO, AMIANTO. CABIMENTO, ESTADO-MEMBRO, LEGISLAÇÃO, MATÉRIA, SAÚDE PÚBLICA, ENVOLVIMENTO, USO, AMIANTO, DESCABIMENTO, NORMA, UNIÃO, PERMISSÃO, USO, AMIANTO. RISCO, NORMA, UNIÃO, ESVAZIAMENTO, COMPROMISSO, ASSUNÇÃO, BRASIL, MEDIANTE, CONVENÇÃO.
- FUNDAMENTAÇÃO COMPLEMENTAR, MIN. CÁRMEN LÚCIA: CONFIGURAÇÃO, DIREITO À SAÚDE, MATÉRIA, COMPETÊNCIA CONCORRENTE, COMPETÊNCIA COMUM.
- FUNDAMENTAÇÃO COMPLEMENTAR, MIN. RICARDO LEWANDOWSKI: PRESENÇA, "PERICULUM IN MORA", "FUMUS BONI IURIS", LEGITIMAÇÃO, LEI, ESTADO-MEMBRO, EXISTÊNCIA, RISCO, SAÚDE PÚBLICA. AUSÊNCIA, IMPEDIMENTO, LEGISLAÇÃO, ESTADO-MEMBRO, MUNICÍPIO, SUPERIORIDADE, RESTRIÇÃO, COMPARAÇÃO, LEGISLAÇÃO, UNIÃO, MATÉRIA, MEIO AMBIENTE, SAÚDE PÚBLICA.
- FUNDAMENTAÇÃO COMPLEMENTAR, MIN. CARLOS BRITTO: EXISTÊNCIA, NORMA SUPRALEGAL, CONVENÇÃO, RECONHECIMENTO, NOCIVIDADE, AMIANTO, LEGITIMAÇÃO, LEI, ESTADO-MEMBRO. CARACTERIZAÇÃO, LEGISLAÇÃO, REFERÊNCIA, AMIANTO, EFICÁCIA PROGRESSIVAMENTE ATENUADA, NECESSIDADE, PROCESSO, PROIBIÇÃO, DECORRÊNCIA, NOCIVIDADE.
- VOTO VENCIDO, MIN. MARCO AURÉLIO (RELATOR): DEFERIMENTO, REFERENDO, MEDIDA CAUTELAR, DESCABIMENTO, ESTADO-MEMBRO, PROIBIÇÃO, COMERCIALIZAÇÃO, AMIANTO, IMPOSIÇÃO, RESTRIÇÃO, ALCANCE, APLICAÇÃO, LEI FEDERAL.
- VOTO VENCIDO, MIN. MENEZES DIREITO: EXISTÊNCIA, LIMITAÇÃO, ESTADO-MEMBRO, SEDE, LEGISLAÇÃO CONCORRENTE, DESCABIMENTO, RESTRIÇÃO, ALCANCE, LEI, FEDERAL. - VOTO VENCIDO, MIN. ELLEN GRACIE: DESCABIMENTO, LEI, ESTADO-MEMBRO, ANULAÇÃO, EFEITO, NORMA, HIERARQUIA, SUPERIORIDADE.

Legislação

LEG-FED CF ANO-1967 CF-1967 CONSTITUIÇÃO FEDERAL LEG-FED EMC-01 ANO-1969 EMENDA CONSTITUCIONAL LEG-FED CF ANO-1988 ART-06 ART-22 INC-08 ART-23 INC-02 ART-24 INC-06 INC-08 INC-12 PAR-04 ART-125 PAR-02 ART-196 CF-1988 CONSTITUIÇÃO FEDERAL LEG-FED LEI-8666 ANO-1993 LLC-1993 LEI DE LICITAÇÕES LEG-FED RGI ANO-1980 ART-96 PAR-04 RISTF-1980 REGIMENTO INTERNO DO SUPREMO TRIBUNAL FEDERAL LEG-FED LEI-9055

ANO-1995 ART-01 ART-02 PAR-ÚNICO ART-05 "CAPUT" PAR-ÚNICO ART-09 ART-10 LEI ORDINÁRIA LEG-FED LEI-9868 ANO-1999 ART-12 LEI ORDINÁRIA LEG-FED DEC-126 ANO-1991 DECRETO LEG-FED RES-348 ANO-2004 RESOLUÇÃO DO CONSELHO NACIONAL DO MEIO AMBIENTE – CONAMA LEG-EST LEI-10813 ANO-2001 LEI ORDINÁRIA, SP LEG-EST LEI-012589 ANO-2004 ART-02 ART-03 PAR-02 LEI ORDINÁRIA, PE LEG-EST LEI-004341 ANO-2004 LEI ORDINÁRIA, RJ LEG-EST LEI-012684 ANO-2007 ART-03 ART-04 "CAPUT" PAR-ÚNICO ART-06 LEI ORDINÁRIA, SP LEG-INT CVC-162 ART-03 ART-10 CONVENÇÃO DA ORGANIZAÇÃO INTERNACIONAL DO TRABALHO – OIT

Observação

- Acórdãos citados: ADI 903, ADI 927 MC, Rp 1153, ADI 1245, ADI 1540, ADI 1675 MC, ADI 1980, ADI 2396, ADI 2656, ADI 3035, ADI 3355, ADI 3356, ADI 3357, ADI 3406, ADI 3470, ADI 3482, ADI 3645, ADI 4066, RE 349703, RE 393175 AgR, RE 466643; RTJ 115/1008, RTJ 115/1026, RTJ 115/1037, RTJ 115/1046, RTJ 1043/1044.
- Decisões monocráticas citadas: ADI 3517 MC.
- Decisões estrangeiras citadas: Philadelphia v. New Jersey, 437 U.S. 617 (1978); Maine v. Taylor, 477 U.S.131 (1986). N.PP.: 84 Análise: 07/11/2008, FMN.

Doutrina

INSTITUTO BRASILEIRO DO CRISOTILA - IBC de 14.12.2007. Disponível em: <www.crisotilabrasil.org.br>.

MENDES, René. Asbesto (amianto) e Doença: Revisão do Conhecimento Científico e Fundamentação para uma Urgente Mudança da Atual Política Brasileira sobre a Questão. Cadernos de Saúde Pública. Rio de Janeiro, 2001. p. 7-29.

REVISTA DE INFORMAÇÃO LEGISLATIVA. Competência Concorrente Limitada: o Problema da Conceituação das Normas Gerais. a. 25. n. 100. p.161.

TRINDADE, Antônio Augusto Cançado. Memorial em prol de uma Nova Mentalidade quanto à Proteção dos Direitos Humanos nos Planos Internacional e Nacional. In: Cançado Trindade. O Direito Internacional em um Mundo em Tranformação. Rio de Janeiro: Renovar, 2002. p. 694-717. (Brasil, 2008b, grifo do original e nosso)

Prevalece a lei federal quando em conflito com as legislações estadual e municipal. Contudo, essa regra não é absoluta, uma vez que devem ser questionados os limites da competência da matéria que a lei federal procurou tratar no seu texto. Ultrapassados os limites conferidos pela Constituição Federal, deve prevalecer a legislação estadual ou municipal, como foi observado na seguinte decisão do STF, concernente à alegação da Procuradoria Geral da República de que o Distrito Federal estaria violando a Constituição Federal, ao regulamentar matéria de trânsito:

> ADI 3338/DF – DISTRITO FEDERAL/AÇÃO DIRETA DE INCONSTITUCIONALI-DADE/Relator(a): Min. JOAQUIM BARBOSA; Relator(a) p/ Acórdão: Min. EROS GRAU/ Julgamento: 31/08/2005 - Órgão Julgador: Tribunal Pleno
> Publicação
> DJe-096 DIVULG 05-09-2007 PUBLIC 06-09-2007 DJ 06-09-2007 PP-00036 EMENT VOL-02288-02 PP-00249
> REPUBLICAÇÃO: DJe-106 DIVULG 20-09-2007 PUBLIC 21-09-2007
> DJ 21-09-2007 PP-21
> RT v. 97, n. 867, 2008, p. 101-109
> Parte(s): REQTE.(S): PROCURADOR-GERAL DA REPÚBLICA
> REQDO.(A/S): GOVERNADOR DO DISTRITO FEDERAL
> REQDO.(A/S): CÂMARA LEGISLATIVA DO DISTRITO FEDERAL.
> Ementa
> AÇÃO DIRETA DE INCONSTITUCIONALIDADE. LEI DISTRITAL N. 3.460. INSTITUIÇÃO DO PROGRAMA DE INSPEÇÃO E MANUTENÇÃO DE VEÍCULOS EM USO NO ÂMBITO DO DISTRITO FEDERAL. ALEGAÇÃO DE VIOLAÇÃO DO DISPOSTO NO ARTIGO 22, INCISO XI, DA CONSTITUIÇÃO DO BRASIL. INOCORRÊNCIA. 1. O ato normativo impugnado não dispõe sobre trânsito ao criar serviços públicos necessários à proteção do meio ambiente por meio do controle de gases poluentes emitidos pela frota de veículos do Distrito Federal. A alegação do requerente de afronta ao disposto no artigo 22, XI, da Constituição do Brasil não procede. 2. A lei distrital apenas regula como o Distrito Federal cumprirá o dever-poder que lhe incumbe proteção ao meio ambiente. 3. O DF possui competência para implementar medidas de proteção ao meio ambiente, fazendo-o nos termos do disposto no artigo 23, VI, da CFB/88. 4. Ação Direta de Inconstitucionalidade julgada improcedente.
> Decisão
> O Tribunal, por maioria, julgou improcedente a ação, vencidos os Senhores Ministros Joaquim Barbosa (Relator) e, em parte, o Senhor Ministro Marco Aurélio.

Votou o Presidente, Ministro Nelson Jobim. Redigirá o acórdão o Senhor Ministro Eros Grau. Ausente, justificadamente, o Senhor Ministro Gilmar Mendes. Falou pelo requerido, Governador do Distrito Federal, a Dra. Maria Dolores Mello Martins, Procuradora do Distrito Federal. Plenário, 31.08.2005.

Indexação

- CONSTITUCIONALIDADE, LEI, CRIAÇÃO, SERVIÇO PÚBLICO, PROTEÇÃO AMBIENTAL, OBJETO, INSPEÇÃO, VEÍCULO.
- FUNDAMENTAÇÃO COMPLEMENTAR, MIN. JOAQUIM BARBOSA: DESCARACTERIZAÇÃO, NORMA, POLÍTICA DE EDUCAÇÃO PARA A SEGURANÇA DO TRÂNSITO, COMPETÊNCIA MATERIAL, ENTE, FEDERAÇÃO.
- FUNDAMENTAÇÃO COMPLEMENTAR, MIN. NELSON JOBIM: COMPETÊNCIA, ESTADO-MEMBRO, LICENCIAMENTO, FISCALIZAÇÃO, CIRCULAÇÃO, VEÍCULO, OBSERVÂNCIA, NORMA, CONAMA, CONTRAN. AUSÊNCIA, COMPETÊNCIA, UNIÃO, FISCALIZAÇÃO, MATÉRIA.
- VOTO VENCIDO, MIN. JOAQUIM BARBOSA: OFENSA, COMPETÊNCIA PRIVATIVA, UNIÃO, LEGISLAÇÃO, MATÉRIA, TRÂNSITO. DESCARACTERIZAÇÃO, EXERCÍCIO, LEGISLAÇÃO, CARÁTER SUPLEMENTAR, ÂMBITO, COMPETÊNCIA LEGISLATIVA CONCORRENTE, ESGOTAMENTO, MATÉRIA, VISTORIA, LEI FEDERAL, CÓDIGO DE TRÂNSITO BRASILEIRO.
- VOTO VENCIDO, MIN. MARCO AURÉLIO: INCONSTITUCIONALIDADE MATERIAL, LEI DISTRITAL, DESCABIMENTO, CONCESSÃO, ATRIBUIÇÃO, PODER DE POLÍCIA, ATIVIDADE PRECÍPUA, ESTADO, FISCALIZAÇÃO, VEÍCULO. DESCABIMENTO, ATRIBUIÇÃO, PARTICULAR, LAVRATURA, AUTO DE INFRAÇÃO, EXEMPLO, ATUAÇÃO, RECEITA FEDERAL, FISCALIZAÇÃO, TRIBUTO, MINISTÉRIO DO TRABALHO, FISCALIZAÇÃO, TRABALHO.

Legislação

LEG-FED CF ANO-1988 ART-22 INC-11 ART-23 INC-06 INC-12 ART-24 INC-06 PAR-02 PAR-03 CF-1988 CONSTITUIÇÃO FEDERAL LEG-FED LEI-5108 ANO-1966 ART-103 ART-00104 ART-130 ART-131 CTB-1997 CÓDIGO DE TRÂNSITO BRASILEIRO LEG-FED LEI-9868 ANO-1999 ART-12 LEI ORDINÁRIA LEG-FED LEI-010203 ANO-2001 ART-12 LEI ORDINÁRIA LEG-DIS LEI-3460 ANO-2004 ART-01 PAR-04 ART-02 ART-03 ART-04 ART-05 ART-06 ART-07 ART-08 ART-09 ART-10 ART-11 ART-12 LEI ORDINÁRIA, DF.

Observação

- Acórdãos citados: ADI 1086 (RTJ 179/471), ADI 1666 MC, ADI 1972 MC, ADI 1973 MC, ADI 2142 MC (RTJ 178/197), ADI 2623, ADI 3049 MC (RTJ 189/1071), ADI 3323.

Número de páginas: 28
Análise: 10/05/2007, JOY. (Brasil, 2007b, grifo do original e nosso)

Nesse sentido, também pode ser citado o caso do seguinte julgado do Superior Tribunal de Justiça (STJ), que reconheceu a possibilidade de o estado-membro legislar supletivamente sobre poluição do ar, visando proteger a saúde da população:

REsp 27924 / RJ
RECURSO ESPECIAL
1992/0025081-5
Relator(a)
Ministro DEMÓCRITO REINALDO (1095)
Órgão Julgador T1 - PRIMEIRA TURMA
Data do Julgamento
04/12/1995
- **Data da Publicação/Fonte**
DJ 18/12/1995 p. 44493
Ementa
ADMINISTRATIVO E PROCESSUAL CIVIL. EMBARGOS À EXECUÇÃO. POLUIÇÃO AMBIENTAL. VEÍCULO DE TRANSPORTE COLETIVO URBANO. MULTA. LEGISLAÇÃO ESTADUAL. COMPETÊNCIA SUPLETIVA DO ESTADO. CONSOANTE JURISPRUDÊNCIA PACÍFICA DESTA CORTE, NÃO HÁ DIVISAR NEGATIVA DE VIGÊNCIA AO ARTIGO 8., INCISO VI, DA LEI 6.938/81, NO FATO DE EDITAR O ESTADO DO RIO DE JANEIRO NORMAS REGULAMENTADORAS DOS ÍNDICES TOLERÁVEIS DE PRODUÇÃO DE FUMAÇA CAUSADA POR VEÍCULOS AUTOMOTORES, EXERCÍCIO PLENO DA SUA COMPETÊNCIA SUPLETIVA PARA LEGISLAR SOBRE O MEIO AMBIENTE, EM CONFORMIDADE COM AUTORIZATIVO CONSTITUCIONAL. RECURSO A QUE SE NEGA PROVIMENTO, SEM DISCREPÂNCIA.
Acórdão
POR UNANIMIDADE, NEGAR PROVIMENTO AO RECURSO.
Resumo Estruturado
COMPETÊNCIA, ESTADO, (RJ), LEGISLAÇÃO SUPLETIVA, REGULAMENTAÇÃO, ÍNDICE, TOLERÂNCIA, POLUIÇÃO, MEIO AMBIENTE, TRÁFEGO, ÔNIBUS, VEÍCULO AUTOMOTOR, AUTORIZAÇÃO, CONSTITUIÇÃO FEDERAL.

Referência Legislativa
LEG:FED LEI: 6938 ANO:1981, ART:08 INC:06. (Brasil, 1995b, grifo do original e nosso)

Sobre o mesmo tema, é procedente desse mesmo tribunal o seguinte julgado:

REsp 26990/RJ
RECURSO ESPECIAL
1992/0022594-2
Relator(a)
Ministro GARCIA VIEIRA (1082)
Órgão Julgador
T1 - PRIMEIRA TURMA
Data do Julgamento 07/10/1992
Data da Publicação Fonte
DJ 30/11/1992 p. 22582, RSTJ vol. 50 p. 279
Ementa
PROTEÇÃO DA SAÚDE - MEIO-AMBIENTE - COMPETÊNCIA LEGISLATIVA SUPLETIVA.
A COMPETÊNCIA ENDEREÇADA À UNIÃO DE LEGISLAR SOBRE DEFESA E PROTEÇÃO DA SAÚDE (CONST., ART. 8., ITEM XVII, LETRA "C"), NÃO EXCLUI A DOS ESTADOS PARA LEGISLAR SUPLETIVAMENTE. O ESTADO DO RIO DE JANEIRO, AO EDITAR AS NORMAS PARA CONTROLAREM E MEDIREM A POLUIÇÃO DO AR E FIXAR OS NÍVEIS TOLERÁVEIS DE FUMAÇA EXPELIDA PELOS ÔNIBUS, O FEZ DENTRO DE SUA ESFERA DE COMPETÊNCIA CONCORRENTE E SUPLETIVA. RECURSO IMPROVIDO.
Acórdão
POR UNANIMIDADE, NEGAR PROVIMENTO AO RECURSO.
Notas Tema: meio ambiente
Resumo Estruturado
POSSIBILIDADE, ÓRGÃO ESTADUAL DO MEIO AMBIENTE, DELIBERAÇÃO, LIMITE, TOLERÂNCIA, EMISSÃO DE FUMAÇA, ÔNIBUS, INEXISTÊNCIA, VIOLAÇÃO, LEI FEDERAL, POLÍTICA NACIONAL DO MEIO AMBIENTE, ATRIBUIÇÃO, COMPETÊNCIA PRIVATIVA, CONAMA, FIXAÇÃO, NORMA GERAL, MATÉRIA, DECORRÊNCIA, CONSTITUIÇÃO FEDERAL, PREVISÃO EXPRESSA, COMPETÊNCIA CONCORRENTE, ESTADO, MUNICÍPIO, REGULAMENTAÇÃO, NORMA, CONTROLE, POLUIÇÃO.

Referência Legislativa
LEG:FED CFD: ANO:1988 CF-1988 CONSTITUIÇÃO FEDERAL ART: 23 INC: 6 ART: 24 INC: 6 ART:225; LEG:FED LEI:6938 ANO:1981 ART: 5 ART: 6 INC: 4 PAR: 1 ART: 8 INC:6; LEG:EST DEL: 134 ANO:1975 (RJ) LEG:EST DEC: 1632 ANO:1975 (RJ) LEG:EST DLB: 618 ANO:1985 (CECA - COMISSÃO ESTADUAL DE CONTROLE AMBIENTAL - RJ). LEG: EST CES: ANO: 1989 CES-RJ CONSTITUIÇÃO DO ESTADO DO RIO DE JANEIRO ART: 273 PAR: ÚNICO.

Veja
STJ – RESP 8579 -RJ (RSTJ 32/291, RT 679/204), RESP 9014-RJ. (Brasil, 1992b, grifo nosso)

O art. 30 da CF/1988 é claro ao autorizar o município a suplementar a lei federal quando esta silencia sobre uma situação surgida na esfera local de atuação do ente político, e, ainda, a colaborar com a fiscalização dos bens de interesse coletivo:

> Art. 30. Compete aos Municípios:
> I – legislar sobre assuntos de interesse local;
> II – suplementar a legislação federal e a estadual no que couber;
> [...]
> VII – prestar, com a cooperação técnica e financeira da União e do Estado, serviços de atendimento à saúde da população;
> VIII – promover, no que couber, adequado ordenamento territorial, mediante planejamento e controle do uso, do parcelamento e da ocupação do solo urbano;
> IX – promover a proteção do patrimônio histórico-cultural local, observada a legislação e a ação fiscalizadora federal e estadual. (Brasil, 1988)

Nesse sentido, o seguinte julgado do STJ, mesmo ainda não sendo um entendimento pacífico, reconheceu a competência do município de legislar supletivamente sobre proteção ambiental, tendo como referência a legislação federal:

REsp 29299/RS
RECURSO ESPECIAL
1992/0029188-0
Relator(a)
Ministro DEMÓCRITO REINALDO (1095)
Órgão Julgador
T1 - PRIMEIRA TURMA
Data do Julgamento
28/09/1994
Data da Publicação/Fonte
DJ 17/10/1994 p. 27861
JBCC vol. 174, p. 305
LEXSTJ vol. 67 p. 74
RDJTJDFT vol. 46/47 p. 199
RJM vol. 112 p. 69
RT vol. 719 p. 267
Ementa
CONSTITUCIONAL. MEIO AMBIENTE. LEGISLAÇÃO MUNICIPAL SUPLETIVA. POSSIBILIDADE. ATRIBUINDO, A CONSTITUIÇÃO FEDERAL, A COMPETÊNCIA COMUM À UNIÃO, AOS ESTADOS E AOS MUNICÍPIOS PARA PROTEGER O MEIO AMBIENTE E COMBATER A POLUIÇÃO EM QUALQUER DE SUAS FORMAS, CABE, AOS MUNICÍPIOS, LEGISLAR SUPLETIVAMENTE SOBRE A PROTEÇÃO AMBIENTAL, NA ESFERA DO INTERESSE ESTRITAMENTE LOCAL. A LEGISLAÇÃO MUNICIPAL, CONTUDO, DEVE SE CONSTRINGIR A ATENDER AS CARACTERÍSTICAS PRÓPRIAS DO TERRITÓRIO EM QUE AS QUESTÕES AMBIENTAIS, POR SUAS PARTICULARIDADES, NÃO CONTEM COM O DISCIPLINAMENTO CONSIGNADO NA LEI FEDERAL OU ESTADUAL. A LEGISLAÇÃO SUPLETIVA, COMO E CEDIÇO, NÃO PODE INEFICACIZAR OS EFEITOS DA LEI QUE PRETENDE SUPLEMENTAR. UMA VEZ AUTORIZADA PELA UNIÃO A PRODUÇÃO E DEFERIDO O REGISTRO DO PRODUTO, PERANTE O MINISTÉRIO COMPETENTE, E DEFESO AOS MUNICÍPIOS VEDAR, NOS RESPECTIVOS TERRITÓRIOS, O USO E O ARMAZENAMENTO DE SUBSTANCIAS AGROTÓXICAS, EXTRAPOLANDO O PODER DE SUPLEMENTAR, EM DESOBEDIÊNCIA À LEI FEDERAL. A PROIBIÇÃO DE USO E ARMAZENAMENTO, POR DECRETO E EM TODO O MUNICIPIO CONSTITUI DESAFEIÇÃO A LEI FEDERAL E AO PRINCÍPIO DA LIVRE INICIATIVA, CAMPO EM QUE AS LIMITAÇÕES ADMINISTRATIVAS

HÃO DE CORRESPONDER ÀS JUSTAS EXIGÊNCIAS DO INTERESSE PÚBLICO QUE AS MOTIVA, SEM O ANIQUILAMENTO DAS ATIVIDADES REGULADAS. RECURSO CONHECIDO E IMPROVIDO. DECISÃO INDISCREPANTE.
Acórdão POR UNANIMIDADE, NEGAR PROVIMENTO AO RECURSO.
Resumo Estruturado ILEGALIDADE, DECRETO MUNICIPAL, PROIBIÇÃO, UTILIZAÇÃO, AGROTÓXICO, HIPÓTESE, EXISTÊNCIA, REGISTRO, PRODUTO, MINISTÉRIO DA AGRICULTURA DO ABASTECIMENTO E DA REFORMA AGRÁRIA, CARACTERIZAÇÃO, VIOLAÇÃO, DISPOSITIVO LEGAL, LEI FEDERAL, DECORRÊNCIA, EXCESSO, EXERCÍCIO, COMPETÊNCIA RESIDUAL.

Referência Legislativa
LEG:FED LEI:007802 ANO: 1989, ART: 0009 ART: 00010 ART: 00011,
LEG:MUN DEC:009731 ANO:1990 ART: 1 (PORTO ALEGRE)
LEG:FED CFD: ANO:1988 CF-1988 CONSTITUIÇÃO FEDERAL ART: 00023 INC: 6 ART: 00030 INC: 1 ART: 00225

Doutrina
OBRA: O MUNICÍPIO E A PROTEÇÃO AMBIENTAL
AUTOR: JOSÉ ANTÔNIO OSÓRIO DA SILVA
OBRA: O MUNICÍPIO E A QUESTÃO AMBIENTAL, V. 670, REVISTA DOS TRIBUNAIS, P. 254
AUTOR: MARIA SYLVIA RIBEIRO BARRETO
OBRA: O MUNICÍPIO E O DIREITO AMBIENTAL, FORENSE, V. 317, P. 192
AUTOR: PAULO ALFONSO LEME MACHADO. (Brasil, 1994a, grifo do original e nosso)

A atenção sobre o limite de competências é de grande valia ao presente estudo, uma vez que, na aplicação da lei, os órgãos de defesa do meio ambiente estaduais colidem com o órgão federal e, ainda, em alguns casos, sobressai a confusão quando não resta esclarecido qual órgão de policiamento deve atender às ocorrências (o estadual ou o federal).

Finalmente, quando o cidadão pretende intervir na fiscalização do meio ambiente, por meio dos instrumentos processuais cabíveis, pode se equivocar, juntamente com o seu causídico constituído para tal, sobre qual é o tribunal competente para dirimir as questões trazidas em juízo, trazendo, desse modo, prejuízos para a demanda e tornando ineficaz a sua ação fiscalizadora.

3.1.3 O caso dos recursos hídricos

A título de exemplo sobre a relação entre as competências dos entes federados, surge o caso dos recursos hídricos, que, além de se constituírem em importante recurso estratégico para o desenvolvimento nacional, são um bem vital para a vida humana e de qualquer outro ser vivo.

Como foi abordado anteriormente, sendo o Estado uma criação jurídica (Bonavides, 1994, p. 32), os seus atos dependem de regulação específica para atingir a sua eficácia. De acordo com Silva (1999, p. 621), no caso brasileiro, a Constituição Federal distribui entre as entidades autônomas da Federação a respectiva porção de poder para que esses entes, regidos por uma única fonte legal constitucional, componham seus campos de atuação governamental. Esse pacto nasce da aliança indissolúvel dos estados-membros organizados numa Federação e cristalizados numa União Federal, amparada numa Constituição que distribui entre essas camadas a respectiva parcela de poder, formando, assim, o pacto federativo (Temer, 2000, p. 76).

Quanto ao tema "competência", trata-se da órbita delimitada pela lei na qual gravitam os atos administrativos, desde a execução de uma pena até a elaboração de um orçamento público. A competência administrativa "é o poder atribuído ao agente da Administração para o desempenho específico de suas funções" (Meirelles, 1997, p. 134). Para Silva (1999, p. 496), "competência são as diversas modalidades de poder de que se servem os órgãos ou entidades estatais para realizar suas funções". A competência, no dizer de Meirelles (1997,

p. 136), pode ser delegada ou avocada desde que a legislação assim o permita, porém jamais transferida. No caso de **delegação de competência**, ensina o mesmo autor, citando o Decreto-Lei n. 200, de 25 de fevereiro de 1967 (Brasil, 1967a), trata-se de uma modalidade de descentralização das funções do Poder Público, como é o caso do presidente da República quando delega aos seus ministros de Estado atribuições decisórias, destinadas a dar maior rapidez à gestão do ente estatal (CF/1988, art. 84).

Complementarmente, Silva (1999, p. 496) observa que a CF/1988, no seu art. 21, traz uma ampla enumeração de assuntos de competência material exclusiva da União, entre os quais se encontram, no inciso XIX, a instituição do sistema nacional de gerenciamento dos recursos hídricos e a definição de critérios de outorga de direitos de seu uso.

Mesmo com a União detendo a competência privativa de legislar sobre recursos hídricos, coube aos estados-membros, após a promulgação do texto constitucional de 1988, legislar sobre tal matéria no sentido de zelar as águas localizadas sob o seu domínio. Além disso, há a competência comum entre União, estados-membros, Distrito Federal e municípios para registrar, acompanhar e fiscalizar a exploração de recursos hídricos nos respectivos territórios (Brasil, 2006b, p. 26).

A Agenda 21 Brasileira, no seu objetivo 17, reconhece a necessidade de remodelar o pacto federativo tendo como marco inicial desse processo o fortalecimento dos municípios trazido pela Constituição Federal de 1988. O ente municipal brasileiro ainda depende de uma maior cooperação com os outros dois níveis de poder: o estadual e o federal. Já o processo de descentralização, envolvendo a população com o Poder Público, depende do fortalecimento da sociedade civil organizada nos conselhos municipais (CPDS, 2004, p. 80).

O texto constitucional impele os cidadãos brasileiros, dispersos nas diversas municipalidades inseridas no território nacional, a respeitarem os bens naturais, que são de interesse de toda a nação. No seu art. 20 (inciso III), a Carta Magna indica como bens da União os lagos, os rios e qualquer corrente de água. O mesmo artigo (inciso VIII) trata como bem a energia hidráulica. O art. 23 rege que é de competência comum da União, dos estados, do Distrito Federal e dos municípios proteger o meio ambiente e combater a poluição (inciso VI), bem como preservar as florestas, a fauna e a flora (inciso VII). Por sua vez, o art. 24 do texto constitucional estabelece que compete à União, aos estados e ao Distrito Federal legislar concorrentemente sobre os recursos naturais e o controle da poluição (inciso VI) e sobre responsabilidade por dano ao meio ambiente (inciso VIII).

Além da CF/1988 e da Lei Federal n. 9.433, de 8 de janeiro de 1997 (Brasil, 1997a), a União dispõe de outras produções normativas destinadas a regular os recursos hídricos, tais como:

» o Decreto Federal n. 24.643, de 10 de julho de 1934 (Brasil, 1934b), conhecido como *Código das Águas*;
» o Decreto Federal n. 4.613, de 11 de março de 2003 (Brasil, 2003a), que regulamenta o Conselho Nacional de Recursos Hídricos, e dá outras providências;
» a Lei Federal n. 9.984, de 17 de julho de 2000 (Brasil, 2000a), que cria a Agência Nacional das Águas (ANA).

Tais leis e decretos, criados na órbita de competência da União, influenciam a legislação dos estados-membros, do Distrito Federal e dos municípios.

No caso do Estado do Paraná, por exemplo, há uma produção legislativa destinada à proteção dos recursos hídricos que regula a expansão urbana sobre áreas naturais fragilizadas, tendo como fundamento a legislação hierarquicamente superior, pois a Constituição do Estado do Paraná estabelece como área de preservação permanente as matas ciliares que guarnecem os mananciais que abastecem os centros urbanos.

Ainda servem como amparo legal nesse estado:

» o Decreto Estadual n. 2.315, de 17 de julho de 2000 (Paraná, 2000), que regulamenta o processo de instituição dos Comitês de Bacias Hidrográficas;

» o Decreto Estadual n. 5.361, de 26 de fevereiro de 2002 (Paraná 2002a), que regulamenta a cobrança pelo uso de recursos hídricos.

A política estadual de recursos hídricos está regulamentada pela Lei Estadual n. 12.726, de 26 de novembro de 1999 (Paraná, 1999c), que, conforme o seu art. 33, instituiu o Sistema Estadual de Gerenciamento de Recursos Hídricos (SEGRH/PR), que tem como instrumentos para a implementação dessa política (art. 6°):

» o Plano Estadual de Recursos Hídricos;
» o Plano de Bacia Hidrográfica;
» o enquadramento dos corpos de água em classes, segundo os usos preponderantes da água;
» a outorga dos direitos de uso de recursos hídricos;
» a cobrança pelo direito de uso de recursos hídricos;
» o Sistema Estadual de Informações sobre Recursos Hídricos.

Essa legislação hierarquicamente superior influenciou os institutos existentes no texto da Lei Orgânica Municipal (LOM) de Curitiba (Curitiba, 1990). O art. 13 da LOM fala da cooperação com a União e o Estado no tocante à prevenção, à poluição, à proteção da fauna e flora, ao saneamento básico e ao uso dos recursos hídricos (art. 13, VI, VII e XI), como previsto na CF/1988. Ao tratar da política de desenvolvimento urbano, a LOM de Curitiba vinculou o seu planejamento local com a cooperação técnica vinda dos demais entes públicos, como expresso no seu art. 151.

O saneamento básico da população, tema relacionado com os recursos hídricos (Brasil, 2006b), é um meio de garantir maior qualidade de vida no meio urbano, contribuindo para a dignidade dos indivíduos (Barbosa, 1995, p. 72). O art. 166 da LOM de Curitiba tratou do assunto, assumindo responsabilidade concorrente com as demais esferas de poder. A mesma legislação se preocupou com a contaminação dos corpos aquáticos, em seu art. 168.

Mesmo vinculado à legislação produzida no âmbito da União e dos estados-membros, o município não está excluído do dever de preservar os recursos hídricos, pois está dotado de um "poder-dever" de zelar pelas águas inseridas no seu território de modo concorrente com os demais entes do Poder Público (Brasil, 2006b, p. 35).

Aprofundar o estudo sobre a competência legislativa da matéria ambiental, além de ser uma rica fonte de questionamentos sobre o pacto federativo e a atuação do Poder Público na defesa do meio ambiente, a fim de atender à lei, também auxilia na identificação do órgão do Poder Judiciário competente para apreciar uma eventual demanda.

Nas linhas a seguir serão estudadas as particularidades que permeiam um poder do estado democrático e de direito que, dada a sua complexidade funcional, apresenta no cotidiano das lides jurídicas eventuais confusões surgidas pelas partes que procuram ver atendidas e satisfeitas as suas pretensões relacionadas com os temas aqui estudados e tutelados pelo Estado.

Afinal, o Poder Judiciário no cenário brasileiro dispõe de uma estrutura complexa, uma vez que se organiza nos estados-membros da federação e, ao mesmo tempo, dispõe de uma estrutura no nível federal.

Desse modo, é necessário que os temas ambientais estejam bem delimitados, com suas respectivas órbitas de atuação, para que o cidadão comum não veja a defesa do seu direito se perder nas entranhas da burocracia.

3.2 Competência jurisdicional da matéria ambiental

Após tratar da competência legislativa, a fim de observar em quais órbitas gravita o texto legal, faz-se necessário determinar em qual órbita deve se desenvolver uma possível demanda.

Cabe ressaltarmos que o próprio texto legal, dependendo do ente que o elaborou e o legitimou, pode servir de fundamento para se determinar a competência processual. No entanto, veremos a seguir que essa não é uma regra geral.

A palavra *jurisdição* tem a sua origem na aglutinação do latim *jus*, ou *juris* ("direito"), com *dictio*, ou *dictionis* ("dizer"); trata-se, portanto, de "dizer o direito".

A tradição latina observou a necessidade de trazer para a organização do Estado a responsabilidade de resolver as pendências existentes entre indivíduos, evitando-se, assim, a "justiça com as próprias mãos", que, numa extensão ampla, pode colaborar para a fragmentação da sociedade, conduzindo-a ao caos.

Em uma evolução natural, coube ao Estado regrar o andamento das fases destinadas a buscar a melhor solução aos conflitos existentes, consolidando uma processualística capaz de administrar a justiça de modo objetivo, dando a cada um aquilo que é seu por direito.

Em se tratando de matéria ambiental, uma das primeiras características diretamente relacionada com a jurisdição é a da sua **indeclinabilidade**, determinada pelo texto constitucional, em seu art. 5º, inciso XXXV. Portanto, o Poder Judiciário brasileiro, em qualquer um dos seus órgãos, jamais poderá recusar-se a atender às lides trazidas ao seu conhecimento.

Há o compromisso de se analisar os fatos e de emitir uma decisão. Esse compromisso, contudo, não significa que o juiz esteja compelido a julgar em favor de uma das partes, pois, caso o autor não traga elementos técnico-jurídicos suficientes para atender às pretensões de sua demanda, esta estará condenada ao fracasso como qualquer outra lide do juízo civil ou criminal da justiça comum.

Uma vez que o ente estatal elaborou um ambiente no qual transcorre um processo amparado em normas jurídicas, suas decisões devem trazer soluções que reflitam a adoção de uma postura imparcial diante das partes litigantes. Além disso, não basta apenas "dizer o direito"; é também necessário criar instrumentos de coação que motivem as partes vencidas a acatar as decisões. Detendo o monopólio do uso da força e valendo-se do Poder Judiciário para investigar os fatos e aplicar a lei, o Estado moderno cria, assim, as suas jurisdições.

Ao pensar a defesa objetiva do meio ambiente, é prudente ao estudioso do direito brasileiro observar as particularidades da sua organização judiciária, pois, como observa Machado (2010, p. 401), foi criado com a Carta Magna de 1988 um federalismo de coordenação e de cooperação em que coexistem harmonicamente uma jurisdição no nível federal e outra no estadual, cabendo ao STF a guarda do conteúdo do texto constitucional (conforme expresso no art. 102, *caput*, da CF/1988).

A atuação da jurisdição serve para manter uma disciplina na sociedade, submetendo os diversos interesses dispersos perante a lei vigente de forma a buscar a pacificação social.

Nesse sentido, entendem Cintra, Grinover e Dinamarco (1997, p. 132):

> *E o Estado aceita a provocação do interessado e a sua cooperação, instaurando um processo e conduzindo-o até ao final, na medida apenas em que o interesse deste em obter a prestação jurisdicional coincidir com aquele interesse público de atuar a vontade do direito material e, com isso, pacificar e fazer justiça.*

A jurisdição é uma das funções do Estado, o qual "substitui aos titulares dos interesses em conflito para, imparcialmente, buscar a pacificação do conflito que os envolve, com justiça" (Cintra; Grinover; Dinamarco, 1997, p. 129).

O ato de se aplicar a norma jurídica ao caso concreto, por meio de um órgão imparcial, garantiu até mesmo a sobrevivência do Estado como instituição respeitada por um grupo social determinado. A jurisdição é elemento da soberania nacional, que pune severamente aqueles indivíduos que se colocam, por conta própria, acima da lei, como estabelecido na legislação brasileira (Brasil, 1940a).

> Art. 345. Fazer justiça pelas próprias mãos, para satisfazer pretensão, embora legítima, salvo quando a lei o permite:
> Pena – detenção, de quinze dias a um mês, ou multa, além da pena correspondente à violência.
> [...] (Brasil, 1940a)

Assim, a **jurisdição** pode ser entendia como (Cintra; Grinover; Dinamarco, 1997, p. 129):

» um **poder**, uma vez que nasce da soberania nacional legitimamente regulada por legislação competente;
» uma **função**, uma vez que o órgão jurisdicional está incumbido, por imposição legal-estatal, de aplicar a lei aos casos concretos por meio de um devido processo legal; e
» uma **atividade**, composta pelos diversos atos do juiz na busca de dar a cada um aquilo que é seu.

A função jurisdicional, meramente na qualidade de função, não é atributo exclusivo do Poder Judiciário, que a exerce, segundo Mirabete (1998, p. 163), de modo **ordinário** ou **comum**, enquanto a jurisdição pode ser **extraordinária** ou **especial**, quando os demais órgãos do Poder Público estão autorizados a exercê-la, como é o caso do Senado Federal:

> Art. 52. Compete privativamente ao Senado Federal:
> I – processar e julgar o Presidente e o Vice-Presidente da República nos crimes de responsabilidade, bem como os Ministros de Estado e os Comandantes da Marinha, do Exército e da Aeronáutica nos crimes da mesma natureza conexos com aqueles;
> II – processar e julgar os Ministros do Supremo Tribunal Federal, os membros do Conselho Nacional de Justiça e do Conselho Nacional do Ministério Público, o Procurador-Geral da República e o Advogado-Geral da União nos crimes de responsabilidade;
> [...] (Brasil, 1988)

Ainda em relação ao tema da jurisdição extraordinária, cabe destacarmos que os atos dos órgãos de controle ambiental, sejam federais, sejam estaduais, não são jurisdições no sentido aqui estudado, e sim ambientes onde são desenvolvidos atos do Poder Público passíveis de serem analisados pela doutrina do ramo do direito administrativo.

A título de exemplo, é possível indicar o caso em que o Instituto Brasileiro do Meio Ambiente e dos Recursos naturais Renováveis (Ibama) decide ou não conceder licenciamento ambiental para determinada atividade com fins econômicos. Nesse exemplo, o órgão do Poder Público federal não é dotado de jurisdição, uma vez que este não irá "julgar", no sentido mais estrito da palavra, a empresa que é compelida por lei a dispor do referido licenciamento, mas apenas observar determinadas especificações técnicas para, ao final, emitir um parecer, conforme os princípios da administração pública brasileira, contidos no art. 37 da CF/1988. Ainda nesse mesmo exemplo, caso se sinta prejudicada pela negativa do Ibama em conceder o referido licenciamento, a referida empresa pode, então, levar o caso controverso para a respectiva jurisdição competente para que um juiz de direito possa julgá-lo efetivamente.

A mais sólida doutrina pátria procura elencar algumas características inerentes à jurisdição:

» a lide propriamente dita (onde haja um objeto de interesse em conflito), composta por pelo menos duas partes interessadas no caso, uma autora e outra requerida;
» a inércia dos órgãos jurisdicionais (princípio da inércia);
» a estabilidade da suscetibilidade dos atos jurisdicionais, que, uma vez realizados, são imutáveis (princípio da definitividade);
» o princípio da substitutividade, quando o juiz substitui as partes que estão diretamente ligadas ao caso, para agir de modo desinteressado e imparcial.

A atividade jurisdicional é composta de elementos que a caracterizam, os principais são (Mirabete, 1998, p. 165-166):

» A *notio* ou *cognitio*: Capacidade de conhecer os fatos narrados nos litígios, conferido aos órgãos jurisdicionais, convertendo-os num devido processo impulsionado por agente competente.
» A *vocatio*: Poder conferido ao órgão jurisdicional de trazer em juízo os sujeitos necessários ao bom andamento do processo.
» A *coertio*: Poder de aplicar medidas coercitivas no interior do processo, visando garantir a devida prestação jurisdicional.
» O *juditium*: Direito de julgar e exarar a sentença, cabível exclusivamente àquele que é legitimado pela lei.
» O *executio*: Poder de se fazer cumprir a sentença, com o uso dos órgãos públicos criados para esse fim.

A fim de trazer mais garantias ao julgamento da lide, a jurisdição é subdividida em instâncias, mesmo que, em termos teóricos, seja considerada una e indivisível, pois é emanação do poder soberano do Estado de direito. Suas subdivisões compreendem (Mirabete, 1998, p. 166):

» a graduação, a qual se refere à primeira instância (grau inferior) e à segunda instância (grau superior);
» a matéria, que pode ser penal, ambiental, eleitoral etc.;
» o organismo jurisdicional, podendo ser estadual ou federal;
» o objeto, que pode ser contencioso (na iminência de um litígio) ou voluntário (quando é homologada a vontade das partes);
» a função, que pode ser exercida pelos órgãos do Poder Judiciário (ordinária ou comum) ou não (extraordinária ou especial);
» a sua competência, que pode ser plena (quando o juiz está autorizado a decidir sobre todos os casos) ou limitada (quando a competência do magistrado é restrita a certos casos).

3.2.1 Princípios da jurisdição

Conforme Cintra, Grinover e Dinamarco (1997, p. 135), alguns princípios são inerentes à jurisdição. Tais princípios, aqui estudados, são observados na estrutura das jurisdições dos principais países da atualidade.

Inicialmente surge o **princípio da investidura**, que é a tradução, na pessoa física do indivíduo que vai exercer o poder jurisdicional, daquele poder soberano do qual apenas dispõe o Estado autônomo. Fazendo uso desse poder, o juiz detém, nos limites da lei, o uso legítimo da força para fazer cumprir a lei.

O indivíduo apenas pode assumir a função de juiz, com todas as garantias inerentes ao cargo, quando devidamente, e formalmente, investido para exercer a jurisdição que lhe é cabida. Caso um indivíduo aja nas funções jurisdicionais sem a devida investidura, incorrerá em crime (CP, art. 328), assim como seus atos processuais poderão ser declarados nulos.

Cabe salientarmos que apenas o juiz em plena atividade pode apreciar os autos e exarar a respectiva sentença. Muitas são as causas que impedem a função jurisdicional, sendo uma delas a aposentadoria, situação em que o magistrado deve, por força de lei, passar a causa para o seu sucessor.

Também há o **princípio da indeclinabilidade** ou **inafastabilidade**, o qual versa sobre a impossibilidade de o juiz, que representa o poder soberano estatal, eximir-se de prestar a tutela jurisdicional às pretensões amparadas pelo direito vigente. Tal princípio surge por força do art. 5º, inciso XXXV, da CF/1988, o qual

> *criou diretamente na própria Carta Maior os elementos de toda e qualquer ação ambiental, mas procurou tornar efetiva, real, a defesa do direito material consagrado imediatamente no art. 225, assim como mediatamente em outros dispositivos assecuratórios da tutela do meio ambiente ecologicamente equilibrado (patrimônio genético, meio ambiente cultural, meio ambiente artificial, meio ambiente do trabalho e meio ambiente natural).*
> (Fiorillo, 2009, p. 102-103)

Não podendo o juiz devidamente investido no poder jurisdicional se negar a buscar uma solução ao litígio apresentado, de acordo com a sua competência, deve proferir uma decisão mesmo que a lei apresente lacuna ou obscuridade:

> Art. 140. O juiz não se exime de decidir sob a alegação de lacuna ou obscuridade do ordenamento jurídico.
> Parágrafo único – O juiz só decidirá por equidade nos casos previstos em lei. (Brasil, 2015)

O **princípio da indelegabilidade** é resultante do princípio da indeclinabilidade, uma vez que não é autorizado ao juiz delegar sua jurisdição a outro órgão. Cada caso a ser convertido num processo judicial deve, primeiramente, atender ao juízo competente para julgá-lo; caso esse juízo se recuse a processar devidamente os autos e, ao final, emitir uma sentença, estará agredindo o disposto no art. 5º, inciso LIII, da CF/1988.

> Art. 5º Todos são iguais perante a lei, sem distinção de qualquer natureza, garantindo-se aos brasileiros e aos estrangeiros residentes no País a inviolabilidade do seu direito à vida, à liberdade, à igualdade, à segurança e à propriedade, nos termos seguintes:
> [...]
> LIII – ninguém será processado nem sentenciado senão pela autoridade competente;
> [...] (Brasil, 1988)

Como foi demonstrada a complexidade da organização judiciária brasileira, não é raro observar eventuais equívocos quanto ao órgão jurisdicional competente para processar determinada lide de matéria ambiental. A reconhecida doutrina de Machado (2010, p. 401) ensina que o conflito existente entre os três entes de poder político brasileiro (União, estados, Distrito Federal e municípios) pode ser resolvido com sentenças emitidas pelo órgão competente a fim de declarar a inconstitucionalidade de leis ou atos normativos. É o caso, conforme o referido autor, de estados-membros que recorrem ao Judiciário estadual para declarar a inconstitucionalidade de atos ou normas municipais; a União recorre ao STF, por via de recurso extraordinário (CF/1988, art. 102, III, "c"), quando agredida por uma determinação da justiça estadual em que figure o estado-membro como parte; e, finalmente, caso o órgão do Poder Judiciário não atender às determinações dos tratados e da legislação federal, caberá recurso especial ao STJ (CF/1988, art. 105, III).

Uma vez que a Carta Magna estabelece os limites das atribuições do Poder Judiciário, não cabe à lei inferior ou ao ato de algum magistrado contrariar o texto constitucional imperativo. Contudo, o princípio aqui estudado não é absoluto, uma vez que a própria CF/1988 admite exceções:

> Art. 102. Compete ao Supremo Tribunal Federal, precipuamente, a guarda da Constituição, cabendo-lhe:
> I – processar e julgar, originariamente:
> [...]
> m) a execução de sentença nas causas de sua competência originária, facultada a delegação de atribuições para a prática de atos processuais;
> [...] (Brasil, 1988)

O **princípio da improrrogabilidade**, também conhecido como *princípio da aderência ao território*, trata da impossibilidade de um juiz, com sua respectiva jurisdição determinada pela lei, invadir a jurisdição de outro juiz mesmo com a anuência das partes.

Como vem sendo exaustivamente aqui ventilado, não é fácil determinar com exatidão o foro competente para julgar determinadas lides ambientais, dada as particularidades dos bens jurídicos em disputa. Tamanha é a controvérsia que, conforme a doutrina de Fiorillo (2008, p. 467), foi derrubada pela 3ª Seção do STJ a Súmula n. 91, que estabelecia a competência da Justiça Federal para processar e julgar crimes praticados contra a fauna. Tendo em vista a cooperação mútua estabelecida por lei entre os entes de poder, assim como a maior proximidade com os fatos, entendeu o pretório excelso como sendo competente para julgar aquele caso a Justiça Estadual.

Cabe ressaltarmos que a escolha da jurisdição não é um bem disponível das partes (salvo o foro de eleição nos contratos particulares, e mesmo assim atendendo a algumas particularidades), pois todo o território nacional e os temas jurídicos já estão compreendidos na legislação vigente no tocante à distribuição de competências entre os órgãos jurisdicionais.

Para Mirabete (1998, p. 164), há outros exemplos de exceções ao princípio da improrrogabilidade, como nos casos de:

» conexão ou continência (CPP*, arts. 76, 77, 79);
» hipótese do art. 74, parágrafo 2º, do CPP;
» quando da exceção da verdade (CPP, art. 85);
» quando houver o caso de desaforamento (CPP, art. 424).

Outro princípio relacionado às jurisdições é o **da iniciativa da parte e da inércia**, que, conforme Cintra, Grinover e Dinamarco (1997, p. 132), é resultante das orientações da tradição latina do *Nemo judex sine actore* (Não há juiz sem autor) e do *Ne procedat judex ex officio* (Não há processo sem parte). Em termos doutrinários, o princípio da iniciativa da parte está relacionado com as particularidades do processo penal, e o princípio da inércia, com o da jurisdição; porém, em termos gerais, são equivalentes.

Os procedimentos no interior do processo, inclusive o seu início, em regra, dependem da provocação da parte interessada, restando ao magistrado despachar no sentido de impulsionar os atos necessários ao bom andamento processual.

Se a postura do juiz fosse outra, a qual assumiria para si um liame psicológico com a causa, não restaria atender ao fim da jurisdição, que é pacificar a sociedade; ao contrário, estaria, sim, colaborando para "fomentar conflitos e discórdias, lançando desavenças onde elas não existiam antes" (Cintra; Grinover; Dinamarco, 1997, p. 133).

Contudo, há espaço para uma discussão acalorada em se tratando de demandas ambientais, tendo como foco esse princípio, uma vez que o art. 7º da Lei n. 7.347, de 24 de julho de 1985 – Lei da Ação Civil Pública (LACP, Brasil, 1985) – traz no seu texto uma regra aparentemente contrária:

---

* Código de Processo Penal, Decreto-Lei n. 3.689, de 3 de outubro de 1941 (Brasil, 1941).

> Art. 7º Se, no exercício de suas funções, os juízes e tribunais tiverem conhecimento de fatos que possam ensejar a propositura da ação civil, remeterão peças ao Ministério Público para as providências cabíveis. (Brasil, 1985)

Podemos afirmar que os referidos juízes e tribunais estariam agindo de modo contrário ao princípio processual da inércia. Mas, observando com mais cautela o aqui citado texto de lei, cabe aos magistrados provocar o Ministério Público para averiguar os indícios de uma suposta irregularidade e, a partir desse momento, agir como sujeito ativo da lide, sem, no entanto, agredir a inércia magistral.

Caso não houvesse uma regra pela inércia dos juízes, a jurisdição restaria incapacitada de julgar de modo imparcial, regressando, assim, aos antigos tribunais da inquisição medieval, nos quais o indivíduo que julgava as demandas era um dos principais interessados nas causas. Esse princípio encontra o seu fundamento legal no art. 2º do Código de Processo Civil – CPC (Brasil, 2015):

> Art. 2º O processo começa por iniciativa da parte e se desenvolve por impulso oficial, salvo as exceções previstas em lei. (Brasil, 2015)

O referido princípio merece grande atenção, uma vez que, nas lides ambientais, em especial naquelas de caráter coletivo, é fundamental identificar a legitimidade da parte que figura num dos polos em disputa (autor ou réu). Em especial no que se refere ao polo ativo, a LAPC, que trata da ação civil pública, expressa em seu art. 5º os sujeitos legitimados, ou colegitimados, autorizados a agir, e, em se tratando de organização da sociedade civil organizada, o referido artigo, inciso V, alíneas "a" e "b", exige a pré-constituição de pelo menos 1 (um) ano, e as finalidades especificadas de modo expresso no respectivo estatuto.

Machado (2010, p. 424) lembra que no Município de São Sebastião foi criada, mediante lei municipal, uma procuradoria especializada que representa a municipalidade, como parte, nas demandas de caráter ambiental, utilizando-se especialmente da Ação Civil Pública.

Há algumas exceções para o princípio aqui em estudo (como nos casos do art. 878 da Lei n. 6.514, de 22 de dezembro de 1977 – Brasil, 1977b –, que traz o texto da Consolidação das Leis do Trabalho – CLT –, e do art. 654, parágrafo 2º do CPP), mas a regra é que, havendo um interesse agredido, cabe à parte interessada buscar o seu direito no juízo competente.

O **princípio da correlação** diz respeito à vinculação à qual está presa a atividade do magistrado, que, por força legal, deve julgar o caso conforme os fatos e fundamentos jurídicos descritos na peça inicial.

Esse princípio é uma das mais importantes garantias conferidas ao cidadão para que não seja privado dos seus bens ou da própria liberdade por uma condenação embasada em um processo que tenha limitado a possibilidade de defesa da parte requerida.

Uma vez que tenha sido apreciada pelo magistrado e entregue à parte ré, a peça inaugural não poderá ser alterada conforme a boa vontade da parte autora nem mesmo a sentença poderá fugir dos seus limites fáticos e jurídicos. Desse modo, o réu tem a possibilidade, por via do seu advogado, de escolher as "melhores armas" para se defender das acusações que lhe são imputadas. No dizer de Mirabete (1998, p. 164), "não pode haver julgamento *extra* ou *ultra petita* (*ne procedat judex ultra petitum et extra petitum*)".

O **princípio da definitividade** é aquele que atribui à sentença judicial o seu caráter de imutabilidade, ou seja, advindo a coisa julgada, o seu conteúdo não mais poderá ser alterado pelo mesmo nível de poder que o criou, apenas pelo grau superior. O fenômeno da coisa julgada é "a imutabilidade dos efeitos da sentença ou da própria sentença que decorre de estarem esgotados os recursos eventualmente cabíveis" (Greco Filho, 1997, p. 246).

Sendo direito do Estado dito por um órgão competente, a sentença não pode ser modificada a qualquer momento, ao contrário das decisões em esfera administrativa, as quais podem sofrer alteração pelo Poder Judiciário, justamente porque não cabem aos demais órgãos da Administração Pública direta os poderes inerentes à jurisdição, ou seja, as apurações feitas pela via administrativa estão sujeitas à confirmação perante o Judiciário, ao qual sempre cabe a "última palavra".

Cabe frisarmos que essa atenção dispensada ao Poder Judiciário é resultante da tripartição do poder comum nas democracias modernas de origem liberal. Mesmo a competência atribuída ao Senado Federal, por força do art. 52, incisos I e II, da Lei Maior de 1988, não pode ser confundida com a função jurisdicional, sob pena de o Legislativo invadir a órbita de atuação do Judiciário. Ademais, as decisões daquela casa ainda podem ser revistas na Justiça, uma vez que, ausente a jurisdição, não têm o caráter de definitividade.

Um dos princípios de grande relevância ao presente estudo é o chamado *princípio do juiz natural*, também conhecido como *juiz constitucional*. Esse princípio se inseriu nos textos constitucionais brasileiros dada a influência das democracias liberais que se consolidaram no século XIX. Aliás, é uma resultante da tripartição do poder (Legislativo, Executivo e Judiciário).

Antes de tudo, é um princípio que traz garantias ao cidadão de não ser privado de ser julgado pelo juízo competente, criado anteriormente aos fatos em controvérsia. Na CF/1988, esse princípio encontra fundamento no art. 5º, incisos XXXVII e LIII (ver Capítulo 1, Seção "Princípio da imparcialidade do juiz").

Esse princípio é entendido como uma garantia para o cidadão, uma vez que, no dizer de Cintra, Grinover e Dinamarco (1997, p. 138), o indivíduo no gozo da plenitude dos seus direitos "não pode ser privado do julgamento por juiz independente e imparcial, indicado pelas normas constitucionais e legais".

Os tribunais de exceção foram banidos das democracias legítimas, posto que se demonstravam "viciados" na sua composição, haja vista a escolha dos seus membros após o acontecimento dos fatos por eles apreciados. Ademais, o órgão que vai exercer a função jurisdicional depende da devida legitimação atribuída pela Carta Magna vigente, daí a expressão *juiz constitucional*, atendendo às regras de determinação do juízo competente, como será visto a seguir.

Como exemplo, Mirabete (1998, p. 163) lembra que o juiz natural para julgar:

» os crimes dolosos contra a vida é o júri (art. 5º, XXXVIII, CF/1988);
» os crimes comuns e de responsabilidade dos juízes federais (incluídos os da Justiça Militar e os da Justiça do Trabalho) são os Tribunais Regionais Federais (CF/1988, art. 108, I).

Esse princípio sobressai no texto constitucional justamente para se evitar "que o acusado seja surpreendido com modificações posteriores ao momento em que o fato foi praticado" (Cintra; Grinover; Dinamarco, 1997, p. 138).

Em se tratando de processo penal, o princípio encontra grande relevância, dado que o indivíduo, sendo julgado por juiz incompetente, poderá evocar a nulidade dos atos processuais praticados pelo magistrado, inclusive da sentença irregularmente proferida:

> Art. 564. A nulidade ocorrerá nos seguintes casos:
> I – por incompetência, suspeição ou suborno do juiz;
> [...] (Brasil, 1941)

Mirabete (1998, p. 170) ainda nos ensina que não há de se falar em *tribunais de exceção* ou *violação do juiz natural* quando do "foro por prerrogativa de função", uma vez que nesse caso o **foro** não resulta em privilégios pessoais, sendo determinado pela "função desempenhada" pelo indivíduo. Igualmente, defendem Cintra, Grinover e Dinamarco (1997, p. 140) que há de se distinguir os referidos tribunais de exceção das chamadas *Justiças Especiais* (Militar, Eleitoral e Trabalhista), as quais, como no caso anterior, são estabelecidas pela CF/1988 antes dos acontecimentos dos fatos que se sujeitarão às suas análises.

Historicamente, de acordo com Theodoro Júnior (2007, p. 45-46), os conflitos entre particulares em disputa por um mesmo bem estavam atrelados principalmente à órbita privada, sendo que, ao longo do século XX, o Estado se fez mais presente junto aos interesses sociais, expandindo a atividade da jurisdição justamente com a finalidade de promover a paz social, evoluindo dos interesses privados e individuais para as demandas de caráter coletivo. Conforme o autor citado, o surgimento das ações coletivas no Brasil só foi possível a partir da Lei n. 4.717, de 29 de junho de 1965 (Brasil, 1965), que criou a ação popular, mas a efetiva expansão da "coletivização do direito de ação" foi observada com base na LACP, que instituiu a ação civil pública.

Nesse novo cenário, observam-se os interesses coletivos competindo com os interesses individuais na manutenção do equilíbrio social, o que transcende o CPC, buscando-se subsídios na legislação extravagante. Tal constatação permite o desenho do Quadro 3.1, ao classificarmos os grupos de ações identificadas no ordenamento pátrio:

Quadro 3.1 – Tipos de ações presentes na legislação brasileira

Tutela de direitos subjetivos individuais	» Tutela individual pelo próprio titular (CPC); » Tutela coletiva dos direitos individuais (substituição processual – ação civil coletiva e mandado de segurança coletivo).

(continua)

(Quadro 3.1 – conclusão)

Tutela de direitos transindividuais	Tutela dos interesses de toda a comunidade ou a grupos, ou classes, de pessoas indeterminadas (ação popular e ação civil pública).
Tutela da própria ordem jurídica	Instrumentos processuais de controle da constitucionalidade das normas jurídicas e das omissões legislativas.

Fonte: Zavascki, citado por Theodoro Júnior, 2007, p. 47.

3.2.2 Competência processual

Após o estudo sobre os elementos que consolidam a jurisdição, tornando-a suficientemente legítima para impor uma ação coercitiva às partes em litígio, cabe aqui apresentarmos os critérios que determinam onde reparação ao eventual direito lesado deve ser encontrada.

Além da jurisdição e da imparcialidade, o juiz deve observar se é competente para julgar a causa, existindo alguns critérios utilizados pela legislação vigente. A doutrina pátria entende que a "competência é a medida da jurisdição", determinando sua territorialidade e extensão.

Conforme Almeida (1996, p. 26), a CF/1988 estabeleceu as seguintes competências do Poder Judiciário federal:

» Supremo Tribunal Federal (STF), o qual se encarrega de atender a demandas com conteúdo constitucional;
» Superior Tribunal de Justiça (STJ), o qual julga demandas fundamentadas na legislação em geral; e
» Justiças Federais, as quais tratam de matérias relacionadas com o direito militar, trabalhista, eleitoral e com a Justiça Federal comum.

Uma vez estabelecidas as competências na órbita federal, resta ao Poder Judiciário dos estados-membros a chamada *competência residual*. A título de exemplo, no trecho da jurisprudência a seguir, o Tribunal de Justiça do Estado de São Paulo entendeu no seguinte julgado ser sua a competência para decidir açãocivil pública destinada a sanar possível dano ambiental:

> AI. 892.406-5/2-00/Decisão Monocrática n. 3.630/Relator(a): Oscild de Lima Júnior/ **Órgão julgador**: 11ª Câmara de Direito Público/ Data do julgamento: 13/03/2009/ Data de registro: 27/03/2009/ Ementa: **COMPETÊNCIA - Ação Civil Pública - Pedido de tutela antecipada - Invasão e ocupação indevidas e irregulares de área de relevante interesse de preservação ambiental** - Questão afeta à competência da Colenda Câmara Especial do Meio Ambiente - Resolução n° 240/2005, publicada pelo Órgão Especial deste Egrégio Tribunal de Justiça - Julgamento proferido por decisão monocrática, consoante art. 557, do CPC - Recurso não conhecido, determinada a remessa dos autos. (São Paulo, 2009c, grifo nosso)

A competência é determinada, ainda, por três princípios fundamentais:

» o princípio da tipicidade, segundo o qual a competência é determinada pela norma legal;

» o princípio da indisponibilidade, o qual compreende que a competência não é objeto de anuência das partes, apenas quando a lei assim autorize;

» o princípio do *perpetuatio jurisditionis*, de acordo com o qual a competência é determinada no momento da distribuição ou do despacho da peça inicial.

> Art. 43. Determina-se a competência no momento do registro ou da distribuição da petição inicial, sendo irrelevantes as modificações do estado de fato ou de direito ocorridas posteriormente, salvo quando suprimirem órgão judiciário ou alterarem a competência absoluta. (Brasil, 2015)

Da obra dos ilustres Theotonio Negrão e José Roberto Gouvêa (2007, p. 223) extrai-se o seguinte julgado: "A competência deve ser definida à vista da petição inicial" (STJ-2ª Seção, CC 57.685, rel. Min. Ari Pargendler, j. 22.2.06, v.u., DJU 8.3.06, p. 192).

Este último princípio carece de uma atenção especial, pois podem ocorrer situações em que haja dúvidas sobre a competência. É o caso do surgimento de uma nova comarca à época da tramitação da lide numa comarca mais antiga. Nesse caso, não há necessidade de prosseguir os feitos processuais na nova comarca caso haja condições de prosseguir a demanda na comarca em que já se encontra. Contudo, é certo que a própria legislação processual brasileira estabelece os limites que fixam a competência, uns mais flexíveis, outros mais rígidos. No exemplo mencionado, há de se atentar para o conteúdo da demanda, pois, se for um caso em que se deva obedecer ao critério territorial para a fixação da competência, como nos inventários em que estão relacionados bens imóveis, é necessária a remessa dos autos para a nova comarca.

As competências podem ser classificadas em:

» originárias;
» derivadas;
» absolutas;
» relativas.

A competência **originária** é aquela ligada ao juiz singular, ao primeiro grau de jurisdição. Já a competência **derivada** é aquela vinculada ao grau de recurso; diz respeito aos tribunais de justiça e às suas respectivas turmas. A competência **relativa**, conforme Santos (2005, p. 256), refere-se às competências **territoriais**, ou de foro, e relacionadas com o **valor das causas**. Essa modalidade atende mais aos interesses privados, ou seja, está relacionada aos bens e interesses disponíveis. Desse modo, pode haver interferência das partes no seu estabelecimento, como na conexão e na continência. Os atos praticados não são nulos, mas podem assim ser por meio da evocação de uma das partes, como trata a Súmula n. 33, de 24 de outubro de 1991, do STJ (Brasil, 1991b):

> A incompetência relativa não pode ser declarada de ofício.

A competência **absoluta**, no dizer de Santos (2005, p. 255), refere-se às competências em razão da **matéria**, das **pessoas** e da **função** do servidor público. Está associada ao interesse público, já que diz respeito a um grande espectro de causas e atende aos principais elementos de fixação de competência. Como está vinculada ao interesse público de trazer pacificação às relações conflituosas existentes na sociedade, não há como alterar o seu conteúdo e regramento. Assim, qualquer contrariedade ao seu conteúdo reveste o ato processual de nulidade, podendo ser requerido pela parte ou *ex officio*.

Caso sobressaia um caso de incompetência, seja relativa, seja absoluta, o processo não é extinto; apenas os autos são remetidos ao juízo competente ou, ainda, é ofertada à parte oportunidade para sanar alguma irregularidade. Mesmo assim, não há de se esquecer do art. 51, inciso III, da Lei n. 9.099, de 26 de setembro de 1995 (Brasil, 1995a):

> Art. 51. Extingue-se o processo, além dos casos previstos em lei:
> [...]
> III – quando for reconhecida a incompetência territorial;
> [...]

Ainda na fixação da competência, surgem as situações em que estão determinados os chamados *foros de eleição*, os quais determinam o local (comarca) onde será processada uma possível demanda. Esse critério é estabelecido de modo a atender à faculdade concedida a duas partes contratantes no momento de firmarem um contrato expresso. Contudo, pode-se recorrer ao Judiciário quando uma das partes for manifestamente mais forte que a outra, como se observa nas relações tratadas na Lei n. 8.078, de 11 de setembro de 1990, intitulada *Código de Defesa do Consumidor* – CDC (Brasil, 1990c). Pode o juiz anular o foro de eleição tendo como fundamento a hipossuficiência do consumidor em relação ao fornecedor do serviço ou produto, considerando o disposto no art. 190, parágrafo único, do CPC.

Ainda na determinação da competência, é necessário atender aos critérios:

» objetivo;
» territorial;
» funcional.

Os **critérios objetivos** estão associados aos pressupostos objetivos e subjetivos existentes na ação, sejam eles:

» As partes: Atendendo ao princípio da isonomia ("todos iguais perante a lei"), não é passível ao Poder Judiciário determinar a competência tendo como justificativa as partes e suas particularidades, salvo a União quando figura como parte de uma demanda que, por força de lei, deve ser processada na Justiça Federal.
» Causa de pedir: Versa sobre a matéria discutida já na peça inicial, que determina qual órgão do Poder Judiciário é competente para o seu processamento (Cível, Família, Fazenda Pública, Criminal etc.).
» Pedido: Refere-se ao valor da causa, ao valor da pretensão controversa, ao objeto que está em litígio. Dependendo do valor pecuniário, como nas quantias altas, a competência é entendida como absoluta e, nas causas de valores modestos, como competência relativa.

O **critério territorial** está relacionado, em regra, com a competência relativa em que se fixa como competente o foro do domicílio do réu. Entretanto, nesse critério surgem diversas exceções, conforme o caso, merecendo, assim, estudos mais aprofundados.

A título de esclarecimento, a palavra *foro*, na lição de Santos (2005, p. 229), "é a circunscrição territorial dentro da qual o juiz exerce as atividades jurisdicionais".

Os dois principais fundamentos do critério territorial para fixação de competência são os arts. 46 e 47 do CPC. No primeiro caso, trata-se da regra geral que compreende as causas que versam sobre direito real de bens móveis. Nessa situação, o foro competente é o do réu.

> Art. 46. A ação fundada em direito pessoal ou em direito real sobre bens móveis será proposta, em regra, no foro de domicílio do réu.
> § 1º Tendo mais de um domicílio, o réu será demandado no foro de qualquer deles.
> § 2º Sendo incerto ou desconhecido o domicílio do réu, ele poderá ser demandado onde for encontrado ou no foro de domicílio do autor.
> § 3º Quando o réu não tiver domicílio ou residência no Brasil, a ação será proposta no foro de domicílio do autor, e, se este também residir fora do Brasil, a ação será proposta em qualquer foro.
> § 4º Havendo 2 (dois) ou mais réus com diferentes domicílios, serão demandados no foro de qualquer deles, à escolha do autor.
> § 5º A execução fiscal será proposta no foro de domicílio do réu, no de sua residência ou no do lugar onde for encontrado. (Brasil, 2015)

Já no segundo caso, o art. 47 do referido código trata da competência territorial entendida como absoluta, uma vez que atende àquelas demandas fundadas em direito real sobre bens imóveis. Nesses casos, o foro competente é aquele em que se localiza o bem. Pode, ainda, surgir a concorrência de foros, englobando aquele da situação do bem, além do foro do domicílio das partes ou, finalmente, do foro de eleição.

> Art. 47. Para as ações fundadas em direito real sobre imóveis é competente o foro de situação da coisa.
> § 1º O autor pode optar pelo foro de domicílio do réu ou pelo foro de eleição se o litígio não recair sobre direito de propriedade, vizinhança, servidão, divisão e demarcação de terras e de nunciação de obra nova.
> § 2º A ação possessória imobiliária será proposta no foro de situação da coisa, cujo juízo tem competência absoluta. (Brasil, 2015)

Nos casos de direito de propriedade, vizinhança, servidão, posse, divisão, demarcação de terras e nunciação de obra nova, a regra do art. 47 não é válida, uma vez que a competência territorial será absoluta e o foro competente o da situação da coisa. Havendo usufruto, a competência será fixada conforme a escolha do autor.

Em se tratando de **questões ambientais**, a legislação pátria procurou determinar como competente para processar e julgar as demandas coletivas ambientais o juízo que abrange o lugar onde ocorreu, ou possa ocorrer, o dano, por força do art. 2º da LAPC:

> Art. 2º As ações previstas nesta Lei serão propostas no foro do local onde ocorrer o dano, cujo juízo terá competência funcional para processar e julgar a causa.
> Parágrafo único. A propositura da ação prevenirá a jurisdição do juízo para todas as ações posteriormente intentadas que possuam a mesma causa de pedir ou o mesmo objeto. (Brasil, 1985)

Sobre esse tema, entende a doutrina pátria:

> Trata-se de competência funcional, portanto absoluta, que não pode ser prorrogada por vontade das partes e, se inobservada, acarreta a nulidade dos atos processuais decisórios [art. 64, § 3º, do CPC] e enseja, após o trânsito em julgado (respeitando o prazo de 2 anos), a propositura de ação rescisória [com fundamento no art. 966, II, do Código de Processo Civil]. (Fiorillo, 2009, p. 114)

As regras para a determinação das competências processuais estão descritas no Livro II, Título III, Capítulo I, do CPC. Nos casos de responsabilidade civil, como nos delitos, ou de acidentes de trânsito, por força do art. 53, inciso V, do CPC, é determinado como competente o foro do domicílio do autor ou do local onde ocorreu o fato que originou a controvérsia.

Até aqui foram elencados os critérios (objetivo e territorial) que servem para fixar a competência originária dos órgãos jurisdicionais. Contudo, uma vez iniciadas as atividades processuais, até o seu término, é possível a vários juízes apreciar os autos, exercendo suas atividades jurisdicionais, mas cada um agindo numa órbita de competências relativas à função que exerce.

Daí que surge a competência determinada pelo **critério funcional**, ou seja, a competência absoluta, que é determinada conforme a atribuição exercida no interior da demanda, ou seja, a competência funcional é determinada pela separação das atribuições dos diversos juízes que atuam num mesmo processo. Na lição de Santos (2005, p. 210), "os poderes jurisdicionais de uns e outros juízes são limitados ao exercício das atribuições compreendidas na função de cada qual".

Há questões de modificação de competência, em que um órgão desprovido de determinada competência passa a tê-la num segundo momento. As prorrogações estão subdividias em **voluntária** e **legal**.

Na **prorrogação voluntária**, as partes estão autorizadas a modificar a competência tendo em vista o valor da causa e o critério da territorialidade:

> Art. 63. As partes podem modificar a competência em razão do valor e do território, elegendo foro onde será proposta ação oriunda de direitos e obrigações.
> § 1º A eleição de foro só produz efeito quando constar de instrumento escrito e aludir expressamente a determinado negócio jurídico.
> § 2º O foro contratual obriga os herdeiros e sucessores das partes.
> § 3º Antes da citação, a cláusula de eleição de foro, se abusiva, pode ser reputada ineficaz de ofício pelo juiz, que determinará a remessa dos autos ao juízo do foro de domicílio do réu.
> § 4º Citado, incumbe ao réu alegar a abusividade da cláusula de eleição de foro na contestação, sob pena de preclusão. (Brasil, 2015)

A **prorrogação legal** nasce do texto da própria lei e, como consequência, não pode ser modificada pela vontade das partes. Há três formas desse tipo de prorrogação:

» conexão;
» continência;
» prevenção.

O primeiro caso, a **conexão**, ocorre quando duas ou mais ações trazem no seu conteúdo um objeto (pedido) ou causa de pedir comum, fazendo com que o juiz, de ofício ou conforme solicitação das partes, reúna os diversos processos num único agrupamento de autos sob um único juízo. A conexão está regulada no art. 113 do CPC.

É possível que mais de dois entes de poder pleiteiem o mesmo interesse (como um estado e um município, ou dois municípios), cabendo ao Poder Judiciário unificar num único conjunto de autos e comarca o processamento das pretensões em disputa. Pode, ainda, ser observada em nosso sistema jurídico a possibilidade de disputas entre a União e os estados-membros, principalmente sobre temas relacionados com a matéria ambiental que é de competência comum, como se expressa no art. 23 da CF/1988. Em todos esses casos, como nos lembra Machado (2010, p. 401), é possível recorrer ao STF a fim de zelar pela constitucionalidade dos atos do poder público em todas as suas esferas.

A **continência** ocorre quando duas ou mais ações dispõem das mesmas partes e a causa de pedir, porém os objetos são diferentes de uma para outra – uma mais restritiva e a outra mais abrangente. Pode o juiz reuni-las a fim de lhes conferir um tratamento simultâneo, como autorizam os arts. 104 e 105 do CPC. É necessário observar os casos de litispendência, uma vez que, mesmo havendo conexão ou continência, a última ação proposta pode ser extinta por causa dos efeitos das ações propostas anteriormente. A mudança de competência por continência está descrita no art. 56 do CPC. Para determinar o juízo competente, prevalece a regra do art. 284 do referido diploma legal no tocante à distribuição ou registro da demanda, mesmo diante da competência territorial diversa (Wladeck, citado por Tucci et al., 2015, p. 105).

No caso da **prevenção**, o observado não é a determinação de um juízo competente, mas a exclusão dos demais juízos competentes. Nessa modalidade, um juízo se torna prevento em detrimento dos demais que são excluídos, conforme as regras dos arts. 55, 58 e 59 do CPC (Wladeck, citado por Tucci et al., 2015, p. 96). Servem de exemplo aquelas demandas que, pela sua natureza, podem ser processadas em foros diversos. A dúvida é sanada pela prevenção daquele juízo que fez a primeira citação válida. Nos casos que trazem várias demandas, distribuídas em juízos diversos, mas com uma mesma base territorial, está prevento o juízo que fizer o primeiro despacho.

Surgem no cotidiano dos órgãos do Poder Judiciário conflitos de competência. Estes podem ocorrer no sentido positivo (quando dois ou mais juízes se declaram competentes para julgar a causa) ou no sentido negativo (quando dois ou mais se declaram incompetentes). O art. 66 do CPC enumera as situações em que pode surgir o conflito de competência.

Esse conflito pode ser evocado pelas partes litigantes, pelo membro do Ministério Público, pelo próprio juiz da causa (recorrendo ao presidente do tribunal).

Os conflitos são apresentados ao STJ, quando estão envolvidos tribunais superiores (como o Tribunal Superior Eleitoral – TSE ou o Tribunal Superior do Trabalho – TST), ou ao STF, quando os conflitos envolvem tribunais de justiça dos estados-membros, entre o tribunal e o juízo monocrático de um tribunal diverso e, ainda, entre dois juízes pertencentes a tribunais diversos.

Por força da Súmula n. 22, de 13 de dezembro de 1990, do STJ (Brasil, 1991a), chegou-se ao seguinte entendimento:

> Não há conflito de competência entre o Tribunal de Justiça e o Tribunal de Alçada do mesmo Estado-membro.

A Súmula n. 59, de 8 de outubro de 1992, do STJ (Brasil, 1992c), também pretendendo solucionar as questões de conflito de competência, traz a seguinte determinação:

> Não há conflito de competência se já existe sentença com trânsito em julgado, proferida por um dos juízes conflitantes.

E, finalmente, sobressai o art. 955, parágrafo único, do CPC, no qual se entende que, havendo jurisprudência dominante no tribunal sobre a questão controversa, pode o relator decidir o conflito de competência no juízo monocrático.

É de grande complexidade a determinação da competência do juízo nas demandas ambientais, mas algumas súmulas do STJ servem para o esclarecimento de possíveis impasses.

Antes de tratar desse tema, serve como regra a determinação constitucional da competência da Justiça Federal (CF/1988, art. 109) e residual da justiça dos estados-membros (CF/1988, art. 125). Essa regra é absoluta, uma vez que é determinada pelo texto da Lei Maior do país.

O comum é a dúvida sobre a competência do juízo estadual ou federal para o processamento da demanda. Algumas soluções estão expressas na produção sumular, como no caso da Súmula n. 122, de 1º de dezembro de 1994, do STJ (Brasil, 1994b):

> Compete à Justiça Federal o processo e julgamento unificado dos crimes conexos de competência federal e estadual, não se aplicando a regra do art. 78, II, "a", do Código de Processo Penal.

A referida súmula diz respeito ao processamento na Justiça Federal de demanda criminal quando as competências originais são comuns aos órgãos das justiças federal e estadual. Essa produção sumular diz respeito a casos em que se pode configurar o enquadramento na lei dos crimes ambientais, mas deixaremos esse tema para o final deste capítulo.

No caso da defesa do **meio ambiente** ou do **bem vida**, no seu sentido mais amplo, outros órgãos do Poder Público Federal existem para garantir o cumprimento da lei, como é o caso do Ministério Público Federal e do Ibama, que dispõem de estrutura funcional justamente para provocar a Justiça Federal quando os objetos em disputa são de competência desse órgão jurisdicional.

O art. 109 da CF/1988 é taxativo quanto às competências ali distribuídas, principalmente nas demandas em que a União tenha o seu interesse (inciso I), em questões que sejam originadas pelas relações internacionais do Estado brasileiro (inciso II), quando seja identificada grave violação dos direitos humanos (inciso V-A), *habeas corpus* (inciso VII), mandado de segurança e *habeas data* (inciso VIII), nos crimes cometidos a bordo de navios e aeronaves (inciso

IX), nos crimes de ingresso ou permanência irregular de estrangeiro (inciso X) e na disputa sobre direitos indígenas (inciso XI).

A Justiça Federal comum está autorizada a processar e julgar demandas nas quais prevaleçam os interesses da União, como no caso dos recursos naturais descritos como bens da referida esfera no art. 20 da Carta Magna (nesse sentido, ver Seção "A União e os entes Federados na Constituição de 1988 (estados, Distrito Federal e municípios)".

Também é de competência da Justiça Federal comum atender às demandas nas quais estejam agredidos a dignidade e os direitos humanos. Contudo, essa regra não é absoluta, uma vez que modernamente a interpretação sobre o estado do ser humano pode ser relacionada com suas condições de trabalho e exploração de mão de obra.

Diante dessas regras, não pode ser esquecido o art. 2º da LACP, o qual trata da ação civil pública, expressando que na defesa de um interesse coletivo ambiental o foro competente para a propositura da demanda é a do local onde ocorrer o dano.

É possível identificar agressão ao meio ambiente do trabalho que, de algum modo, afete a dignidade e a qualidade de vida do trabalhador. Nesse contexto, é necessário ver o vínculo existente entre patrão e empregado, para se determinar se o caso deve ser atendido na Justiça do Trabalho. Diante desse cenário, a Justiça Federal comum é afastada, e o juízo competente para o julgamento da demanda é a Justiça do Trabalho, como determinado no art. 114 da CF/1988.

Situação curiosa se observa com a ampliação do papel do ente municipal com a Lei Maior de 1988 e com a consolidação do direito urbanístico brasileiro, principalmente a partir da Lei n. 10.257, de 10 de julho 2001 (Brasil, 2001), que criou o Estatuto das Cidades. Na Carta Magna de 1988, é reconhecida a importância do chamado *meio ambiente artificial*, por força do art. 225, acrescido dos arts. 182 e 183, os quais tratam da política urbana.

Hoje, a população brasileira está na quase totalidade concentrada nesse meio ambiente construído pelo intelecto humano que é a cidade. Os instrumentos de gestão e desenvolvimento do ambiente citado são, basicamente, de competência legislativa local (LOM, leis de parcelamento do solo, plano diretor etc.).

Ao se falar do *meio ambiente artificial*, algumas ações do Poder Público são necessárias para garantir um ambiente salubre para a sobrevivência humana. Nesse sentido, é de responsabilidade dos municípios, ao desenvolverem uma política urbana, o saneamento básico (abastecimento de água, esgotamento sanitário, manejo de resíduos sólidos e manejo das águas pluviais) e o controle ambiental de vetores de doenças, assim como a disciplina na ocupação do uso do solo (Brasil, 2005b, p. 95).

Como não há uma Justiça Municipal, as possíveis demandas ambientais surgidas no interior desse ente que digam respeito à política de desenvolvimento urbano, por força constitucional, são julgadas pelas justiças estaduais, salvo quando haja conflito com outro ente municipal localizado na fronteira com outro estado-membro da Federação. Caso o conflito seja entre municípios do mesmo estado-membro, ainda é de competência da Justiça Estadual, órgão que também se responsabiliza pelo conflito quando a negligência do município contribui para agredir um bem natural tutelado pela União.

Em relação aos **crimes ambientais**, a solução é mais clara, uma vez que o art. 109, inciso IV da CF/1988 não deixa dúvidas sobre a competência da Justiça Federal comum quando agredido bem de interesse da União, no caso, os recursos naturais tutelados por esse ente.

Contudo, quando o bem diz respeito mais precisamente aos interesses dos estados-membros ou municípios, é de competência da Justiça Estadual suplementar a ação da Justiça Federal. Em alguns casos, ocorridos longe dos grandes centros urbanos brasileiros, pode-se não ter acesso direto a um órgão da Justiça Federal, tornando-se competente a Justiça Estadual, até que seja julgado o conflito quando da provocação do órgão federal, dado que a defesa do meio ambiente se realiza de modo comum entre a União, os estados, o Distrito Federal e os municípios.

Afinal, a competência da Justiça Estadual é ampla e genérica e serve como complemento às situações expressamente determinadas para o processamento e o julgamento na Justiça Federal.

Síntese

» Competência legislativa:
  » A União e os entes federados na Constituição de 1988.
  » Brasil: País de dimensões continentais = poder político fracionado para tornar o governo mais eficiente e fortalecer suas instituições.
  » Federalismo: Regime que aproxima o cidadão do governo, participando da sua gestão.
  » Textos constitucionais brasileiros regulamentando as relações entre as camadas de poder.
  » Repartição das competências legislativas na CF/1988.
  » Distribuição de competências = alma do organismo federativo.
  » União com algumas exclusividades (CF/1988, art. 22).
  » Carta Magna de 1988: Nível hierárquico superior não submete sua vontade quando se trata de uma matéria de competência exclusiva.
  » Distribuição no plano horizontal: Não há hierarquia entre os entes agraciados pela distribuição da competência legislativa.
  » Competência concorrente: Quando mais de um ente político está autorizado a discorrer, em texto legal, sobre a mesma matéria.

- » Competência supletiva (estados-membros): União edita normas abrangentes, que são complementadas nos estados, adaptadas às realidades regionais.
- » Município autorizado a suplementar a lei federal quando esta silencia sobre uma situação surgida na esfera local (CF/1988, art. 30).
- » Competência jurisdicional:
  - » Jurisdição: *Jus* ou *juris* (direito) + *dictio* ou *dictionis* (dizer).
  - » Estado: Processo amparado em normas jurídicas + decisões imparciais + dizer o direito + instrumentos de coação;
  - » A jurisdição como elemento da soberania nacional.
  - » Princípios da jurisdição: Investidura, indeclinabilidade ou inafastabilidade, indelegabilidade, improrrogabilidade, iniciativa da parte e da inércia, correlação, definitividade, juiz natural ou juiz constitucional.
  - » Competência processual: Competência é a medida da jurisdição (territorialidade e extensão).
  - » Estabelecidas as competências na órbita federal, resta ao Poder Judiciário dos estados-membros a chamada *competência residual*.
  - » Três princípios fundamentais: Tipicidade, indisponibilidade e *perpetuatio jurisditionis*.
  - » Fixação da competência: critérios objetivo, territorial e funcional.

Questões para revisão

1) Todas as afirmações a seguir estão erradas, **exceto**:
   a. A Lei n. 7.347/1985 – Lei da Ação Civil Pública (LACP) – descreveu os crimes ambientais.

b. A legislação que regulamentou a ação civil pública limitou, e muito, a atuação do Ministério Público apenas na esfera criminal.

c. No atendimento da tutela dos interesses **metaindividuais**, a LACP não conferiu exclusividade ao Promotor de Justiça no uso desse instrumento.

d. A natureza jurídica da Ação Civil Pública é apenas material.

2) Conforme o texto do Capítulo 3, qual das afirmações a seguir é a **incorreta**?

a. O federalismo é um regime que aproxima o cidadão do governo, incentivando-o a participar na sua gestão.

b. Na divisão do poder no federalismo, é levada em conta a base territorial existente, onde surgiram órgãos independentes e autônomos.

c. O Brasil adotou a forma federativa de Estado apenas a partir da CF/1988.

d. Com a atual Carta Magna, o município ganhou *status* de ente federativo de terceiro grau.

3) Tendo como referência o conteúdo apresentado no Capítulo 3, a competência concorrente ocorre quando:

a. mais de um ente político está autorizado a discorrer, em texto legal, sobre a mesma matéria.

b. o mesmo ente político está autorizado a discorrer, em texto legal, sobre matéria específica.

c. o mesmo ente político está autorizado a discorrer, em texto legal, sobre a mesma matéria.

d. mais de um ente político não está autorizado a discorrer, em texto legal, sobre matéria específica.

4) Em regra, prevalece a lei federal quando a legislação estadual e a municipal encontram-se em conflito. Contudo, essa regra não é absoluta, pois:
   a. o município goza de poderes acima da União, conferidos pela CF/1988.
   b. deve apenas ser questionada a data de publicação da lei federal.
   c. devem ser questionados os limites da competência da matéria que a lei federal procurou tratar no seu texto.
   d. mesmo ultrapassados os limites conferidos pela Constituição Federal, deve prevalecer a legislação federal.

5) Conforme a Constituição de 1988, o Supremo Tribunal Federal é o órgão competente para julgar:
   a. demandas fundamentadas na legislação em geral.
   b. matérias relacionadas com a chamada *competência residual*.
   c. matérias relacionadas com o direito militar, trabalhista, eleitoral e a Justiça Federal comum.
   d. demandas com conteúdo constitucional.

Atividade prática

Procure descobrir no seu município como os recursos hídricos estão regulados na esfera local. Para tanto, identifique na respectiva câmara de vereadores ou nos órgãos técnicos da prefeitura de sua cidade a legislação correlata, principalmente no tocante à captação e ao tratamento de água, bem como ao esgotamento sanitário.

IV

Sujeitos no processo ambiental

Neste capítulo será estudada a relação existente entre os sujeitos que dão origem à lide na esfera ambiental: a parte autora e a parte ré.

O capítulo foi subdividido entre sujeito ativo (autor) e sujeito passivo (réu) justamente para que não haja equívoco na classificação e qualificação dessas partes distintas, que estão delimitadas pela legislação processual geral e pela legislação processual que se refere especificamente à matéria ambiental.

4.1 Sujeito ativo

É de grande importância compreender os limites que são autorizados aos indivíduos quando figuram numa demanda jurídica. A conceituação de *parte* de um processo sugere um conjunto de situações que podem surgir ao longo da atividade jurisdicional, uma vez que a lei prescreve situações como o litisconsórcio, a litispendência, a legitimidade *ad causam*, questões de competência processual (*ratione personae*) e a perempção.

Observar as particularidades dos indivíduos que vão figurar como uma das partes na demanda processual é fundamental para que o processo tenha o devido andamento.

Na lição de Santos (2005, p. 322-323), os sujeitos principais da relação processual são o juiz e as partes. Conforme esse autor, o **juiz** é "a coluna vertebral" da relação processual, enquanto as partes "são os sujeitos da ação (sujeitos no sentido formal), que de ordinário se confundem, mas não necessariamente [...] com os sujeitos da lide e da pretensão (sujeitos no sentido material). Partes são autor e réu".

Ao longo da evolução da processualística, foram se definindo quais os papéis que cada parte iria desempenhar no interior da demanda. Afinal, quando do direito ainda em fase arcaica, revelaram-se tribunais compostos por pessoas comuns do povo que julgavam seus semelhantes com pouquíssimos critérios, valendo-se dos costumes locais.

Essa realidade é relatada por Gilissen (1988, p. 385), ao retratar as assembleias judiciárias gerais que existiram na Idade Média (séculos XI e XII), presididas pelo senhor feudal ou por um dos seus representantes, nas quais se decidiam, no mesmo dia, questões de matéria civil ou criminal. Os tribunais eclesiásticos medievais (séculos XIII e XIV) assumiam uma estrutura que viria a inspirar o direito moderno (processo escrito, um juiz eclesiástico com auxiliares, um promotor, advogados e procuradores), enquanto as instituições laicas vieram a adotar o processo escrito apenas no século XVI (Gilissen, 1988, p. 384).

Nesses exemplos, as delimitações da lei (as regras do jogo), que compunham o direito válido, oscilavam conforme a vontade daqueles que detinham o poder, como é o caso do Tribunal do Santo Ofício (também conhecido por *Tribunal da Inquisição*), no qual o sujeito que acusava era o mesmo que julgava, confundindo o seu papel dentro de um processo elaborado tendenciosamente a atender aos interesses de uma única parte, no caso, a Igreja Católica.

No procedimento inquisitivo elaborado pelo direito canônico, foram abolidas a publicidade do processo e a parte de acusação, sendo tratadas com grande relevância as denúncias anônimas (Mirabete, 1998, p. 35).

Conforme o direito foi recebendo a influência dos ideais liberais da Revolução Francesa e do aprimoramento das ciências ocorrido ainda no século XIX, o trato com maior objetividade na relação processual determinou as órbitas de atuação de cada sujeito no interior do processo.

4.1.1 Sujeito ativo: aspectos gerais (generalidades)

Considerando que um processo visa a um fim que beneficiará uma das partes, podemos afirmar que a parte autora e a parte ré são os principais sujeitos parciais do processo, uma vez que o juiz é tido como um sujeito processual que, necessariamente, deve ocupar uma posição imparcial e desinteressada no tocante ao objeto da lide.

A fim de se estabelecer uma relação satisfatória entre autor e réu junto ao processo, é necessário atender a três princípios básicos (Cintra; Grinover; Dinamarco, 1997, p. 298):

» **Princípio da dualidade de partes:** Que reconhece como relação processual válida aquelas situações nas quais figurem pelo menos dois sujeitos em posições processuais contrárias (um demandante e um demandado).

» **Princípio da igualdade das partes:** Pelo qual as partes, independentemente do seu interesse na causa ou da posição que ocupem na sociedade, terão os mesmos tratamentos e as mesmas garantias em cada fase processual.

» **Princípio do contraditório:** Um dos mais importantes e estudados princípios inerentes às partes no processo, posto que estabelece a garantia de a parte tomar ciência dos atos e termos processuais, podendo, ainda, expor suas razões perante o juiz.

Primariamente foi dito que o processo se realiza com a participação de pelo menos duas pessoas, mas no cotidiano dos tribunais podem ser observadas aquelas demandas que trazem, no polo ativo ou passivo, mais de uma pessoa. É o caso do litisconsórcio (Código de Processo Civil – CPC*, arts. 113 e 114). Quando se trata dessa situação, está-se falando de um fenômeno em que há pluralidade de pessoas, seja num único polo conflitante da demanda (ativo ou passivo), seja em ambos.

Theodoro Júnior (2007, p. 122-123) classifica o litisconsórcio em dois grandes grupos:

1) Quando as partes podem, ou não, dispensar a formação da relação processual plúrima. É subdividido em *necessário* (quando não se pode ser dispensado) e *facultativo* (o qual se estabelece por vontade das partes, subdividindo-se em *irrecusável*, situação que, quando requerida pelos autores, não pode ser recusada pelos réus, e *recusável*, quando os réus podem se opor).

---

* Lei n. 13.105, de 16 de março de 2015 (Brasil, 2015).

2) Do ponto de vista da uniformidade da decisão perante os litisconsortes. É subdividido em *unitário*, ou *especial* (quando a decisão é uniforme a todos os litisconsortes), e *não unitário*, ou *comum* (quando a decisão, num mesmo processo, se reflete de modo diferente para cada litisconsorte).

A legislação pátria trata desse fenômeno no art. 48 do Decreto-Lei n. 3.689, de 3 de outubro de 1941, denominado *Código de Processo Penal* – CPP (Brasil, 1941) e nos arts. 113 e 114 do CPC. Quando o fenômeno ocorre com o polo demandante, é conhecido pela doutrina como *litisconsórcio ativo* e, quando com o polo demandado, como *litisconsórcio passivo*. É possível, ainda, conforme Cintra, Grinover e Dinamarco (1997, p. 296), surgirem situações nas quais há a simultaneidade de autores e de réus, caso em que se instaura o chamado *litisconsórcio misto* ou *recíproco*.

Há situações que podem resultar em nulidade do processo e da sentença justamente pela ausência do litisconsórcio. É o fenômeno processual conhecido como *litisconsórcio necessário*:

> Art. 114. O litisconsórcio será necessário por disposição de lei ou quando, pela natureza da relação jurídica controvertida, a eficácia da sentença depender da citação de todos que devam ser litisconsortes. (Brasil, 2015)

Além dos interesses das partes originárias da lide atendidos no interior da demanda, o sistema processual brasileiro ainda reconhece a possibilidade de terceiros intervirem na demanda, quando seus interesses são atingidos pelo objeto discutido no processo. Os terceiros, ao atenderem aos próprios interesses, podem até mesmo substituir uma das partes ou acrescentá-las.

A tradição processual, como já foi tratado aqui, teve como influência o direito canônico medieval e foi acrescida dos ideais liberais que inspiraram a Revolução Francesa e a Convenção da Filadélfia, nos

Estados Unidos da América (EUA). Essa influência fez com que a conceituação e o entendimento das partes numa demanda encontrassem uma interpretação mais sob o ponto de vista teórico do que prático.

Com a evolução das sociedades ocidentais, principalmente no Pós-Segunda Guerra Mundial, em que figurou grande pressão das diversas classes sociais, antes colocadas à margem das arenas de decisão, houve uma transformação no modo de se encarar a processualística.

Nesse novo ambiente social, em especial ao longo das décadas de 1960 e 1970, o direito processual viveu sua fase instrumentalista, na qual o processo ganhou o *status* de instrumento para a realização efetiva da justiça.

Com uma nova abordagem de um processo efetivo, e não meramente teórico, aproximou-se o direito material do direito processual (sem a negação da autonomia deste último); foram trazidos, então, à baila das discussões processuais fatores externos ao processo, tais como a cultura, os valores sociais e políticos existentes na sociedade etc.

Como ensina Dinamarco (2008, p. 190-191), legislação e jurisdição compõem uma unidade teleológica que permite pacificar as relações no meio social, pois, insiste o autor, não se busca um consenso sobre todas as decisões estatais, mas a imunização da ação de partes contrariadas, que poderiam atentar contra a ordem estabelecida.

Quando age no sentido de permitir às partes litigiosas influírem no processo com base em procedimentos adequados (contraditório, ampla defesa, legitimidade ativa e passiva etc.), o Estado confere idoneidade ao sistema e, assim, cria um liame no universo social do respeito às instituições judiciais e a suas decisões. Conforme Dinamarco (2008, p. 191): "eliminar conflitos mediante critérios justos, eis o mais elevado escopo social das atividades jurídicas do Estado".

A abordagem mais aberta do sistema processual veio a colaborar com a conceituação de parte, que ainda se mantém atrelada à doutrina tradicional, sem grandes inovações conceituais. Entretanto, o importante dessa evolução é como a nova abordagem da processualística trouxe benefícios às partes e aos terceiros interessados quando em demanda.

As oscilações sociais recentes e essa nova tendência de abordagem do direito processual serviram para influenciar o texto constitucional de 1988, principalmente quanto ao conteúdo dos direitos e garantias constitucionais fundamentais. A Carta Magna incorporou garantias processuais dos indivíduos em institutos como o seu art. 5º.

Esses direitos e garantias constitucionais fundamentais não podem estar em conflito, mesmo que no plano teórico, com o sistema processual vigente, pois, no caso brasileiro, sob a nova ordem constitucional do pós-1988, tais garantias são conferidas tanto no plano subjetivo (ao atender às pessoas individual ou coletivamente, sendo estas titulares dos direitos consagrados no texto constitucional – veja o Capítulo 2) quanto no plano objetivo, uma vez que o texto constitucional também prescreve a ordem jurídica vigente, com seus parâmetros e eficácia.

Quando a Lei Maior consagra, no seu art. 5º, incisos XXXV e LV, o acesso à justiça e ao contraditório, está ampliando o rol de possibilidades para que um sujeito, ou sujeitos, possa intervir numa demanda como parte interessada, já que, com a ampliação dos direitos individuais e coletivos, como consequência, houve a ampliação da legitimidade de uma parte ter a devida assistência dos seus interesses pelo Poder Judiciário ou de se defender quando determinados fatos e argumentos lhe forem imputados.

Mesmo que o sujeito não seja atingido diretamente pela sentença final de uma demanda, com essa nova ordem não há empecilhos para que ele atue como terceiro interessado nas causas que estejam relacionadas com o interesse difuso e coletivo. É o caso das organizações não governamentais (ONGs) que atuam como terceiros interessados em processos de crimes ambientais originados, por força de lei, pelo representante do Ministério Público.

Outro caso trazido para a análise em nosso estudo é o associado ao art. 950, parágrafo 3º, do CPC, em que, no processo que visa atender à declaração de inconstitucionalidade, é possível, "considerando a relevância da matéria e a representatividade dos postulantes", a manifestação de "outros órgãos ou entidades".

Ao interpretarmos o art. 5º, inciso XXXV, da Constituição Federal de 1988 – CF/1988, é necessário entender como esse instituto, visando atender aos interesses sociais brasileiros, não pode estar adstrito apenas à relação entre autor e réu. Tal interpretação deve ser num sentido aberto e flexível, tendo como fundamento o cabimento da intervenção, fazendo com que o terceiro, munido da ampliação dos direitos e garantias individuais e coletivos, possa figurar como parte interessada ativa, agindo na assistência ou fazendo uso do recurso de terceiro, visando influenciar a decisão do juiz.

Essa ampliação da intervenção serviu para que a sociedade pudesse figurar como guardiã da própria nação, protegendo os bens coletivos da ganância nefasta dos grupos privados.

O direito de acesso à justiça é uma garantia constitucional com aplicabilidade imediata (CF/1988, art. 5º, parágrafo 1º) e, ainda, constitui-se numa cláusula pétrea (CF/1988, art. 60, § 4º, IV), ou seja, não é passível de reformas do seu conteúdo, sob pena de se agredir um dos fundamentos do Estado democrático de direito.

Outra garantia de grande importância, que complementa a do acesso à justiça, é aquela consagrada no art. 5º, inciso LV, da CF/1988, a qual trata do reconhecimento do direito ao contraditório. O seu conteúdo evoluiu no sentido de amparar as partes que de algum modo venham a receber influências das sentenças proferidas nas demandas. Como foi tratado anteriormente, a extensão das lides na atualidade transcende aos interesses privados do atores que compõem os polos passivo e ativo da demanda, indo além do conceito tradicional do contraditório: *audiatur et altera pars* ("Ouça-se a parte contrária").

Após a CF/1988, surgiu a necessidade de interpretar o conteúdo do direito processual nacional de modo mais amplo e extensivo, uma vez que sujeitos anteriormente excluídos de possíveis demandas na atualidade ganharam legitimidade para intervir no processo, valendo-se, inclusive, do contraditório para verem atendidos seus interesses.

Cabe ressaltarmos que o contraditório e a ampla defesa de interesses são condições de validade do processo, pois é na manifestação da parte contrária que os debates se iniciam no interior do processo. Ademais, é inadmissível em um ordenamento de base democrática aceitar que sentenças sejam proferidas sem permitir, com um mínimo de extensão, que as partes interessadas venham a defender seus interesses nos autos.

Desse modo, é facultado ao juiz da causa aceitar, identificada a oportunidade e mediante fundamentação, a intervenção de terceiros que podem compor uma das modalidades de litisconsórcio, inclusive o litisconsórcio necessário, objetivando o bom andamento da demanda.

Quando o juiz amplia a participação no interior do processo, acaba por trazer publicidade aos autos e, mais, legitima socialmente a prestação judicial que vai ao encontro da população na defesa dos seus interesses. Outra consequência quando da ampliação dos sujeitos em litígio é a imposição às partes de agirem no sentido de boa-fé processual, dado que a ampliação dos elementos de informação, garantida pelo princípio do contraditório e da ampla defesa, que visam trazer solução ao caso deve primeiramente nascer da cooperação mútua entre as partes envolvidas, as quais também estão vinculadas a um compromisso de respeito umas às outras e, ainda, em relação ao juízo.

> Art. 77. Além de outros previstos neste Código, são deveres das partes, de seus procuradores e de todos aqueles que de qualquer forma participem do processo:
> I – expor os fatos em juízo conforme a verdade;
> II – não formular pretensão ou de apresentar defesa quando cientes de que são destituídas de fundamento;
> III – não produzir provas e não praticar atos inúteis ou desnecessários à declaração ou à defesa do direito;

> IV – cumprir com exatidão as decisões jurisdicionais, de natureza provisória ou final, e não criar embaraços à sua efetivação;
> V – declinar, no primeiro momento que lhes couber falar nos autos, o endereço residencial ou profissional onde receberão intimações, atualizando essa informação sempre que ocorrer qualquer modificação temporária ou definitiva;
> VI – não praticar inovação ilegal no estado de fato de bem ou direito litigioso. (Brasil, 2015)

Essa ampliação de sujeitos que estão obrigados a agir com boa-fé no interior da demanda pode trazer luz aos fatos obscuros e controversos tratados na lide, posto que determinadas partes, dados suas particularidades e seu conhecimento, podem explanar sobre determinados assuntos ou fatos que os demais outros sujeitos desconheçam.

Uma vez participando de um dos polos da ação (ativo ou passivo), a parte está obrigada a colaborar com a elucidação das controvérsias narradas ainda na peça inicial.

> Art. 378. Ninguém se exime do dever de colaborar com o Poder Judiciário para o descobrimento da verdade. (Brasil, 2015)

Outra inovação trazida pelo texto da Carta de 1988 foi a ampliação dos direitos reconhecidos como difusos e coletivos, os quais permitem que haja a substituição processual do titular do direito por seu representante legal. Em regra, por força do Código de Defesa do Consumidor (CDC) – Lei n. 8.078, de 11 de setembro de 1990 (Brasil, 1990c), arts. 91 e 92 – e da Constituição de 1988, art. 129, inciso III (Brasil, 1988), esse representante é o membro do Ministério Público, o qual deve zelar pela boa aplicação da lei e atender aos interesses da coletividade.

A definição de direito coletivo traz no seu conteúdo a ideia daquele que resguarda o interesse de toda a coletividade, de toda a sociedade, e não de um único sujeito, enquanto os direitos difusos, também identificados como *superindividuais, transindividuais* ou *metaindividuais*, são aqueles que se encontram disseminados pela sociedade e cuja tutela, mesmo podendo ser usufruídos individualmente, dá-se de maneira coletiva. A doutrina busca fundamento na definição trazida pelo art. 81 e incisos do CDC:

> Art. 81. A defesa dos interesses e direitos dos consumidores e das vítimas poderá ser exercida em juízo individualmente, ou a título coletivo.
> Parágrafo único. A defesa coletiva será exercida quando se tratar de:
> I – interesses ou direitos difusos, assim entendidos, para efeitos deste código, os transindividuais, de natureza indivisível, de que sejam titulares pessoas indeterminadas e ligadas por circunstâncias de fato;
> II – interesses ou direitos coletivos, assim entendidos, para efeitos deste código, os transindividuais, de natureza indivisível de que seja titular grupo, categoria ou classe de pessoas ligadas entre si ou com a parte contrária por uma relação jurídica base;
> III – interesses ou direitos individuais homogêneos, assim entendidos os decorrentes de origem comum. (Brasil, 1990c)

Primeiramente, é necessário entender a extensão do direito quando colocado em questionamento: perceber se diz respeito aos interesses de um ou dois indivíduos ou de uma coletividade. É o caso de dois sujeitos que disputam a posse de um determinado pedaço de terra: trata-se de **direitos divisíveis**. Contudo, se nesse pedaço de terra existe uma nascente de água que vai abastecer uma cidade vizinha, surge a necessidade de a coletividade defender seus interesses (no caso, ter acesso à água potável); aqui estamos diante de um **direito indivisível**.

Os direitos difusos são indivisíveis, uma vez que seus titulares são pessoas indeterminadas, ou seja, não há como determinar qual sujeito vai ser beneficiado ou prejudicado numa eventual relação; logo, é necessário atender a todos os titulares, como acontece na defesa do meio ambiente equilibrado, em que toda a sociedade sai ganhando com a sua devida proteção e manejo.

Carvalho Neto (2005, p. 36), citando Mancuso, explica que há uma hierarquia de interesses resguardados pelo ordenamento pátrio, a qual se inicia com os interesses individuais (que atende ao indivíduo de modo isolado), evoluindo para os interesses sociais (atendendo a um grupo ou comunidade em geral), os interesses coletivos (identificados a grupos definidos), o interesse geral ou público (atendendo a uma coletividade representada por um Estado) e, num quinto grau de evolução, o interesse difuso, que extrapola a órbita do interesse público ou geral, vindo a abraçar os interesses de um contingente indefinido de indivíduos, dada a sua extensão.

Por esse conceito, há de se entender que a defesa dos interesses difusos vai além até mesmo dos interesses do Poder Público, pois, em uma realidade em que o Estado é o grande poluidor, o ordenamento jurídico não poderia estar coagido diante da infraestrutura estatal. Ao contrário, com o reconhecimento de uma gama de interesses que estão além do Estado, cabe aos agentes legitimados agir em prol de tais interesses e fazer cumprir a lei de forma a proteger o meio ambiente e a vida no seu sentido mais amplo, mesmo quando, por oscilações político-administrativas, o Poder Público seja o agente poluidor ou agressor.

No caso dos direitos coletivos, estes também são indivisíveis, tendo como titulares grupos, categoria profissional ou de classe que de algum modo estão ligados por força das suas próprias peculiaridades, como é o caso dos advogados representados pelos membros eleitos da Ordem dos Advogados do Brasil (OAB) ou dos consumidores representados pelos membros de uma associação de consumidores.

Os chamados *interesses individuais homogêneos* são aqueles divisíveis que têm como titulares pessoas determinadas. Nessa modalidade, o sujeito pode pleitear na busca dos próprios interesses de modo individual, como no caso do consumidor que adquiriu um veículo defeituoso e chama em juízo seu fornecedor por vícios redibitórios. No dizer de Carvalho Neto (2005, p. 37), os interesses individuais homogêneos podem ser atendidos de forma diferenciada e individualizada, comportando a possibilidade de renúncia do direito ou transação a fim de encerrar qualquer disputa.

Analisando a extensão desse entendimento, uma vez que há a possibilidade de ampliação do acesso à justiça, ninguém, em especial a parte ré, poderá sofrer prejuízos por conta da execução de uma sentença em qualquer possibilidade de defesa ou manifestação (compreendidos nos princípios processuais do contraditório e da ampla defesa). O fenômeno processual da coisa julgada, nas situações onde figuram os interesses coletivos, tem sua eficácia quando não atinge, de modo prejudicial, o titular de um direito que não participou ativamente de uma eventual demanda, sem, inclusive, manifestar-se ou efetivamente apresentar a sua defesa.

Ao tratar da coisa julgada coletiva, cabe atender aos preceitos do art. 103 do CDC:

> Art. 103. Nas ações coletivas de que trata este código, a sentença fará coisa julgada:
> [...]
> II – ultra partes, mas limitadamente ao grupo, categoria ou classe, salvo improcedência por insuficiência de provas, nos termos do inciso anterior, quando se tratar da hipótese prevista no inciso II do parágrafo único do art. 81;
> III - [...]
> § 1º Os efeitos da coisa julgada previstos nos incisos I e II não prejudicarão interesses e direitos individuais dos integrantes da coletividade, do grupo, categoria ou classe. (Brasil, 1990c)

Outras circunstâncias processuais podem surgir em relação às partes no interior da demanda, como é o caso da denunciação da lide (arts. 125 a 129 do CPC) e do chamamento ao processo (arts. 130 a 132 do CPC).

Ambos os casos são relevantes para o presente estudo, uma vez que, por exemplo, a denunciação da lide pode ocorrer em uma situação em que haja a posse indireta de determinado bem tutelado (CPC, art. 125, I). Bueno (2015, p. 128) esclarece que o texto do atual CPC expressa que a denunciação da lide "é admissível", ao contrário do texto do código antecessor que, no seu art. 70, a denunciação da lide era obrigatória.

4.1.2 O advogado

Santos (2005, p. 323), valendo-se da orientação de Marques, entende como *sujeitos principais do processo* o juiz e as partes propriamente ditas, o *patrono das partes*, o Ministério Público (o qual age como parte, fiscal da lei ou substituto processual), e como *sujeitos secundários* os auxiliares da justiça e terceiros desinteressados pelo objeto da causa.

Ao longo do presente livro, procuramos demonstrar como foi ampliada a concepção de bens de interesse difuso e coletivo e como também foram ampliadas a titularidade desses bens e a possibilidade de agir em face de uma ameaça ou lesão.

Existem várias maneiras, todas reguladas pela legislação pátria, de a sociedade brasileira defender os bens de interesse comum, mas é importante compreender que, quando se recorre ao Poder Judiciário, em regra, o cidadão não está autorizado a agir em seu próprio nome como parte legítima da relação processual desenvolvida, salvo nos litígios encaminhados ao juizado especial cível, com valor de até 20 salários mínimos, e nos casos em que caiba o remédio constitucional do *habeas corpus*, quando o cidadão pode encaminhá-lo para a apreciação sem a necessidade de um advogado, e mesmo assim há algumas restrições quando em grau de recurso.

Mesmo a sociedade gozando da titularidade de direitos, é fundamental que o cidadão recorra a um profissional habilitado para defender os seus interesses perante as demais partes na demanda:

> Art. 103. A parte será representada em juízo por advogado regularmente inscrito na Ordem dos Advogados do Brasil.
> Parágrafo único. É lícito à parte postular em causa própria quando tiver habilitação legal. (Brasil, 2015)

Como nos esclarece Santos (2005, p. 323), os advogados são os procuradores legais das partes, seus representantes legais em juízo. Estes, quando atuam nessa condição, não são partes no processo, apenas procuradores.

Foi demonstrado que há a ampliação da interpretação das garantias constitucionais da ampla defesa e do contraditório, mas o sujeito que se encontra na iminência de ter um dos seus interesses lesados por ato de terceiros apenas pode recorrer ao órgão jurisdicional, o qual tem por finalidade pacificar as relações em sociedade, por intermédio de um patrono que, no dizer de Cintra, Grinover e Dinamarco (1997, p. 300), detenha "serenidade e conhecimento técnico" suficiente para legitimá-lo a defender os interesses das partes.

O advogado detém múnus público, ou seja, a sua atuação é de interesse de toda a sociedade, e a sua legitimidade profissional, aliás, encontra proteção no texto constitucional:

> Art. 133. O advogado é indispensável à administração da justiça, sendo inviolável por seus atos e manifestações no exercício da profissão, nos limites da lei.

O cidadão não atua no litígio apenas se valendo dos direitos que lhe foram conferidos, mas tendo um advogado devidamente habilitado para tal. Caso não apresente o referido patrono, apenas poderá intervir na causa testemunhando ou trazendo para os autos informações úteis na elucidação do caso, mas não poderá, frisamos, manifestar-se de modo ativo na demanda, requerendo diligências, provas, ou formulando pedidos ao juiz.

4.1.3 O Ministério Público

O Ministério Público é um órgão de grande importância nos assuntos relacionados aos bens e valores fundamentais da sociedade (como o meio ambiente), uma vez que ele que está vinculado, por força de lei, a atuar, na esfera cível ou criminal, em defesa dos bens de interesse coletivo ou difuso.

> Art. 127. O Ministério Público é instituição permanente, essencial à função jurisdicional do Estado, incumbindo-lhe a defesa da ordem jurídica, do regime democrático e dos interesses sociais e individuais indisponíveis. (Brasil, 1988)

Na lição de Santos (2005, p. 323), o Ministério Público se desdobra em várias posições na relação processual:

» age como **parte** no processo quando é autor ou réu na condição de órgão de Estado;
» age como **substituto processual** nas situações que o vinculam a intervir como **curador especial**;
» age como **fiscal da lei** (*custos legis*) quando intervém no sentido de forçar o respeito dos demais à lei, como é o caso dos processos em que figurem incapazes e nas relações surgidas no direito de família.

Conforme Cintra, Grinover e Dinamarco (1997, p. 302-303), quando a demanda envolve conteúdo de ordem pública em que o Ministério Público deve se manifestar, caso não haja essa intervenção, surge um motivo de nulidade do feito, sendo que nem a coisa julgada é capaz de sanar o vício (CPC, art. 967, III, "a"). Ainda conforme esses mesmos autores, nas questões ambientais, além das ações criminais ambientais, o Ministério Público se vale da ação civil pública, como estabelecido no art. 5º da Lei n. 7.347, de 24 de julho 1985, denominada *Lei da Ação Civil Pública* – LACP (Brasil, 1985), no intuito de atender à tutela jurisdicional do meio ambiente e, nas demandas de interesse difuso e coletivo, é titular das ações coletivas tratadas no CDC.

4.1.4 Terceiros interessados

Com a ampliação da titularidade de direitos, principalmente no pós-CF/1988, e uma visão atualizada da doutrina processualista, multiplicaram-se as possibilidades de indivíduos, agindo de modo individual ou em grupos organizados, que de algum modo se sentiram afetados pela extensão das demandas surgidas nos diversos pretórios espalhados no território nacional, fazerem-se representar na referida lide.

Mesmo diante dessa ampliação, pelo menos no plano teórico, da capacidade para intervir numa eventual lide que tenha por objeto uma das tutelas estudadas na presente obra, é necessário que o cidadão atenda ao conteúdo legal referente à capacidade processual:

> Art. 70. Toda pessoa que se encontre no exercício de seus direitos tem capacidade para estar em juízo.
> Art. 71. O incapaz será representado ou assistido por seus pais, por tutor ou por curador, na forma da lei. (Brasil, 2015)

No dizer de Fiorillo (2009, p. 81), o art. 225 da Lei Maior de 1988, ao tutelar os "bens essenciais à sadia qualidade de vida", tem como destinatário final na consideração dessa tutela o povo brasileiro, que pode valer-se dos benefícios trazidos por esses bens ambientais.

A pessoa humana, prossegue o doutrinador citado anteriormente, gozando da sua plena cidadania, pode recorrer à prestação jurisdicional quando conhecedor de uma ameaça dos bens ambientais. A própria LACP permite que "qualquer pessoa" possa informar aos órgãos competentes, nesse caso o Ministério Público, quando da iminência ou real lesão aos bens ambientais. Nessa condição, o indivíduo ou grupo de indivíduos vai apenas prestar informações relevantes no processo, e não participar ativamente como parte da demanda, podendo até mesmo peticionar.

Caso o cidadão queira intervir objetivamente na demanda, além da mera condição de informante, sua pretensão terá amparo no art. 5º, inciso LXXIII, da CF/1988, uma vez que o atual ordenamento constitucional determina que qualquer brasileiro, agindo de modo individual ou em grupo organizado, está autorizado a defender os bens ambientais conforme compreende o devido processo legal, tornando-se parte legítima da ação popular (Fiorillo, 2009, p. 82-83).

Tomemos como exemplo o caso de uma ONG fictícia, cujo estatuto faz referência expressa à defesa dos recursos naturais, em especial dos recursos hídricos, que decide participar de um litígio em que o membro do Ministério Público chama em juízo uma indústria que lança dejetos tóxicos num rio. A referida ONG, devidamente constituída há mais de um ano e que, conforme suas atas e seus estatutos, foi criada com a finalidade de defender o meio ambiente, goza de legitimidade para atuar como parte interessada na referida demanda.

Fiorillo (2009, p. 84-85) ainda destaca os terceiros regrados pelo art. 129, parágrafo 1º, da Carta Magna de 1988, legitimados a agir na ação civil pública, já que reúnem condições jurídicas formais para atuar no processo. No rol dos sujeitos autorizados a atuar na defesa do meio ambiente, encontram-se:

» as pessoas jurídicas de direito público interno (União, estados-membros, Distrito Federal e municípios), mediante seus procuradores;

» as pessoas jurídicas de direito privado (associações civis, cooperativas, sindicatos, partidos políticos e empresas de qualquer porte); e

» a família, célula *mater* da sociedade, uma vez que tem sua legitimidade reconhecida nos art. 226 a 230 da CF/1988.

Tão relevante quanto estudar os elementos que caracterizam e legitimam o sujeito ativo de uma lide, é necessário atentar para as particularidades relacionadas com a outra parte da demanda, o polo passivo, pois o início de uma possível defesa pode surgir quando identificadas irregularidades relacionadas com direitos constitucionalmente garantidos e não observados no processamento da demanda.

4.2 Sujeito passivo

Conforme a lição de Cintra, Grinover e Dinamarco (1997, p. 298), se o autor é aquela parte processual que traz perante o juízo uma pretensão (*qui res in iudicium deducit*), o réu, na condição de sujeito passivo da lide, é aquela parte que deverá contrapor-se às pretensões do autor (*is contra quem res in iudicium deducitur*), ou seja, a parte passiva ocupará a posição de gerar uma força contrária aos interesses do autor, visando atender aos próprios interesses.

Como já foi anteriormente tratado, o processo se constitui de uma relação dialética em que o autor apresenta a tese, o réu contrapõe a antítese, cabendo ao juiz da causa apresentar a síntese de todos os elementos trazidos ao processo.

Ao longo da presente obra, discorremos sobre o art. 5º da Lei Maior de 1988, em especial o seu inciso LV, que versa sobre o contraditório e a ampla defesa; no entanto, é quando se aborda o sujeito passivo da lide que fica mais clara a necessidade de se garantir tal instituto num texto constitucional, pois é a parte demandada, seja em um processo civil, seja em um criminal, a principal beneficiada por essa garantia constitucional.

Conforme Greco Filho (1997), o direito de defesa é próprio ao direito de ação que está vinculado ao réu. Assim, a sua existência é fundamental para que até mesmo a sentença tenha validade, posto que deve nascer da igualdade de tratamento nos debates desenvolvidos entre as partes ao longo do processo, sendo que, conforme esse autor, "não há ação sem bilateralidade, sem duas partes em contraditório" (Greco Filho, 1997, p. 113).

O réu, na sua defesa, pode atacar o **próprio processo**, o qual pode estar viciado, irregular, fora daquilo que prescreve a lei processual, ou, ainda, atacar as pretensões da parte autora, de forma a atingir o **mérito da questão**, comprovando que o autor não tem o direito pleiteado. Ainda, pode o réu propor **reconvenção** contra o autor, na qual, conforme a lei processual civil brasileira, é permitido à parte inverter a sua posição no processo, aproveitando os mesmos fatos, mas com um pedido específico seu formulado ao juiz da causa, ou seja, quem era autor passa a ser réu e vice-versa (Greco Filho, 1997, p. 114).

A simples garantia de resposta do réu não é suficiente para equilibrar as relações processuais. Assim, Mirabete (1998, p. 334-335) alerta para os demais institutos consagrados no art. 5º que beneficiam a parte requerida, tais como o devido processo legal (inciso LIV), a impossibilidade de provas obtidas por meios ilícitos (inciso LVI), o princípio de inocência (inciso LVII), a prisão em flagrante ou mediante ordem de autoridade judiciária (inciso LXI), a informação de direitos ao preso (inciso LXIII), a assistência judiciária gratuita (inciso LXXIV) etc.

Nos casos em que figuram direitos disponíveis, como nas ações cíveis, o prazo normal para resposta do réu é de 15 dias, sujeitando a parte à revelia, aceitando os fatos narrados pela parte autora, caso não se manifeste. Já na esfera criminal, mesmo que o réu não se manifeste em tempo hábil, o juízo nomeará um defensor que o represente na demanda, pelo menos para exercer a chamada *defesa técnica*, uma vez que a liberdade, assim como a vida, é um bem indisponível:

> Súmula 523. No processo penal, a falta da defesa constitui nulidade absoluta, mas a sua deficiência só o anulará se houver prova de prejuízo para o réu. (Brasil, 1969b)

Ainda no tema do contraditório e da ampla defesa, art. 5º, inciso LV, da CF/1988, é coerente entender que a sua extensão deve atingir o limite já estabelecido nos "expedientes, métodos, formas e caminhos" comuns no processo, pois não se pode interpretar o termo *ampla defesa* a ponto de se agredir o próprio ordenamento jurídico. Nesse sentido, "a ampla defesa não tem alcance infinito, não revoga as regras estabelecidas pela lei processual penal, não pode impor regras inexistentes" (Mirabete, 1998, p. 344).

4.2.1 Sujeito passivo em matéria ambiental

Na seção anterior, apresentamos uma abordagem genérica do tema *sujeito passivo*, atentando principalmente aos seus direitos básicos ao atuar em juízo, tendo em vista a defesa dos fatos trazidos pela parte autora.

Nesta parte do texto, vamos analisar a parte *ré* quando das demandas surgidas em matéria ambiental. Cabe destacarmos que, em determinados casos, mesmo havendo lei específica para regular as situações envolvendo danos ambientais, os procedimentos processuais trazidos no CPC não estão excluídos, como expressam o art. 19 da LAPC e, principalmente, o texto constitucional, em especial no art. 5º, ao descrever as garantias que beneficiam a parte requerida.

Inicialmente, quando se trata dos temas envolvendo o direito ambiental, a parte passiva da demanda é caracterizada como **poluidor**, ou seja, aquela pessoa que, no exercício das suas atividades habituais, inclusive de ordem econômica, imprime alguma agressão ou ameaça de agressão ao meio ambiente equilibrado, ocasionando, assim, conforme o texto da CF/1988, algum "risco para os destinatários dos bens ambientais". Vejamos a seguir a definição da Lei n. 6.938, de 31 de agosto de 1981 (Brasil, 1981), para o indivíduo poluidor:

> Art 3º Para os fins previstos nesta Lei, entende-se por:
> [...]
> IV – poluidor, a pessoa física ou jurídica, de direito público ou privado, responsável, direta ou indiretamente, por atividade causadora de degradação ambiental;
> [...] (Brasil, 1981)

Independe que a agressão seja efetiva, uma vez que o ordenamento jurídico vigente prevê a responsabilização dos sujeitos, tendo como fundamento a chamada *teoria do risco integral*. Desse modo, basta ao suposto poluidor ter algum nexo, direto ou não, com o evento danoso ao meio ambiente para ser responsabilizado.

Segundo Sznick (2001, p. 80-81), a **teoria do risco** é uma consequência da complexidade existente no mundo atual, trazida pelo progresso tecnológico e pelo uso indiscriminado de máquinas, o que levou o legislador a criar um ordenamento no qual o autor do fato seja responsabilizado legalmente, assumindo uma culpa presumida que, como consequência, o obriga a fazer prova da própria inocência. Conforme esse autor, não se trata de responsabilidade objetiva e solidária, mas de uma responsabilidade legal.

Assim, passou a haver maior garantia de atenção aos direitos dos consumidores quando o CDC consagrou no seu texto a teoria do risco, no seu art. 12, de forma a proteger os consumidores do poderio econômico dos fornecedores, concedendo, para tanto, a inversão do ônus probatório. A mesma teoria é, ainda, consagrada no art. 927, parágrafo único, da Lei n. 10.406, de 10 de janeiro de 2002, o atual Código Civil – CC (Brasil, 2002a).

Nesse sentido, Fiorillo (2009) ensina que, em atenção aos arts. 225, parágrafo 3º, e 170 e seguintes da Carta Magna, a teoria do risco integral é bem aceita na esfera do direito ambiental, considerando-se que, independentemente da conduta dolosa ou culposa do poluidor, basta a existência do "nexo de causalidade entre o fato e o dano para que haja o dever de indenizar" (Fiorillo, 2009, p. 70-71).

Esse autor enfatiza que a teoria do risco em matéria ambiental também é aplicada aos subsistemas ambientais estabelecidos na Política Nacional do Meio Ambiente, descritos na Lei n. 6.938/1981, ou seja, os meios ambientes cultural, artificial, do trabalho e natural (incluindo-se neste último o patrimônio genético).

Aliás, as normas infraconstitucionais estão em plena harmonia com o texto constitucional no tocante à proteção dos bens ambientais. É o caso do art. 225, parágrafo 3º, da CF/1988, que teve a sua regulamentação no art. 3º, inciso IV, da Lei n. 6.938/1981, em conformidade com a Lei n. 8.028, de 12 de abril de 1990 (Brasil, 1990a). Nesse sentido:

> *São, portanto, poluidores os infratores, pessoa física ou jurídica, de direito público ou privado, responsáveis direta ou indiretamente por lesão ou ameaça ao meio ambiente ecologicamente equilibrado (art. 225 da CF). Daí ser correto afirmar que são poluidores todos aqueles que lesam ou ameaçam os bens ambientais.* (Fiorillo, 2009, p. 94)

Quanto à **pessoa física**, é entendida pela legislação civil como o indivíduo dotado de capacidade para gozar de direitos e contrair obrigações (CC, art. 1º), sendo que sua personalidade tem início no momento do nascimento com vida, embora sejam observadas garantias aos direitos do nascituro ainda no útero materno (CC, art. 2º). Como ensina Monteiro (1995, p. 58), o nascimento com vida, para fins jurídicos, é considerado como a completa separação do recém-nascido do ventre materno, pois não se considera nascido o ser que ainda está ligado ao cordão umbilical e não foi capaz de respirar (docimasia hidrostática de Galeno), dando, assim, sustentação ao próprio organismo.

Fica claro que, no direito ambiental, trata-se do indivíduo da raça humana que, uma vez dotado de capacidade, pode ser responsabilizado pelos seus atos quando imprimir alguma agressão ao meio ambiente equilibrado. Quanto a essa questão de capacidade, levam-se em conta as condições de compreensão desse ser para que lhe seja imputada a responsabilidade pelos seus atos, tais como menoridade, estado de embriaguez ou toxicidade, etnia (como as exceções concedidas aos silvícolas) etc.

Tratamos da raça humana, pois o ordenamento jurídico não se impõe aos demais seres vivos existentes no planeta Terra. Como nos lembra Sznick (2001, p. 37), "o sujeito do direito é o homem, pessoa física, já que é em razão e por causa do homem que o direito é legislado (*omne jus hominum causa constitum est*)".

Contudo, não significa que seres diversos dos humanos não tenham proteção da sua própria vida. Assim, a sociedade humana, ao optar pelos valores trazidos e consagrados pela fascinante capacidade do raciocínio, entendeu seguir num caminho evolutivo que tem como fundamento a convivência pacífica e harmônica com o meio que a cerca. Foi-se o tempo no qual o homem figurava sobre a Terra como um imperador soberano e despótico; com os novos ideais trazidos no pós-1968, descritos no texto da Agenda 21, o cidadão deste século que se inicia há de encontrar o seu lugar **ao lado** das demais criaturas existentes, nem acima, nem abaixo.

Quanto às pessoas jurídicas, passaremos a tratar na sequência, uma vez que a legislação ambiental trouxe algumas inovações.

4.2.3 Desconsideração da pessoa jurídica

As pessoas jurídicas são criações do ordenamento jurídico vigente que, por sua vez, lhes atribui personalidade para que possam dispor de direitos e contrair obrigações. Em determinadas situações, o indivíduo, agindo sozinho, não teria condições de atender a determinados interesses; então, associa-se a outros indivíduos com interesses comuns e, por meio dessa união e organização de forças, conseguem atingir seus fins.

Na lição de Monteiro (1995, p. 96), lembrando Gangi, a pessoa jurídica, como se conhece hoje, ainda não estava vislumbrada na Antiguidade, mas no direito romano já se concedia personalidade jurídica para determinadas associações de indivíduos que atendiam ao interesse público, tais como *universitates, sodalitates, corpora* e *collegia*.

No direito da atualidade, uma vez concedida a personalidade jurídica a uma associação, esta passa a caracterizar-se como um tipo de sujeito de direito conhecido como *pessoa jurídica*.

Conforme o art. 40 do CC brasileiro, as pessoas jurídicas são classificadas como de *direito público* (interno e externo) e de *direito privado*. O art. 41 do mesmo códex classifica como *pessoa jurídica de direito público interno* a União (inciso I), os estados, o Distrito Federal e os territórios (inciso II), os municípios (inciso III), as autarquias, inclusive as associações públicas (inciso IV), e as demais entidades de caráter público criadas por lei (inciso V). Já as chamadas *pessoas jurídicas de direito privado* são as associações (inciso I), as sociedades (inciso II), as fundações (inciso III), as organizações religiosas (inciso IV) e os partidos políticos (inciso V).

Além de reconhecer a personalidade da pessoa jurídica, o ordenamento pátrio entendeu que essa entidade deve seguir no sentido de desenvolver suas atividades segundo uma função social, ou seja, como acontece no direito de propriedade, não são apenas os interesses privados que são reconhecidos e protegidos, mas os de toda a sociedade.

Modernamente, atender à função social da pessoa jurídica é fazer com que suas atividades sejam desenvolvidas sem agredir a órbita de interesses dos demais membros do grupo ao ponto de saturação, ou seja, mesmo detendo poderio econômico, uma pessoa jurídica não está autorizada a avançar sobre direitos tutelados pelo Estado que têm como beneficiária toda a sociedade.

Uma controvérsia surgida na doutrina ambiental é que esse mesmo Estado, que tem por dever funcional tutelar os bens ambientais e por eles zelar, na prática desponta como um dos principais poluidores.

Todas as entidades indicadas no art. 41 do CC como pessoas jurídicas de direito público estão aptas a figurar em eventuais demandas ambientais, inclusive no polo passivo, na condição de poluidores, e sobre estas podem recair as mesmas consequências comuns às demais pessoas jurídicas, quando diante de uma condenação judicial.

Sobre esse tema, Fiorillo (2009, p. 93), citando Mendonça Alves, reconhece que as diversas esferas de poder constituídas no Brasil são o "nosso maior poluidor ambiental" e, prossegue o autor, dada a complexidade burocrática consagrada, inclusive na esfera constitucional (em especial no seu art. 100, parágrafo 1º), o Estado poluidor está autorizado à impunidade.

É fácil entender a dimensão desse tema nestes tempos de mundo globalizado em que empresas transacionais avançam sobre as riquezas dos países em desenvolvimento, como o Brasil, em troca da promessa de alguma tecnologia e "meia dúzia de empregos".

A opinião pública desses países tende a interpretar as situações surgidas no seu território de modo equivocado, trocando a sua segurança alimentar e ambiental por promessas de desenvolvimento que jamais serão cumpridas, uma vez que a expansão do capitalismo predatório se dá de modo insustentável.

Não estamos aqui professando uma ideologia política contrária ao capitalismo, mas cabe ressaltarmos que existem pessoas jurídicas que, munidas de um sentimento nobre de responsabilidade social, desenvolvem suas atividades sem agredir a sociedade na qual estão inseridas.

É dever da opinião pública, na qualidade de consumidores, gratificar a boa empresa e repudiar os exemplos nefastos e, assim, construir uma nova realidade das corporações pautada pela ética de respeito para com o ser humano, a Terra e os demais seres vivos.

Essa explanação serve para introduzir o tema da descaracterização da pessoa jurídica quando nas demandas ambientais, pois a história das relações jurídicas testemunhou situações daquelas organizações que foram constituídas com o propósito de burlar a lei e lesar terceiros.

No Brasil, podemos citar o caso das conhecidas "empresas de fachada", criadas pelo crime organizado para legalizar dinheiro advindo do tráfico de drogas ou da corrupção existente no erário público. Ainda há os casos de madeireiras criadas para encobrir o desmatamento irregular de áreas de floresta no Mato Grosso e na Amazônia que, no constante registro de empresas em nome de sócios "laranjas" (pessoas físicas que não são os verdadeiros donos do empreendimento), valem-se da confusão criada entre sujeitos jurídicos para engendrar um ambiente propício ao crime ambiental. Diante dessas práticas reprováveis, a legislação ambiental trouxe uma inovação quando autorizou a **descaracterização da pessoa jurídica** e, assim, a possibilidade de punir os indivíduos que agem em seu nome.

Conforme Sznick (2001, p. 34), muitos indivíduos se valem de pessoas jurídicas como instrumentos para a ação criminosa; mesmo assim, segue esse autor, é possível punir ambas as pessoas, uma vez que estas são dotadas de vontade e personalidade autônomas, pois, em atenção ao art. 225, parágrafo 3º, da CF/1988, a responsabilidade individual dos dirigentes da pessoa jurídica dar-se-á de modo indenizatório e na esfera penal.

Ao se pensar na indenização dos danos ambientais, a legislação ambiental procurou despersonalizar a pessoa jurídica (no tocante à personalidade e ao patrimônio), para que esta não se confundisse com a responsabilidade das pessoas físicas que agem em seu nome.

A Lei de Crimes Ambientais – Lei n. 9.605, de 12 de fevereiro de 1998 (Brasil, 1998c) – é taxativa no que se refere a esse tema:

> Art. 3º As pessoas jurídicas serão responsabilizadas administrativa, civil e penalmente conforme o disposto nesta Lei, nos casos em que a infração seja cometida por decisão de seu representante legal ou contratual, ou de seu órgão colegiado, no interesse ou benefício da sua entidade. Parágrafo único. A responsabilidade das pessoas jurídicas não exclui a das pessoas físicas, autoras, coautoras ou partícipes do mesmo fato.
> Art. 4º Poderá ser desconsiderada a pessoa jurídica sempre que sua personalidade for obstáculo ao ressarcimento de prejuízos causados à qualidade do meio ambiente. (Brasil, 1998c)

Ainda de acordo com Sznick (2001, p. 87-88), esse instituto teve inspiração no direito norte-americano, do qual se extrai a expressão *lifting the corporate veil* (levantar o véu da corporação), que surgiu no final do século XIX para resolver demandas envolvendo relações comerciais. A partir de 1948, prossegue o jurista, a doutrina do *disregard* foi sendo substituída por legislação específica, como a *Companies Act*, da qual se extrai que são judicialmente responsáveis os sócios que conscientemente participam de negócios destinados a prejudicar terceiros.

Essa inspiração para resolver demandas surgidas nas questões de fundo econômico, comuns no capitalismo moderno, também foi adotada no Brasil, onde o primeiro diploma legal a tratar da desconsideração da pessoa jurídica foi o CDC, em seu art. 28 e parágrafos.

Desse modo, ao interpretarmos a chamada *disregard doctrine* à luz das demandas surgidas em matéria ambiental, não podemos ignorar o parágrafo 5º do art. 28 do CDC:

> Art. 28. O juiz poderá desconsiderar a personalidade jurídica da sociedade quando, em detrimento do consumidor, houver abuso de direito, excesso de poder, infração da lei, fato ou ato ilícito ou violação dos estatutos ou contrato social. A desconsideração também será efetivada quando houver falência, estado de insolvência, encerramento ou inatividade da pessoa jurídica provocados por má administração.
> [...]
> § 5º Também poderá ser desconsiderada a pessoa jurídica sempre que sua personalidade for, de alguma forma, obstáculo ao ressarcimento de prejuízos causados aos consumidores. (Brasil, 1990c)

Conforme Sznick (2001, p. 109), citando o ilustre Rubens Requião, o fundamento para a despersonalização da pessoa jurídica é a necessidade da efetiva reparação dos danos causados ao meio ambiente por suas ações, uma vez que empresas privadas constantemente estão sujeitas à falência, à insolvência, ao encerramento das suas atividades ou à mudança de local da sede e das suas filiais, ou seja, o ordenamento jurídico vigente permite que empresas privadas sejam "diluídas" enquanto os respectivos processos de falência e concordata estejam em andamento. Os antigos empresários podem se dedicar a novos empreendimentos sem, no entanto, serem responsabilizados por atividades passadas, inclusive por danos ambientais resultantes de empreendimentos mal estruturados.

Observa ainda Snick (2001), ao tratar do art. 28 do CDC, que o parágrafo 1º da referida lei foi vetado e se manteve na íntegra o seu *caput*. Agindo assim, entende esse jurista, o legislador pátrio, diante da aplicação da *disregard doctrine*, conferiu tal faculdade apenas ao juiz da causa, que por sua vez se vale do princípio do livre convencimento.

A desconsideração da pessoa jurídica alcança apenas o ato tido, nesse caso, como lesivo ao meio ambiente, mantendo-se as demais atividades alheias àquela impugnada. O principal fundamento para a aplicação da *disregard of legal entity* é: "o abuso de direito, o desvio de poder, a fraude, e os prejuízos a terceiros, em virtude de confusão patrimonial ou desvio dos objetivos sociais da empresa" (Sznick, 2001, p. 112).

Desse modo, o novo ordenamento jurídico de defesa do meio ambiente coloca em elevado grau de importância o interesse da coletividade, e não de grupos empresariais que estruturavam seus negócios privados num ambiente fundamentado no simples liberalismo econômico, o qual socializava os prejuízos ambientais com toda a comunidade, mantendo o lucro de capital nas mãos de uma pequena elite.

Síntese

» Sujeito ativo:
  » Parte autora e parte ré como os principais sujeitos parciais do processo (juiz – postura imparcial).
  » Partes interessadas e terceiros interessados.
  » Elementos externos ao processo, mas correlatos à parte: Cultura, valores sociais e políticos etc.
  » Causas de interesse difuso e coletivo: Sujeito não atingido diretamente pela sentença (pode atuar como terceiro interessado).
  » Advogado: Não é parte, mas procurador legal das partes, seus representantes legais em juízo.

» Ministério Público: Visa atender aos interesses de toda a sociedade quando a demanda envolve conteúdo de ordem pública.
» Terceiros interessados: Quaisquer pessoas que gozem de capacidade processual (arts. 70 e 71 do CPC).
» Sujeito passivo:
  » Réu: Parte que se contrapõe às pretensões do autor.
  » Exerce o direito de defesa (pode atacar o próprio processo, o mérito da questão ou, ainda, reconvir ao autor).
  » Evoca, como lhe é devido, o contraditório e a ampla defesa.
  » Em matéria ambiental, destaca-se a figura do poluidor.
  » Teoria do risco: relações de consumo na sociedade atual.
  » Descaracterização da pessoa jurídica: arts. 3º e 4º da Lei dos Crimes Ambientais (Lei n. 9.605/1998).

Questões para revisão

1) Algumas situações estão relacionadas estritamente com as partes num processo, **exceto**:
   a. o litisconsórcio.
   b. a citação.
   c. a litispendência.
   d. a legitimidade *ad causam*.

2) Conforme a doutrina pátria, no conteúdo da petição inicial da parte autora da demanda, o fato descrito e o fundamento jurídico do pedido compõem:
   a. o *periculum in mora*.
   b. a *rés judicata*.
   c. a *causa petendi*.
   d. o *fumus boni iuris*.

3) A fim de se estabelecer uma relação satisfatória entre autor e réu no processo, é necessário atender a três princípios básicos, **exceto** ao:
   a. princípio da igualdade das partes.
   b. princípio da livre iniciativa.
   c. princípio do contraditório.
   d. princípio da dualidade de partes.

4) Quando atuam na condição de procuradores legais das partes, representando-as em juízo, os advogados não são partes no processo. Na verdade, são apenas:
   a. terceiros interessados.
   b. promotores de justiça.
   c. procuradores.
   d. substitutos processuais legais.

5) Ao se tratar das demandas envolvendo direito ambiental, a parte passiva da lide é caracterizada pelo poluidor, ou seja, aquela pessoa que no exercício das suas atividades habituais:
   a. sonega impostos.
   b. imprime no ambiente equilibrado alguma agressão ou ameaça de agressão.
   c. colabora com o equilíbrio ou recuperação do meio ambiente.
   d. promove a venda ou qualquer tipo de comercialização de substâncias entorpecentes.

Atividade prática

Identifique no seu município uma organização do terceiro setor (ONG) que defenda os bens e os interesses da coletividade. Uma vez contatada, procure identificar os meios que essa ONG utiliza para atingir seus fins e, após um estudo do respectivo estatuto e demais documentos constitutivos, identifique se tal organização está adaptada aos interesses dos seus membros e, ainda, se está devidamente legitimada para atuar em eventuais demandas que tratem do conteúdo dos direitos difusos ou coletivos.

V

Provas e perícias nas demandas ambientais

Aproximando-se o final desta obra, neste penúltimo capítulo serão estudados os temas que estão envolvidos com a produção das provas no interior das demandas ambientais.

Para tanto, o capítulo foi subdividido de modo a enfocar, num primeiro momento, os diversos tipos de provas e suas particularidades e, numa segunda parte, destinada a tratar das provas periciais, estudos técnicos imprescindíveis quando o assunto se refere a ameaças ou danos efetivos ao meio ambiente.

5.1 Provas

No interior da demanda, não basta à parte formular seus pedidos apenas atendendo à legislação pátria vigente ou com uma brilhante argumentação. É necessário que sejam comprovados, por meios específicos, os fatos alegados nas peças processuais. No dizer de Greco Filho (1997, p. 180), no processo "a prova é todo o meio destinado a convencer o juiz a respeito da verdade de uma situação de fato". A palavra *prova* tem a sua origem no latim *probatio*, que significa "examinar" ou "demonstrar". Ainda conforme esse autor, a prova utilizada no processo não resguarda em si um fim filosófico ou moral; ao contrário, encontra uma utilidade prática que ao longo da demanda é a de instrumento capaz de convencer o magistrado.

Ao tratarmos do presente tema, é necessário revermos os princípios descritos no Capítulo 1 deste livro, em especial o conteúdo do art. 5°, inciso LVI, da Constituição Federal de 1988 – CF/1988 (Brasil, 1988), que se refere à impossibilidade de se admitirem provas obtidas por meios ilícitos, seja em processo administrativo, seja em processo judicial.

Partindo-se da ideia prática de que são as provas os principais elementos de convencimento do juiz ao se buscar solução para um litígio e, ainda, tendo-se em conta o princípio da boa-fé processual, que deve existir no comprometimento ético das partes em se alcançar a verdade, pelo menos processual, é de fácil compreensão o repúdio da sociedade – cristalizado no texto do seu maior contrato social, a CF/1988 – aos meios probatórios viciados, os quais, ao longo da experiência jurídica, serviram para promover grandes injustiças nos momentos de desapego aos valores democráticos e de instabilidade política.

A Convenção Americana sobre Direitos Humanos, pactuada em San José da Costa Rica, em 22 de novembro de 1969, a qual o Brasil ratificou em 25 de setembro de 1992, reconhece, no seu art. 11, que toda pessoa tem o direito de ter respeitada a sua dignidade, uma vez que "ninguém pode ser objeto de ingerências arbitrárias ou abusivas em sua vida privada, em sua família, em seu domicílio ou em sua correspondência, nem de ofensas ilegais à sua honra ou reputação" (OEA, 1969).

Entre as arbitrariedades ali mencionadas estão as condutas dos agentes do Poder Público que se valem de meios suspeitos para imputar fatos a determinados cidadãos, como a confissão de um crime obtida pela prática da tortura.

Entende-se como *prova ilícita* todos aqueles meios obtidos em condições contrárias à lei e aos bons costumes da sociedade na qual se realizam as atividades processuais, ou seja, é uma prova desprovida de legitimidade que, além de não encontrar o sustentáculo jurídico para a sua efetiva validade, também nutre na esfera psicológica das partes um sentimento de reprovação. Quando diante desses sentimentos desconfortáveis por parte dos indivíduos envolvidos na demanda, o processo, no dizer de Dinamarco (2008, p. 188), perde os fins pelos quais foi criado, uma vez que não é capaz de garantir a pacificação daquela relação controversa.

A fim de fundamentarmos o conteúdo do tema aqui analisado, recorremos ao disposto no art. 19 da Lei n. 7.347, de 24 de julho de 1985, denominada *Lei da Ação Civil Pública* – LACP (Brasil, 1985), instrumento jurídico de defesa do meio ambiente, da relação de consumo, dos bens e direitos de valor artístico, estético, histórico, turístico e paisagístico:

> Art. 19. Aplica-se à ação civil pública, prevista nesta Lei, o Código de Processo Civil, aprovado pela Lei n. 5.869, de 11 de janeiro de 1973, naquilo em que não contrarie suas disposições. (Brasil, 1985)

Diante dessa autorização legal, a Lei n. 13.105, de 16 de março de 2015, denominada *Código do Processo Civil* – CPC (Brasil, 2015), torna-se importante fonte ao se tratar das provas nos processos que envolvam conteúdo ambiental.

No dizer de Cintra, Grinover e Dinamarco (1997, p. 353), o texto constitucional não apenas responsabiliza a parte que se valeu de prova ilícita, apurando posteriormente responsabilidades, mas determina que esse tipo de prova não pode sequer compor os autos e neles permanecer.

Se as provas ilícitas são aquelas obtidas de modo contrário à lei, logicamente as provas "saudáveis", passíveis de gerar resultados numa demanda, são aquelas que a lei processual autoriza expressamente, como no caso do art. 369 do CPC:

> Art. 369. As partes têm o direito de empregar todos os meios legais, bem como os moralmente legítimos, ainda que não especificados neste Código, para provar a verdade dos fatos em que se funda o pedido ou a defesa e influir eficazmente na convicção do juiz. (Brasil, 2015)

O referido artigo da legislação processual em matéria civil expressa a necessidade de a prova estar vinculada "aos meios moralmente legítimos" para a conclusão dos trabalhos desenvolvidos no interior do processo, trazendo luz às relações controversas. O Decreto-Lei n. 3.689, de 3 de outubro de 1941, denominado *Código de Processo Penal* – CPP (Brasil, 1941), é explícito ao declarar esse princípio, uma vez que o seu art. 157 limita a liberdade probatória quando esta se vale de provas ilícitas. No mesmo diploma legal, ainda há uma série de restrições na produção de provas no seu Livro I, Título VII:

> Art. 157. São inadmissíveis, devendo ser desentranhadas do processo, as provas ilícitas, assim entendidas as obtidas em violação a normas constitucionais ou legais.
> (Brasil, 1941)

Com o avanço dos meios tecnológicos, em especial daqueles com captura de som e de imagem, tornaram-se muito frágeis as relações desenvolvidas no meio social, principalmente no que se refere à proteção da correspondência e da intimidade dos cidadãos.

> Art. 5º [...]
> X – são invioláveis a intimidade, a vida privada, a honra e a imagem das pessoas, assegurado o direito à indenização pelo dano material ou moral decorrente de sua violação;
> [...]
> XII – é inviolável o sigilo da correspondência e das comunicações telegráficas, de dados e das comunicações telefônicas, salvo, no último caso, por ordem judicial, nas hipóteses e na forma que a lei estabelecer para fins de investigação criminal ou instrução processual penal;
> [...] (Brasil, 1988)

Diante desse questionamento, surgem jurisprudências destinadas a reconhecer, ou não, a legitimidade de provas obtidas por instrumentos tecnológicos que invadem a intimidade das pessoas, rompendo, assim, determinadas garantias constitucionais. Cabe indagar qual é o bem mais valioso a ser protegido: o interesse da sociedade na elucidação de, por exemplo, um crime por meio de uma investigação mais ostensiva ou o diploma constitucional, agredido diretamente nesse caso, colocando-se, assim, toda a sociedade em uma condição de insegurança com relação às instituições que a representam?

A fim de ilustrar essa situação ainda controvertida, extrai-se do Superior Tribunal de Justiça (STJ) o seguinte julgado:

HC 57961/SP
HABEAS CORPUS
2006/0085861-4
Relator(a) Ministro FELIX FISCHER (1109)
Órgão Julgador T5
QUINTA TURMA
Data do Julgamento 21/06/2007
Data da Publicação/Fonte
DJ 12/11/2007 p. 242.

Ementa

PROCESSUAL PENAL. HABEAS CORPUS SUBSTITUTIVO DE RECURSO ORDINÁRIO. ART. 121, DO CÓDIGO PENAL. GRAVAÇÃO DE CONVERSA TELEFÔNICA POR UM DOS INTERLOCUTORES. AUTOR DA GRAVAÇÃO QUE NÃO A REALIZOU PARA A PRÓPRIA DEFESA E, TAMPOUCO, EM RAZÃO DE INVESTIDA CRIMINOSA. INDEVIDA VIOLAÇÃO DA PRIVACIDADE. ILICITUDE DA PROVA.

I – No "Supremo Tribunal, não tem voga a afirmação apodítica dessa licitude (licitude da gravação de conversa realizada por um dos interlocutores), (...): a hipótese de gravação de comunicação telefônica própria, sem ciência do interlocutor, tem sido aqui examinada caso a caso, e ora reputada prova ilícita, por violação da privacidade (...), ora considerada lícita, se utilizada na defesa de direito do autor ou partícipe da gravação, em especial, se vítima ou destinatária de proposta criminosa de outro (...)." (cf, HC 80949-9/RJ, 1ª Turma, Rel. Ministro Sepúlveda Pertence, DJ de 14/12/2001).

II – Portanto, a análise da licitude ou não da gravação de conversa por um dos interlocutores sem a ciência do outro deve ser casuística, i.e., deve ser caso a caso.

III – No caso em tela, a gravação da conversa telefônica foi realizada pela amásia do réu, tão somente com o intuito de responsabilizá-lo pelo crime, uma vez que a vítima do homicídio era pessoa com quem ela mantinha relação amorosa. Dessa forma, como se percebe, tal prova (gravação telefônica) foi colhida com indevida violação de privacidade (art. 5º, X, da CF) e não como meio de defesa ou em razão de investida criminosa, razão pela qual deve ser reputada ilícita. Writ concedido a fim de que a prova obtida em virtude da gravação telefônica seja excluída dos autos.

Acórdão

Vistos, relatados e discutidos os autos em que são partes as acima indicadas, acordam os Ministros da QUINTA TURMA do Superior Tribunal de Justiça, "A Turma, por unanimidade, concedeu a ordem, nos termos do voto do Sr. Ministro Relator." Os Srs. Ministros Laurita Vaz, Arnaldo Esteves Lima e Napoleão Nunes Maia Filho votaram com o Sr. Ministro Relator.

Referência Legislativa
LEG:FED CFB: ANO:1988 CF-1988 CONSTITUIÇÃO FEDERAL DE 1988 ART:05 INC:10 INC:56.

Veja
STF – HC 80949/RJ, AI-AGR 503617/PR, HC 74678/SP, RE 212081/RO, HC 75338/RJ. (Brasil, 2007a, grifo do original e nosso)

Contudo, cabe ressaltarmos que esse entendimento não é plenamente pacífico nos tribunais pátrios, uma vez que os princípios trazidos no art. 5º da CF/1988 não reinam absolutos, pois, como no caso de investigação criminal, a prova ilícita não contamina os demais atos processuais quando há outros meios que confirmam os fatos; aliás, pode ser considerada lícita a gravação telefônica sem o conhecimento de um dos interlocutores. Nesse caso, a gravação de conversa telefônica apenas vai complementar aquilo que os demais meios probatórios confirmaram.

Nesse sentido, apresentamos o seguinte julgado do Supremo Tribunal Federal (STF):

RE402035 AgR/SP – SÃO PAULO
AG.REG.NO RECURSO EXTRAORDINÁRIO
Relator(a): Min. ELLEN GRACIE
Julgamento: 09/12/2003 Órgão Julgador: Segunda Turma
Publicação
DJ 06-02-2004 PP-00050 EMENT VOL-02138-09 PP-01761
Parte(s)
AGTE.(S): RICARDO MANDARI
ADVDO.(A/S): PAULO JOSÉ DOMINGUES E OUTRO (A/S)
AGDO.(A/S): MINISTÉRIO PÚBLICO DO ESTADO DE SÃO PAULO

INTDO.(A/S): JOÃO ROBERTO DE MOURA
ADVDO.(A/S): EDSON EIJI NAKAMURA E OUTRO (A/S).

Ementa

GRAVAÇÃO DE CONVERSA. INICIATIVA DE UM DOS INTERLOCUTORES. LICITUDE. PROVA CORROBORADA POR OUTRAS PRODUZIDAS EM JUÍZO SOB O CRIVO DO CONTRADITÓRIO. Gravação de conversa. A gravação feita por um dos interlocutores, sem conhecimento do outro, nada tem de ilicitude, principalmente quando destinada a documentá-la em caso de negativa. Precedente: Inq 657, Carlos Velloso. Conteúdo da gravação confirmada em juízo. AGRRE improvido.

Indexação

(CRIMINAL)
- LICITUDE, GRAVAÇÃO, CONVERSA TELEFÔNICA, INTERLOCUTOR, OBJETIVO, COMPROVAÇÃO, CRIME, CONCUSSÃO/INOCORRÊNCIA, CONDENAÇÃO, FUNDAMENTAÇÃO, EXCLUSIVIDADE, PROVA PERICIAL, COMPLEMENTAÇÃO, DEPOIMENTO, TESTEMUNHA.

Observação

Votação: unânime.
Resultado: desprovido.
Acórdão citado: Inq-657 (RTJ-155/75).
Número de páginas: (04). Análise: (ANA). Revisão: ( ).
Inclusão: 08/03/04, (SVF). (Brasil, 2004c, grifo do original e nosso)

Iniciar a abordagem do presente tema com as provas ilícitas foi necessário, uma vez que a ideia de prova está vinculada a um instrumento formal capaz de permitir ao juiz da causa a construção de um juízo de valores quando diante de pretensões conflitantes.

A doutrina do direito processual pátrio entende que não há meios probatórios capazes de desvendar por completo as situações controversas, isto é, não é possível atingir uma verdade absoluta dos fatos; porém, dentro de um processo, é possível atingir uma verdade conquistada formalmente por instrumentos que a cada dia estão se tornando mais sofisticados, diminuindo-se, assim, qualquer risco de incorrer em julgamentos equivocados e injustos, fundamentados pela ausência de provas ou pela presença de mácula nas provas obtidas durante o devido encaminhamento da lide.

A prova num sentido amplo é consolidada pelos diversos meios de provas, os quais sofrem influência direta dos avanços tecnológicos surgidos na sociedade. O caso de comprovação da paternidade, por exemplo, em tempos remotos era de difícil apuração; já nos dias atuais, um exame de DNA garante resultados com mínima probabilidade de erro. Nas causas ambientais, o fundamento da prova é retirado principalmente do texto constitucional, que tutela determinados bens de interesse coletivo e, ainda, impõe ao Judiciário o dever de apreciar qualquer causa que trate da ameaça ou da efetiva agressão aos referidos bens (aqui oportunamente tratados). Afinal, por força desse mesmo texto constitucional, todos os meios legais estão habilitados a provar os fatos alegados na peça inicial ou na defesa do réu. Para tanto, a legislação infraconstitucional serve de amparo ao descrever as modalidades de prova legalmente aceitas, tais como o CPP e o CPC.

No CPC, estão relacionados os seguintes meios lícitos de prova, dos quais se valem as partes quando em litígio:

» depoimento pessoal (arts. 385 a 388);
» confissão (arts. 389 a 395);
» exibição de documento ou coisa (arts. 396 a 404);
» prova documental (arts. 405 a 441);
» prova testemunhal (arts. 442 a 463);
» prova pericial (arts. 464 a 480);
» inspeção judicial (arts. 481 a 484).

Quando visa instruir uma demanda ambiental, a obtenção da prova requer um apelo maior ao emprego de técnicas específicas. Determinados riscos ambientais são mensurados por profissionais especializados, tais como engenheiros, técnicos, peritos etc.

O objeto do qual se deve ocupar a prova realizada no interior da demanda são, conforme Greco Filho (1997, p. 182), "os atos pertinentes, relevantes, controvertidos, não notórios, e não submetidos à presunção legal", como propõe o art. 374 do CPC.

Fiorillo (2009, p. 101), por sua vez, defende que não há uma "hierarquia" das provas utilizadas no processo ambiental, justamente pela devida interpretação do texto constitucional (art. 5°, LVI), pois "o objeto da prova ambiental é o fato controvertido". Diante dessa proposição, é necessário observar que o caso concreto determina o melhor meio probatório a ser utilizado e, conforme esse autor, uma vez produzida a prova, esta é incorporada ao processo ambiental, sendo irrelevante questionar a parte que a produziu. A prova atende ao seu fim quando se integra ao processo confirmando as alegações do autor ou fundamentando a contestação da parte requerida.

Contudo, o texto da lei não pode ser interpretado apenas no seu sentido literário, posto que, em se tratando de temas ambientais, não é suficiente reconhecer quem são os responsáveis pelo dano; é necessário também quantificar a dimensão de tal dano para que seus autores sejam compelidos a indenizá-lo.

É muito fácil apurar quem é o responsável, por exemplo, pelo vazamento de petróleo num córrego de água potável. Requer-se, entretanto, maior estudo técnico no dimensionamento dos impactos dessa contaminação, principalmente se o referido córrego abastece a rede de água de determinado município onde residem milhares de pessoas.

Quando se trata da prova em geral, é necessário que esta seja produzida principalmente sobre aqueles fatos controversos e verdadeiramente pertinentes à causa, uma vez que, por força do princípio constitucional do contraditório e da ampla defesa, é prudente limitar a gama de provas a serem realizadas no interior de uma demanda, para que o seu exagero não permita a uma das partes tumultuar as fases processuais e, assim, fugir das suas responsabilidades.

Algumas provas são confirmadas por presunção legal, que pode ser subdividida em *presunção absoluta*, que não admite prova em contrário ao fato atendido pela lei, e *presunção relativa*, aquela considerada como verdadeira até que seja comprovado o contrário. O direito vigente não suscita dúvidas nem necessita de prova, porém o art. 376 do CPC abre espaço para que a parte comprove o direito quando provocado pelo juiz da causa.

No cotidiano das relações jurídicas, é possível que surjam dúvidas referentes à vigência de leis que interessam à parte, mas que se referem a localidades diversas daquela em que se discute o fato. Num país de dimensões continentais como o Brasil, no qual os estados-membros e os municípios gozam de autonomia legislativa, há uma grande diversidade de produção legal que pode trazer dúvidas quando suscitadas num eventual litígio.

Sobre esse tema, Greco Filho (1997, p. 182) defende que o juiz "é obrigado a conhecer o direito federal", uma vez que esse nível de ordenamento é aquele que influencia as demais produções legislativas, mas não se pode exigir do magistrado conhecimento sobre as demais legislações, haja vista suas possíveis aplicações incomuns ou limitadas, como é o caso de textos legais estrangeiros evocados pelas partes. Contudo, alerta esse autor, uma vez o juiz atendendo a uma jurisdição com base territorial determinada, tem por dever conhecer a legislação local.

Como exemplo, vamos ilustrar com o caso hipotético de uma empresa com sede na cidade de Curitiba, Estado do Paraná, que executou um serviço de engenharia na localidade de Maringá, no mesmo estado. Nesse caso, podem surgir algumas dúvidas em relação às normas criadas no interior do município em que se construíram as edificações. Ainda, as dúvidas podem ser mais complexas quando as obras são em outro estado da Federação ou até em outros países, como no caso de a mesma empresa curitibana executar obra na cidade de Bauru, onde a legislação é específica do Estado de São

Paulo e, ainda, atende à produção legislativa daquela municipalidade naquilo que lhe for competente (em relação ao município). Além disso, dependendo de alguma controvérsia surgida por ocasião dos serviços prestados, fica passível de discussão o juízo competente para dirimi-la.

No dizer de Cintra, Grinover e Dinamarco (1997, p. 356), há três sistemas de apreciação das provas observados nos ordenamentos processuais:

1) o da prova legal, em que os limites da prova são determinados pelo texto legal;

2) o da valoração *secundum conscientiam*, modalidade na qual o juiz tem plena liberdade para valorar as provas produzidas;

3) o da persuasão racional, em que o juiz está autorizado a formar livremente o seu convencimento, porém dentro de critérios lógico-racionais.

O ordenamento pátrio acolheu o sistema da **persuasão racional**, ou do **livre convencimento**, por força do art. 371 do CPC e do art. 157 do CPP, entendendo-se por *persuasão racional* no devido processo legal o "convencimento formado com liberdade intelectual mas [sic] sempre apoiado na prova constante dos autos e acompanhado do dever de fornecer a motivação dos caminhos do raciocínio que conduziram o juiz à conclusão" (Cintra; Grinover; Dinamarco, 1997, p. 356).

Outra questão trazida à baila da discussão é aquela referente a quem cabe comprovar os fatos alegados nas peças processuais, ou seja, a quem cabe o chamado *ônus da prova*.

Ao longo das atividades desenvolvidas no interior do processo, os fatos controversos descritos na petição inicial pela parte autora vão sendo elucidados. Contudo, existem situações que, conforme a sua natureza, contribuem para dificultar a uma das partes a obtenção de meios para comprovar suas alegações. Observando a regra contida no art. 373 do CPC, entendemos que cabe ao autor provar o fato constitutivo do seu direito, e incumbe ao réu demonstrar o fato impeditivo, modificativo ou extintivo do direito do autor.

Greco Filho (1997, p. 189) leciona que os fatos constitutivos são aqueles que, se porventura forem provados ao longo da demanda, trarão as consequências jurídicas pretendidas pelo autor, requeridas, de modo expresso, na sua petição inicial. Esse mesmo doutrinador conclui seu raciocínio ao afirmar que cabe ao réu seguir no sentido contrário às pretensões da parte autora, provando os fatos que, de algum modo, impedem, modificam ou extinguem o direito do autor da demanda.

Em processo civil não há o benefício do *in dubio pro reo*, como acontece no foro criminal; ao contrário, a parte que deixar sobressair alguma dúvida das suas alegações tende a ficar prejudicada na relação processual quando do julgamento. O processo judicial é o meio correto para dirimir litígios e, assim, uma resposta necessariamente tem de ser ofertada aos litigantes, produzida pela mente serena e imparcial do juiz. Como este último dispõe de algumas faculdades que estão acima dos interesses dos particulares, pode promover a chamada *distribuição do ônus da prova*, ou seja, pode indicar a cada uma das partes qual prova produzir a fim de atender às alegações feitas nas peças processuais. Como senso lógico, é compreensível que cada parte deverá encarregar-se da melhor prova possível, tendo como objetivo o convencimento do juiz e, consequentemente, a vitória na demanda.

Ainda, conforme Cintra, Grinover e Dinamarco (1997, p. 354), o convencimento do juiz, dado o ordenamento vigente, não se dará apenas pela sua consciência; seu julgamento deve nascer das alegações e comprovações (por meios lícitos de provas) apresentadas pelas partes. Não basta às partes alegar; é necessário que provem o alegado.

Como o devido processo legal se completa com o tratamento igual dispensado às partes, podemos compreender que, ainda atendendo ao princípio da ampla defesa, uma parte tem as mesmas oportunidades de manifestação que a outra e, uma vez alegado algum elemento que a beneficie, é necessária a sua comprovação, salvo nos casos descritos no art. 374 do CPC.

Atendendo a um critério de equidade, em regra, a legislação pátria estabelece que o ônus da prova cabe a quem alega os fatos (CPC, art. 373) e, uma vez produzidas as provas nos autos, elas beneficiam a demanda como um todo, independentemente da parte que as produziu (**princípio da aquisição**), já que o fim maior do processo judicial é promover a pacificação da sociedade com a aplicação da justiça, valor maior que qualquer interesse particular.

Ainda sobre a distribuição do ônus probatório, mesmo diante da regra descrita, há situações em que a prova deve ser imposta ao réu, quando as circunstâncias do caso concreto dificultarem que a prova seja produzida pela parte autora (CPC, art. 373, II).

Com a evolução do direito processual pátrio, surgiram diplomas legais que trouxeram em seu texto a chamada *inversão do ônus da prova*, como é o caso do Código de Defesa do Consumidor (CDC) – Lei n. 8.078, de 11 de setembro de 1990 (Brasil, 1990c) –, que reconhece no consumidor a parte frágil na relação quando diante do seu fornecedor. Entendeu o legislador pátrio que as empresas, quando fornecem produtos e serviços, dispõem de maior estrutura econômica e jurídica. Almejando equilibrar as forças num eventual litígio dessa natureza, a lei impõe aos fornecedores a produção de um número maior de provas no interior da demanda.

> Art. 6º São direitos básicos do consumidor:
> [...]
> VIII – a facilitação da defesa de seus direitos, inclusive com a inversão do ônus da prova, a seu favor, no processo civil, quando, a critério do juiz, for verossímil a alegação ou quando for ele hipossuficiente, segundo as regras ordinárias de experiências;
> [...] (Brasil, 1990c)

Nesse sentido, Fiorillo (2009, p. 99-101) discute que, no processo ambiental, o ônus da prova recai em regra sobre o poluidor, haja vista a atenção ao princípio da isonomia tratado no ordenamento jurídico brasileiro, pois alguns poluidores são empresas que dispõem de estrutura para promover a própria defesa quando numa demanda, dispondo até mesmo de garantias constitucionais (CF/1988, art. 5º, LIV, LV e LVI).

O mesmo autor ainda esclarece que a tutela de bens de inestimável valor, como a vida, autoriza o juiz da causa, atendendo às peculiaridades da demanda, a determinar de ofício a produção de provas relevantes na elucidação dos fatos controversos, inclusive mantendo a inversão do ônus probatório, tendo como fundamento o art. 6º, inciso VIII, do CDC.

5.2 Perícias

Até este ponto do texto, tratamos dos meios probatórios quando já instaurada a demanda no juízo competente. Contudo, quando o tema se refere a questões ambientais, é prudente lembrarmos que documentos técnicos podem ser produzidos em momento anterior ao surgimento de um fato controvertido.

Conforme o Brasil encontra espaço no mercado internacional e, como consequência, promove a sua expansão industrial, vai surgindo em igual medida a necessidade de elaborar estudos para a adequação do processo de industrialização, de modo a minimizar o impacto dos resíduos depositados no meio ambiente.

A promoção de tais estudos, com base na observação de técnicos especializados, não é um mero capricho exigido por ambientalistas, mas é o resultado das imposições da política nacional de meio ambiente.

O trabalho de um perito especializado em meio ambiente pode ser solicitado antes mesmo de qualquer demanda judicial. Essa solicitação pode ser feita por ocasião da concessão do devido licenciamento ambiental, o qual pode, aliás, ser utilizado posteriormente como prova numa eventual lide, principalmente na defesa do réu.

No entendimento de Sznick (2001, p. 182), a perícia relacionada ao direito ambiental pode ocorrer em dois momentos:

» em fase anterior ao evento, de modo preventivo, como nos casos de instalação de indústrias ou de exames para detectar eventuais doenças oriundas de um ambiente ermo, relacionando-se, nesse caso, com o estudo de impacto ambiental (EIA)/relatório de impacto ambiental (Rima);

» em fase posterior ao evento, de caráter reparatório, estando vinculada ao art. 19 da Lei n. 9.605, de 12 de fevereiro de 1998 (Brasil, 1998c), que procura quantificar o dano causado ao meio ambiente a fim de responsabilizar, por via judicial, seus autores.

O licenciamento ambiental, resultante de um conjunto de estudos técnicos, conforme a Lei n. 6.938, de 31 de agosto de 1981 (Brasil, 1981), em especial seu art. 9º, inciso IV, é classificado como um instrumento de planejamento capaz de garantir o desenvolvimento socioeconômico do país sem comprometer a vida na mais ampla extensão da palavra. É exigido para aqueles empreendimentos com grande potencial de poluição, os quais, mesmo antes de iniciarem suas atividades, dependem dessa autorização prévia, baseada em estudos criteriosos realizados por peritos capacitados para tal (art. 10).

Nas fases de licenciamento, são elaborados o EIA e o Rima, documentos técnicos validados pelo texto da Lei n. 6.938/1981, que instituiu a Política Nacional do Meio Ambiente, e da Resolução do Conselho Nacional do Meio Ambiente (Conama) n. 237, de 19 de dezembro de 1997 (Brasil, 1997b). Conforme Fiorillo (2008, p. 92), ao comentar o art. 9º, inciso IV, da Lei n. 6.938/1981, trata-se de instrumentos "de caráter preventivo de tutela do meio ambiente".

Esse mesmo autor ensina que as fases do licenciamento ambiental estão subdivididas em:

» licença prévia (LP);
» licença de instalação (LI);
» licença de funcionamento (LF).

Nesses procedimentos, a sociedade civil é convidada a participar em audiências públicas devidamente orientadas pela equipe que elabora o EIA/Rima, composta por técnicos de diversas áreas do conhecimento (geólogos, físicos, sociólogos, biólogos etc.), os quais respondem pelos dados técnicos levantados, destinados a avaliar "os impactos ambientais positivos e negativos do empreendimento pretendido" (Fiorillo, 2008, p. 98).

> Art. 11. Os estudos necessários ao processo de licenciamento deverão ser realizados por profissionais legalmente habilitados, às expensas do empreendedor.
> Parágrafo único – O empreendedor e os profissionais que subscrevem os estudos previstos no caput deste artigo serão responsáveis pelas informações apresentadas, sujeitando-se às sanções administrativas, civis e penais.
> (Brasil, 1997b)

Conforme as relações desenvolvidas no seio da sociedade vão se tornando cada vez mais complexas, o direito também deve buscar meios para se desenvolver em atenção ao ritmo imposto pelo momento atual. Por exemplo: ao surgirem novos bens de consumo, também são criados novos riscos de poluição do meio natural. Bastam o invento e a comercialização de um novo alvejante para aumentar a eficiência do ato doméstico de lavar roupas para que os rios comecem a sentir os danos pelo derramamento do referido produto químico nos seus leitos, trazidos pelas redes irregulares de esgoto. Diante desse fato, os órgãos responsáveis pela fiscalização e preservação do meio ambiente recorrem ao conhecimento profissional daqueles com capacidade não para julgar, mas para aferir a dimensão dos impactos impressos no meio ambiente.

Antes mesmo de recorrerem a qualquer gabinete de um magistrado, membros de organizações não governamentais (ONGs) ambientalistas e do Ministério Público solicitam a produção de um parecer técnico de engenheiros ambientais, biólogos, químicos etc., a fim de encontrarem um indício que fundamente a demanda propriamente dita.

É de longa data o conhecimento, na doutrina processual pátria, da alegoria de que os peritos "são os olhos técnicos do juiz"; não cabe ao perito desenvolver um juízo de valor com o seu trabalho técnico, mas suas constatações, realizadas com elementos colhidos no local onde se evidenciam os fatos controversos descritos na petição inicial, compõem importante documento destinado a fundamentar a construção lógica na qual o juiz se embasa para determinar seu julgamento.

Uma vez iniciada a demanda, é possível elaborar um tipo de prova que requer maior apuramento técnico, se comparada à prova testemunhal ou à simples exibição de documento ou coisa. Esse elemento probatório juridicamente aceito para compor as peças desenvolvidas no interior de um processo judicial é conhecido como *prova pericial*, a qual, conforme Greco Filho (1997, p. 223-224), pode ser assim classificada:

» Exame: É a inspeção feita por peritos sobre pessoas e coisas (móveis e semoventes), a fim de identificar alguma particularidade que interesse à demanda judicial. Nesse caso, o perito chega a uma conclusão, mesmo valendo-se de probabilidades.

» Vistoria: É a mesma investigação realizada por peritos, os quais procuram, através do olhar técnico, identificar alguma informação relevante ao litígio. Porém, nesse caso, relaciona-se com bens imóveis, sendo, portanto, apenas descritiva e não conclusiva.

» Avaliação: É o estudo destinado a estimar valores em moeda corrente de determinados bens (como nos casos de inventário ou processos administrativos). Ainda sobre essa categoria, *arbitramento* se refere à quantificação em dinheiro do valor do objeto do litígio, de direitos ou obrigações devidas.

Quanto à nomeação do perito, conforme o art. 465 do CPC, o sistema processual vigente adotou a nomeação oficial pelo juiz da causa, que, de acordo com a lição de Greco Filho (1997, p. 224), quando defere a prova pericial, deve determinar o objeto e a natureza da perícia, ou seja, em primeiro lugar, determina qual elemento fático deve ser observado tecnicamente e, como consequência, a qual ramo da ciência pertence (se é uma perícia contábil, de engenharia ou médica etc.).

Essa regra não é absoluta, uma vez que é facultado às partes apresentar assistentes técnicos de sua confiança para acompanhar o perito, que, por sua vez, é da confiança do juiz. Essa possibilidade garante maior transparência nos estudos realizados, sendo que, havendo o silêncio de uma das partes, a perícia não está invalidada, gerando seus efeitos na demanda.

> Art. 474. As partes terão ciência da data e do local designados pelo juiz ou indicados pelo perito para ter início a produção da prova.
> Art. 475. Tratando-se de perícia complexa que abranja mais de uma área de conhecimento especializado, o juiz poderá nomear mais de um perito, e a parte, indicar mais de um assistente técnico. (Brasil, 2015)

Mesmo diante da possibilidade de as partes acompanharem os trabalhos de perícia por intermédio dos seus respectivos assistentes técnicos, esses profissionais, tanto o perito nomeado quanto os assistentes contratados, não estão isentos de responsabilidade sobre as informações documentadas em caráter de prova processual. Basta identificar-se a má-fé ou o simples descuido do profissional ao elaborar seu estudo para que ele seja responsabilizado.

> Art. 77. Além de outros previstos neste Código, são deveres das partes, de seus procuradores e de todos aqueles que de qualquer forma participem do processo:
> [...]
> § 1º Nas hipóteses dos incisos IV e VI, o juiz advertirá qualquer das pessoas mencionadas no caput de que sua conduta poderá ser punida como ato atentatório à dignidade da justiça.
> § 2º A violação ao disposto nos incisos IV e VI constitui ato atentatório à dignidade da justiça, devendo o juiz, sem prejuízo das sanções criminais, civis e processuais cabíveis, aplicar ao responsável multa de até vinte por cento do valor da causa, de acordo com a gravidade da conduta.
> § 3º Não sendo paga no prazo a ser fixado pelo juiz, a multa prevista no § 2o será inscrita como dívida ativa da União ou do Estado após o trânsito em julgado da decisão que a fixou, e sua execução observará o procedimento da execução fiscal, revertendo-se aos fundos previstos no art. 97. (Brasil, 2015)

Como salienta Bueno (2015, p. 92), o atual CPC tratou com mais detalhes, nos parágrafos do seu art. 77, da incidência e do destino das multas, se comparado com o art. 14 do códex anterior, procurando, assim, estimular os envolvidos com a lide a agirem com boa-fé nas diversas fases processuais.

Conforme a lição de Greco Filho (1997, p. 226), o juiz da causa não se vincula obrigatoriamente às conclusões do perito, pois a perícia é mais um elemento que contribui para a formação da sua convicção ao julgar a demanda, sendo que, havendo deficiências circunstanciais que não possibilitem à perícia elucidar o caso controverso, o juiz está autorizado a julgar "desfavoravelmente contra quem deveria provar e não provou".

O autor anteriormente citado ainda entende ser viável a produção de uma segunda perícia sobre o mesmo objeto, destinada a sanar eventuais omissões e inexatidões da primeira. Nesse caso, ambas são anexadas aos autos para a livre apreciação do juiz, que, ainda, pode consultar pareceres técnicos extrajudiciais trazidos e juntados aos autos pela parte interessada, não tendo esses documentos *status* de prova pericial, embora possam colaborar no encaminhamento do raciocínio lógico do juiz.

Mas qual é o objeto de uma perícia a ser produzida numa eventual demanda em matéria de direito ambiental?

O art. 19 e o seu parágrafo único da Lei dos Crimes Ambientais fornecem os elementos para responder a esse questionamento:

> Art. 19. A perícia de constatação do dano ambiental, sempre que possível, fixará o montante do prejuízo causado para efeitos de prestação de fiança e cálculo de multa.
> Parágrafo único. A perícia produzida no inquérito civil ou no juízo cível poderá ser aproveitada no processo penal, instaurando-se o contraditório. (Brasil, 1998c)

Em primeiro lugar, é necessário identificar o dano em si e, posteriormente, a sua extensão, para que seja cobrada dos seus responsáveis uma indenização plenamente mensurada em moeda nacional. No entanto, é de alguma dificuldade avaliar um dano ambiental em termos monetários, posto que o beneficiário dos bens naturais é todo o povo brasileiro, como dispõe o art. 225, *caput*, da CF/1988. Desse modo, cabe ao juiz da causa utilizar-se de parcimônia ao determinar a extensão e a quantificação do referido dano ambiental, a fim de se evitar um pesado ônus sobre a parte requerida. Daí a necessidade de um olhar técnico e imparcial do perito. Atendendo a um critério de razoabilidade dos anseios de ambas as partes, as quais pretendem o equilíbrio dos pratos da balança de Themis, recorre-se à teoria do risco para justificar as condenações por atividades lesivas ao meio ambiente.

Sznick (2001) reporta-se à doutrina francesa que criou a figura do *principe pollueur-payeur* (PPP), ou simplesmente **princípio do poluidor-pagador**, pelo qual "o dano causado ao meio ambiente deve ser indenizado por quem se beneficiou dele (o próprio poluidor) indo alguns até o terceiro, adquirente do produto (que ao adquiri-lo paga o valor aumentado do custo ambiental)" (Sznick, 2001, p. 205).

Esse autor ainda nos lembra que esse princípio foi amplamente divulgado por ocasião da Conferência de Estocolmo e incorporado no sistema jurídico brasileiro com o art. 14, parágrafo 1º, da Lei n. 6.938/1981.

Tratar da defesa do meio ambiente não se limita a agir conforme uma consciência de uma nova ética em relação ao ecossistema, pois também há a necessidade de agregar conhecimento técnico para identificar e quantificar o dano. Agindo nesse sentido, o movimento preservacionista transcende o discurso e parte para a prática, munido de dados objetivos e provas produzidas por profissionais capacitados.

Síntese

» Provas:
  » Todo meio destinado a convencer o juiz sobre argumentações apresentadas na demanda.
  » Boa-fé processual: Provas lícitas.
  » Provas ilícitas: Meios obtidos em condições contrárias à lei e aos bons costumes da sociedade.

- » CPC: Depoimento pessoal, confissão, exibição de documento ou coisa, prova documental, prova testemunhal, prova pericial, inspeção judicial.
- » Três sistemas de apreciação das provas: Prova legal, valoração *secundum conscientiam* e persuasão racional.
- » Inversão do ônus da prova: CDC (Lei n. 8.078/1990) – consumidor como parte frágil na relação quando diante do seu fornecedor.
- » Perícias:
  - » Dois momentos: Fase anterior ao evento (preventiva), relativa ao EIA/Rima, e fase posterior ao evento (caráter reparatório).
  - » Licenciamento ambiental (Lei n. 6.938/1981): Instrumento de planejamento capaz de garantir o desenvolvimento sem comprometer a vida.
  - » Documentos técnicos: EIA e Rima.
  - » Peritos: "Os olhos técnicos do juiz".
  - » Prova pericial: Exame, vistoria e avaliação.
  - » Objeto da perícia em matéria ambiental (art. 19 da Lei n. 9.605/1998): Identificar o dano e a sua extensão.

Questões para revisão

1) A palavra *prova* tem a sua origem no latim *probatio*, que significa:
   a. examinar ou demonstrar.
   b. examinar ou provar.
   c. provar ou demonstrar.
   d. provar ou apresentar.

2) Todas as afirmações a seguir são verdadeiras, **exceto**:
   a. As provas, no processo ambiental, são os principais elementos de convencimento do juiz ao se buscar solução para um litígio.
   b. O texto da CF/1988 traduziu o repúdio da sociedade aos meios probatórios viciados.
   c. Na Convenção Americana sobre Direitos Humanos, pactuada em San José da Costa Rica, em 1969, os atos arbitrários ofensivos à honra dos indivíduos foram ignorados.
   d. Entre as arbitrariedades dos agentes do Poder Público em relação aos cidadãos, é possível citar a confissão de um crime obtida pela prática da tortura.

3) No caso de investigação criminal, a prova ilícita **não** contamina os demais atos processuais quando:
   a. o tipo penal admite a prova obtida por meios ilícitos.
   b. o tipo penal admite a prova obtida por meios lícitos.
   c. não é necessário produzir provas para condenar o sujeito.
   d. há outros meios que confirmam os fatos.

4) Conforme o CPC, é(são) meio(s) lícito(s) de prova numa eventual demanda judicial:
   a. depoimento pessoal.
   b. tortura e confissão.
   c. exibição de documento ou coisa.
   d. prova documental.

5) Identifique a afirmação correta:
   a. O licenciamento ambiental está regulamentado na Lei n. 9.433, de 8 de janeiro 1997.
   b. O licenciamento ambiental é a resultante de um conjunto de estudos técnicos.

c. O licenciamento ambiental não pode ser classificado como um instrumento de planejamento.

d. O licenciamento é exigido para aqueles empreendimentos com grande potencial de poluição apenas após o início de suas atividades.

Atividade prática

Em um órgão de proteção ou fiscalização ambiental ou, ainda, no órgão técnico responsável da prefeitura de sua cidade, procure estudar o conteúdo de um EIA ou Rima, observando sua estrutura e seu conteúdo. Caso não seja possível o acesso aos órgãos citados, elabore uma pesquisa na internet a fim de levantar tais documentos.

VI

Procedimentos processuais em matéria ambiental

Neste último capítulo da presente obra, apresentamos os principais meios processuais de que a coletividade dispõe para fazer valer seus interesses, quando na defesa do meio ambiente equilibrado.

O Ministério Público assumiu grande destaque como sujeito ativo das demandas ambientais, principalmente após a Constituição do Brasil de 1988 – CF/1988 (Brasil, 1988), mas não podemos ignorar o fato de que cidadãos, quando agem de modo organizado, estão autorizados a recorrer aos pretórios nacionais apresentando os casos de ameaça e de efetiva agressão ao meio natural.

Também trataremos neste capítulo de algumas particularidades bastante relevantes da ação civil pública ambiental, da ação popular ambiental, do mandado de segurança ambiental e do direito criminal ambiental.

6.1 Generalidades sobre os procedimentos processuais em matéria ambiental

Como foi amplamente comentado nesta obra, o Estado é obrigado a atender aos pedidos formulados e encaminhados às jurisdições do Poder Judiciário, por força do inciso XXXV do art. 5º da Carta Magna de 1988. Uma vez provocada, a jurisdição fica comprometida com as partes em efetivamente "dizer o direito" por meio da sentença que vai se converter em coisa julgada, conforme o mesmo art. 5º, inciso XXXVI. Quando o objeto da lide resulta em um posicionamento do magistrado que atendeu os trabalhos processuais, em tese, as partes tendem a encontrar uma satisfação pela solução da lide e, assim, há uma pacificação das relações antes controversas.

Nem todo procedimento pode ser classificado como a devida prestação jurisdicional. A fim de atender às partes que recorrem ao Poder Judiciário, o sistema processual brasileiro reconhece três modelos de processos, um para cada tipo de pedido da parte, pois, como salientam Cintra, Grinover e Dinamarco (1997, p. 304), "como o instrumento através do qual a jurisdição atua é o processo, também este toma nomes distintos, à vista da natureza do provimento jurisdicional a que atende".

Desse modo, os autores classificam os processos da seguinte forma, conforme sua natureza:

1) **Processo de conhecimento:** É aquele em que a parte provoca o juízo a fim de ver declarado o seu direito. O objeto do processo de conhecimento "é a prestação ao provimento declaratório denominado *sentença de mérito*" (Cintra; Grinover; Dinamarco, 1997, p. 305, grifo do original).

2) **Processo de execução:** Uma vez reconhecido o direito da parte através da coisa julgada, a parte vitoriosa na

demanda, munida do seu título executivo, provoca o juízo competente a fim de promover medidas que atendam ao conteúdo da sentença produzida no processo de conhecimento. No processo de execução, o resultado específico "é o provimento satisfativo do direito do credor, denominado *provimento executivo*" (Cintra; Grinover; Dinamarco, 1997, p. 316, grifo do original).

3) Processo cautelar: Essa modalidade visa proteger os direitos da parte que possa estar na iminência de ver deteriorados seus bens jurídicos, em função do elemento *tempo* que é reclamado na prestação jurisdicional corriqueira. O fundamento desse processo se encontra em abraçar dois importantes elementos, o *periculum in mora* (perigo da demora) e o *fumus boni iuris* (fumaça do bom direito). A garantia cautelar é um processo autônomo iniciado já antes da demanda principal, que "deverá restabelecer, definitivamente, a observância do direito: é destinada não tanto a fazer justiça, como a dar tempo a que a justiça seja feita" (Cintra; Grinover; Dinamarco, 1997, p. 321).

A história recente da humanidade provou de alguns exemplos nos quais a insatisfação não estava limitada a dois particulares (um autor e um réu), mas a toda a coletividade. Essa insatisfação coletiva, de algum modo, serviu de elemento catalisador para grandes e sangrentas revoluções e golpes políticos que lançaram sociedades inteiras no caos.

Ainda nos dias atuais, sobram exemplos de Estados nacionais em constante conflito e guerra civil, mas, naqueles outros países nos quais se optou por uma pacificação social, o Poder Judiciário foi convocado a ouvir e atender os anseios da coletividade.

Desse modo, houve a expansão e a consolidação dos direitos difusos e coletivos, principalmente nas democracias ocidentais, como a brasileira. Diante desse novo estado de coisas, a tradicional interpretação liberal da Lei n. 13.105, de 16 de março de 2015, denominada *Código de Processo Civil* – CPC (Brasil, 2015), que privilegia o individualismo, não é suficiente num ordenamento que convive com um Código de Defesa do Consumidor – CDC (Lei n. 8.078, de 11 de setembro de 1990 – Brasil, 1990c) que tutela interesses coletivos, como pode ser observado nos arts. 81 a 104 do referido código.

Fiorillo (2008, p. 366) defende que na atual processualística brasileira há dois sistemas igualmente legítimos:

1) um amparado principalmente no CPC, o qual visa atender aos interesses individuais; e
2) um que compõe a "jurisdição civil coletiva", a qual encontra fundamento no CDC e na Lei da Ação Civil Pública (LACP) – Lei n. 7.347, de 24 de julho de 1985 (Brasil, 1985).

A presente obra se encarrega dos elementos do segundo caso descrito; mesmo assim, diante da possível ameaça aos interesses coletivos, o ordenamento jurídico pátrio não autoriza a violação dos interesses particulares, como é o caso do direito de propriedade, do direito de contraditório e da ampla defesa etc.

É imperioso compreendermos que os interesses coletivos existem sem, no entanto, prejudicar os interesses individuais, que recebem do Estado uma série de direito garantidos inclusive pela CF/1988, como é o caso do direito de propriedade, do direito ao contraditório e da ampla defesa, do chamado *direito adquirido* e do *ato jurídico perfeito*. Enfim, por mais que este estudo se encarregue de analisar a jurisdição civil coletiva, em nenhum momento ignora um sistema jurídico que também atende aos interesses individuais de cidadania.

Uma jurisdição coletiva não exclui os direitos já reconhecidos, apenas atende à legitimidade dessa coletividade em provocar o órgão jurisdicional e dele obter uma resposta ao caso, convertida em forma de sentença e coisa julgada.

A própria Lei Maior de 1988 possibilita a formação da jurisdição civil coletiva pelo princípio do "livre acesso à justiça", descrito no seu art. 5º, inciso XXXV. Já no plano infraconstitucional, o fundamento surge no texto do CDC ao conceituar os direitos metaindividuais (art. 81) e a atenção coletiva aos direitos individuais homogêneos, que são atendidos por via da ação coletiva (art. 91).

Uma vez que as demandas ambientais visam atender aos interesses coletivos, o juiz da causa, ao observar o interesse social, pode dispensar o requisito legal da pré-constituição da associação (de pelo menos um ano), gozando esta de legitimidade como parte na lide. Essa dispensa do prazo da pré-constituição se justifica naquelas situações em que a coletividade se organizou em forma de pessoa jurídica após o fato que originou a demanda.

Reconhecidas a tutela dos direitos transindividuais e a legitimidade dos seus representantes, é autorizado o uso de todos os meios reconhecidos em lei para a proteção de tais direitos, tais como o próprio processo de conhecimento, assim como o de execução, cautelares e mandamentais. A fim de promover a ampliação do acesso à justiça, não há adiantamento de custas ou emolumentos e até mesmo condenação, a título de ônus da sucumbência, da associação autora da lide (CDC, art. 87; LACP art. 18).

Após o processo de conhecimento e iniciada a fase executória da demanda, é possível evocar o *astreinte* (multa diária) e a tutela antecipada *ex officio*, quando as circunstâncias assim exigirem. São instrumentos auxiliares para a boa conduta do agente poluidor.

Visando garantir uma igualdade entre as partes, tratando de modo desigual as partes desiguais para que uma igualdade efetiva (e não meramente formal) seja alcançada, o art. 6º, inciso VIII do CDC autoriza a inversão do ônus probatório a fim de atender à defesa dos direitos da parte considerada hipossuficiente, no caso, o consumidor.

Essas garantias, sozinhas, não permitem, ainda, que as pretensões coletivas sejam postas em discussão numa lide judicial. A fim de assegurar a sua completa e efetiva instauração, deve-se levar em conta a possibilidade jurídica do pedido, o interesse e a legitimidade das partes.

A possibilidade jurídica do pedido (CPC, art. 330) é o instituto processual que descreve quais as situações, atendidas de modo abstrato, estão previstas no ordenamento jurídico vigente. Ainda, é um fator relevante para o prosseguimento da ação, podendo, inclusive, servir de fundamento à inépcia da peça inicial, por constatação do juiz mesmo antes da citação do réu: "Se desde logo está claro que o pedido não poderá ser atendido porque a ordem jurídica não o prevê como possível ou mesmo o proíbe expressamente, é inútil que sobre ele se desenvolva atividade processual e jurisdicional, devendo ser indeferida imediatamente a inicial" (Greco Filho, 1997, p. 107).

A título de ilustração, podemos mencionar o caso do chefe do Poder Executivo estadual que recorre ao Judiciário a fim de fazer valer a legislação estadual que reduz os limites de mata ciliar, já tratada em legislação federal específica de hierarquia superior e vinculante. O interesse versa sobre o melhor meio a ser utilizado para atender às pretensões de modo eficaz. Não se trata do interesse direto do autor, mas do interesse "jurídico-processual" (CPC, art. 17).

Sobre esse tema, Greco Filho (1997, p. 107-108) ensina que o referido interesse jurídico-processual "consiste na necessidade e utilidade de recorrer ao Judiciário, mediante a utilização do meio adequado". Quanto à legitimidade das partes, diz respeito às situações que autorizam ou não a presença de determinados indivíduos na demanda (CPC, art. 18), os quais agem em defesa dos próprios interesses, por força das próprias particularidades (legitimidade *ad causam*), ou quando em nome de terceiros. Nesse contexto está a necessidade de grande cuidado, em especial pela parte das entidades do terceiro setor, na elaboração de estatutos, os quais devem trazer expressa nos seus objetivos organizacionais a defesa do meio ambiente ou proteção de um direito específico relacionado à defesa da vida, no sentido mais amplo da palavra.

Sobre essa última situação, Fiorillo (2008, p. 374-375) trata da legitimidade extraordinária e da substituição processual. Em ambos os casos, é necessário que haja expressa autorização na lei; porém, no primeiro caso, não há uma coincidência entre as legitimações *ad causam* e *ad processum*, recaindo sobre a mesma pessoa, enquanto no segundo caso a lei autoriza que determinado sujeito aja em nome de outro, como se o mesmo fosse, quando ausente para o ato requerido. São bastante sutis as características desses institutos processuais, sendo que o primeiro é mais amplo (possibilitando direito de ação), ao passo que, no segundo, é dada apenas defesa de direito material da parte ausente no juízo.

Esse autor ainda esclarece que, para a jurisdição civil coletiva, na legislação prevalece a legitimidade **extraordinária**, uma vez que aquele que age em juízo em defesa de direito alheio, como nos casos em que figura o Ministério Público, o titular é "identificável e individualizável" (Fiorillo, 2008, p. 78).

Numa última classificação para a presente análise, surgem os chamados *elementos da ação*, os quais compõem a identidade da ação. Em termos práticos, esses elementos estão vinculados a determinados fenômenos processuais, como a litispendência, a perempção, a coisa julgada, a conexão, a continência e a prejudicialidade externa. Tais elementos fornecem dados para solucionar eventuais questionamentos dos fenômenos aqui descritos quando surgem numa demanda judicial.

A seguir, elencamos os elementos que trazem identificação para a ação:

» as partes;
» o pedido; e
» a causa de pedir.

Nas demandas ambientais, as associações civis estão autorizadas a atuar como sujeito ativo nas ações coletivas. É necessário que conste expressamente nos seus respectivos estatutos a finalidade institucional de defesa do meio ambiente ou, pelo menos, de defesa dos direitos difusos e coletivos.

Como foi aqui anteriormente aventado, há casos em que o juiz pode dispensar a exigência legal de constituição da associação de pelo menos um ano, atendendo àquelas situações em que a associação justamente surge após o evento que se pretende discutir pela via judicial. A dispensa de pré-constituição pode ser adotada nas demandas fundamentadas no CDC e na LACP, contudo não está autorizada quando se trata de mandado de segurança coletivo, evitando-se, assim, o conflito do texto constitucional (CF/1988, art. 5, LXX, "b") com lei infraconstitucional.

As associações civis, nas causas ambientais, gozam da legitimação extraordinária para atuar na demanda como responsáveis pela sua devida condução, e não como meros substitutos processuais. Uma vez dispondo dessa legitimidade, a associação vai pleitear no processo seus interesses de modo concorrente com outros organismos também legitimados, como é o caso do Ministério Público (CF/1988, art. 129, III).

Assim, diante desse cenário, "cada um dos colegitimados pode, sozinho, promover a ação coletiva, sem que seja necessária anuência ou autorização dos demais" (Fiorillo, 2008, p. 380). O pedido formulado na peça inicial é o elemento que fornece o "corte" da assistência jurisdicional, ou seja, os limites aos quais o juízo deverá atender para conduzir as atividades processuais. Greco Filho (1997, p. 98) explica que o fato e o fundamento jurídico do pedido compõem a chamada *causa de pedir* (*causa petendi*), que visa descrever a verdadeira relação existente entre autor e réu, indicando, além do fundamento jurídico para as pretensões do autor, a justificativa do pedido de tutela jurisdicional.

Afinal, cabe ao juiz conhecer a lei, mas não se pode exigir que ele saiba de todos os pormenores das relações tratadas no meio social. Greco Filho (1997) ensina que o sistema processual brasileiro adotou a **teoria da substanciação**, pela qual a petição inicial define a causa. Uma vez apresentada em juízo e devidamente citada a parte contrária, não poderá ser alterado o seu conteúdo, ou seja, a sua causa de pedir. Essa mesma petição inicial serve para que o juiz da causa, mesmo antes da citação do réu, aprecie se há condições para o prosseguimento do feito. Sendo assim, ela colabora com os possíveis fundamentos para o seu indeferimento (CPC, art. 330, § 1º).

6.2 Procedimentos no processo administrativo ambiental

Antes de falarmos em jurisdição propriamente dita, aquela exercida pelo Poder Judiciário, não podemos esquecer aqueles procedimentos desenvolvidos em especial no âmbito do Poder Executivo, quando essa entidade atua no sentido de apurar determinadas situações relacionadas aos seus governados.

O Poder Público dispõe da prerrogativa de fazer uso exclusivo da força a fim de pacificar as relações existentes na sociedade. Contudo, tal ação não é realizada de modo deliberado; ao contrário, é conferida ao indivíduo, quando numa investigação, a possibilidade de se defender de uma eventual imputação de fatos que, dada a sua caracterização, vinculam uma punição.

Os órgãos do Poder Executivo, justamente por estarem em contato direto com os cidadãos, estão autorizados a apurar fatos e aplicar multas quando evocados para tal. De modo geral, o cidadão é chamado a defender-se quando age em desacordo ao disposto na legislação em vigor, ou seja, quando comete algum tipo de infração.

A fim de dar consecução ao presente estudo, lançamos o olhar sobre as infrações ambientais que, dada a sua natureza, são apuradas (mensuradas) pelo Instituto Brasileiro do Meio Ambiente e dos Recursos Naturais Renováveis (Ibama) e pelos demais órgãos que compõem o Sistema Nacional do Meio Ambiente (Sisnama).

Qualquer procedimento desenvolvido para apurar as infrações administrativas deve atender a determinados preceitos descritos em lei, uma vez que os atos do Poder Público dependem de legitimidade, como foi tratado no Capítulo 1 deste livro.

Conforme a doutrina pátria, há uma distinção teórica entre *procedimento* e *processo* administrativo. Nesse entendimento, "processo é o conjunto de atos coordenados para a obtenção de decisão sobre uma controvérsia no âmbito judicial ou administrativo; procedimento é o modo de realização do processo, ou seja, o rito processual" (Meirelles, 1997, p. 591).

Apesar dessa distinção, a denominação *processo administrativo* é usualmente aplicada a todos os atos formais realizados quando a Administração Pública, nos limites da sua competência, procura apurar faltas disciplinares envolvendo seus agentes ou controvérsias relacionadas com os administrados, como é o caso do processo administrativo de natureza tributária e o de natureza ambiental, sendo este último de maior interesse ao nosso estudo.

Uma importante fonte para tais procedimentos é a Lei n. 9.784, de 29 de janeiro de 1999 (Brasil, 1999b), que versa sobre o processo administrativo no âmbito da Administração Pública federal. Essa legislação influenciou algumas produções legais sobre o mesmo tema na órbita de alguns estados-membros e municípios brasileiros.

Nesse texto legal se encontram os direitos do administrado quando numa demanda na esfera administrativa:

> Art. 3º O administrado tem os seguintes direitos perante a Administração, sem prejuízo de outros que lhe sejam assegurados: I – ser tratado com respeito pelas autoridades e servidores, que deverão facilitar o exercício de seus direitos e o cumprimento de suas obrigações;
> II – ter ciência da tramitação dos processos administrativos em que tenha a condição de interessado, ter vista dos autos, obter cópias de documentos neles contidos e conhecer as decisões proferidas;
> III – formular alegações e apresentar documentos antes da decisão, os quais serão objeto de consideração pelo órgão competente;
> IV – fazer-se assistir, facultativamente, por advogado, salvo quando obrigatória a representação, por força de lei.
> (Brasil, 1999b)

Observando o conteúdo do art. 3º dessa lei, identificamos princípios consagrados pelo ordenamento jurídico pátrio, os quais foram oportunamente tratados no capítulo introdutório deste livro, tais como os princípios da publicidade, da ampla defesa, da moralidade e da impessoalidade.

A fim de aparelhar a ação do Poder Público na defesa do meio ambiente, foi criada a Lei n. 9.605, de 12 de fevereiro de 1998 (Brasil, 1998c), que teve por objetivo atender mais especificamente às sanções penais e administrativas relacionadas com as práticas lesivas ao meio ambiente. Essa legislação foi complementada pelo Decreto n. 3.179, de 21 de setembro de 1999 (Brasil, 1999a), que foi revogado pelo Decreto n. 6.514, de 22 de julho de 2008 (Brasil, 2008a).

A referida lei, chamada de *Lei dos Crimes Ambientais*, garante ampla defesa e contraditório quando da instauração do processo administrativo (art. 70, § 4º). Aliás, essa mesma legislação indica a competência administrativa para o impulso inicial quando apurada uma infração ambiental:

> Art. 70. [...]
> § 1º São autoridades competentes para lavrar auto de infração ambiental e instaurar processo administrativo os funcionários de órgãos ambientais integrantes do Sistema Nacional de Meio Ambiente – SISNAMA, designados para as atividades de fiscalização, bem como os agentes das Capitanias dos Portos, do Ministério da Marinha.
> (Brasil, 1998c)

Essa disposição legal indica que o servidor lotado nas funções do Ibama tem inegável competência para lavrar o auto de infração administrativa de natureza ambiental.

Notemos que a Lei n. 10.410, de 11 de janeiro de 2002 (Brasil, 2002b), no seu art. 4º, inciso I, é clara ao indicar que umas das funções do analista ambiental é o exercício da fiscalização, assim como a do técnico ambiental, mas neste último caso há uma particularidade:

> Art. 6º São atribuições dos titulares do cargo de Técnico Ambiental:
> [...]
> Parágrafo único. O exercício das atividades de fiscalização pelos titulares dos cargos de Técnico Ambiental deverá ser precedido de ato de designação próprio da autoridade ambiental à qual estejam vinculados e dar-se-á na forma de norma a ser baixada pelo Ibama ou pelo Instituto Chico Mendes de Conservação da Biodiversidade – Instituto Chico Mendes, conforme o Quadro de Pessoal a que pertencerem.

No caso do técnico ambiental, como se observa no disposto na legislação pátria, sua atividade de fiscalização não nasce diretamente com o cargo que ocupa (ao contrário do analista ambiental, que já dispõe de tal prerrogativa), pois depende de uma determinação da autoridade ambiental num nível hierárquico superior para que exerça as atividades de fiscalização, tendo como consequência a prerrogativa de lavrar o auto de infração ambiental.

Até aqui tratamos de uma estrutura funcional vinculada ao Ibama, mas não podemos esquecer que no Brasil foi desenvolvido o Sisnama justamente para envolver os estados-membros e municípios na atividade de proteção ao meio ambiente.

No contencioso administrativo, os entes políticos estão autorizados a auxiliar na fiscalização do meio ambiente quando devidamente imbuídos de tal função, pois a lei pátria determina a seguinte estrutura funcional:

> Art 6º Os órgãos e entidades da União, dos Estados, do Distrito Federal, dos Territórios e dos Municípios, bem como as fundações instituídas pelo Poder Público, responsáveis pela proteção e melhoria da qualidade ambiental, constituirão o Sistema Nacional do Meio Ambiente – SISNAMA, assim estruturado:
> [...]
> IV – órgãos executores: o Instituto Brasileiro do Meio Ambiente e dos Recursos Naturais Renováveis – IBAMA e o Instituto Chico Mendes de Conservação da Biodiversidade – Instituto Chico Mendes, com a finalidade de executar e fazer executar, como órgão federal, a política e diretrizes governamentais fixadas para o meio ambiente;
> V – Órgãos Seccionais: os órgãos ou entidades estaduais responsáveis pela execução de programas, projetos e pelo controle e fiscalização de atividades capazes de provocar a degradação ambiental;
> VI – Órgãos Locais: os órgãos ou entidades municipais, responsáveis pelo controle e fiscalização dessas atividades, nas suas respectivas jurisdições;

> § 1º Os Estados, na esfera de suas competências e nas áreas de sua jurisdição, elaboração normas supletivas e complementares e padrões relacionados com o meio ambiente, observados os que forem estabelecidos pelo CONAMA.
>
> § 2º Os Municípios, observadas as normas e os padrões federais e estaduais, também poderão elaborar as normas mencionadas no parágrafo anterior. (Brasil, 1981)

Desse modo, o ente federativo que esteja integrado ao Sisnama por meio de um órgão específico ambiental e que constitua servidores devidamente autorizados pela autoridade ambiental a exercer a função fiscalizadora tem seus atos amparados no art. 70, parágrafo 1º, da Lei n. 9.605/1998.

Essa solução de compartilhar com os órgãos ambientais dos demais entes da federação as atividades de fiscalização e controle ambiental se justifica pela imensa extensão do território brasileiro, sendo que, caso tais atividades estivessem centralizadas, recairia sobre a União pesada responsabilidade.

Ademais, Machado (2010, p. 329) nos lembra que a União, em matéria ambiental, tem competência para estabelecer normas gerais (CF/1988, art. 24, VI), enquanto os estados e os municípios (CF/1988, art. 24, § 2º) gozam de competência suplementar, inclusive, segundo esse autor, no tocante à infração administrativa tratada na Lei n. 9.605/1998.

Uma vez identificada a legitimidade para a lavratura do auto de infração, há um conjunto de prazos a serem observados para o processamento da infração administrativa ambiental (Lei n. 9605, art. 71). Esses prazos, que não podem ultrapassar 30 dias por fase, são fiscalizados pela própria Administração para que o processo não caia na morosidade, comum aos ambientes burocráticos, independentemente da manifestação do acusado (Machado, 2010, p. 330).

Os procedimentos para a apuração dos fatos são próprios de cada órgão, mas não podem estar em contrariedade ao disposto na Lei n. 9.605/1998 e na Lei n. 9.784/1999, as quais traçam alguns direitos ao acusado (como ampla defesa e contraditório) e determinam alguns procedimentos à Administração (como prazos e padronização dos documentos).

Ao cidadão, quando da apresentação da sua defesa, cabe encaminhar suas razões por escrito em petições estruturadas conforme indica o art. 319 do CPC, guarnecidas de elementos probatórios, ou, ainda, conforme modelo específico indicado pelo órgão ambiental competente.

Quando a autoridade fiscalizadora for o Ibama, o administrado pode se orientar pela Instrução Normativa n. 8, de 18 de setembro de 2003 (Brasil, 2003b), a qual dispões de alguns procedimentos próprios dessa autarquia ambiental:

> Art 10. O requerimento de defesa ou de impugnação deverá ser formulado por escrito e poderá ser protocolizado em qualquer unidade administrativa do IBAMA, que o encaminhará imediatamente à unidade de jurisdição do cometimento da infração, e conterão obrigatoriamente os seguintes dados:
> I – órgão ou autoridade administrativa a que se dirige;
> II – identificação do interessado ou de quem o represente;
> III – número do auto de infração correspondente;
> IV – endereço do requerente, ou indicação do local para o recebimento de notificações, intimações e comunicações;
> V – formulação do pedido, com exposição dos fatos e seus fundamentos;
> VI – apresentação de provas e demais documentos de interesse do requerente e;
> VII – data e assinatura do requerente, ou de seu representante legal;
> [...] (Brasil, 2003b)

Conforme indica o art. 71, inciso I, da Lei n. 9.605/1998, o acusado tem 20 dias para apresentar a defesa, contados a partir da sua ciência da infração. Quando o auto de infração é lavrado, o acusado assina junto com a autoridade que o lavrou; assim, toma ciência no exato momento. Contudo, caso o infrator não esteja no local no momento da lavratura do auto, a autoridade pode encaminhá-lo via postal, com aceite e recebimento (AR), para que o prazo de defesa se inicie. Caso o infrator seja desconhecido, incerto ou seu endereço domiciliar seja de difícil identificação, a Lei n. 9.784/1999, no seu art. 26, parágrafo 4º, recomenda que a autoridade intime o infrator via publicação oficial.

É opção do acusado formular sua defesa ainda nas fases iniciais do processo administrativo. Caso opte pelo silêncio, essa atitude não significa que esteja aceitando os fatos descritos no auto de infração. Em fases posteriores, pode o acusado apresentar a sua defesa, desde que ainda haja oportunidade para tal.

É garantido ao administrado o direito a um advogado, como está indicado no art. 10, parágrafo 1º, da Instrução Normativa Ibama n. 8/2003, e, ainda, caso os procedimentos do órgão público ambiental que lavrou o auto de infração não tenham favorecido condições mínimas de defesa, há uma nítida possibilidade de anulação de tais procedimentos, haja vista o disposto nos arts. 53 e 54 da Lei n. 9.784/1999, pois o direito de defesa constitui um dos alicerces do Estado democrático de direito, reconhecido, aliás, na CF/1988.

Uma vez encerrado o processo administrativo, inclusive considerando as possibilidades de recurso, ao administrado são impostas as seguintes penalidades, conforme o art. 72 da Lei n. 9.605/1998:

> Art. 72. [...]
> I – advertência;
> II – multa simples;
> III – multa diária;
> IV – apreensão dos animais, produtos e subprodutos da fauna e flora, instrumentos, petrechos, equipamentos ou veículos de qualquer natureza utilizados na infração;
> V – destruição ou inutilização do produto;
> VI – suspensão de venda e fabricação do produto;
> VII – embargo de obra ou atividade;
> VIII – demolição de obra;
> IX – suspensão parcial ou total de atividades;
> [...]
> XI – restritiva de direitos. (Brasil, 1998c)

Notemos que a autoridade ambiental está autorizada a aplicar a pena de multa independentemente de uma aplicação prévia da advertência, uma vez que a advertência não é um direito subjetivo do infrator, mas poder discricionário do agente autuante.

6.3 Ação civil pública ambiental

A LACP, que regulamentou a chamada *ação civil pública*, estendeu ao Ministério Público a possibilidade de atuar na esfera civil (além da criminal, que, em regra, é da sua competência ativa). Desse modo, houve a ampliação da atuação na esfera jurisdicional agindo na defesa de interesses extensivos a toda a coletividade.

Acontece que a mesma lei não conferiu exclusividade ao promotor de justiça no uso desse instrumento. Considerando que o conteúdo dessa ação visa atender à tutela dos interesses **metaindividuais**, também estão autorizados a recorrer ao instituto demais colegitimados (LACP, art. 5º), de modo concorrente e disjuntivo, instituições e entidades públicas e privadas, sendo que:

> *essa ação não é pública porque o Ministério Público pode promovê-la, a par de outros colegitimados, mas sim porque ela apresenta um largo espectro social de atuação, permitindo o acesso à justiça de certos interesses metaindividuais que, de outra forma, permaneceriam num certo limbo jurídico.* (Mancuso, 2001, p. 21-22)

Ao estudarmos a natureza jurídica da ação civil pública (material ou processual), cabe observarmos que o texto da lei que a regulamentou serviu na instrumentalização destinada à efetiva aplicação de direitos consagrados, como aqueles expressos na Lei n. 6.938, de 31 de agosto de 1981 (Brasil, 1981), a qual dispõe sobre a Política Nacional do Meio Ambiente.

Desse modo, está evidenciada a natureza **processual** desse instituto, como pode ser observado nos arts. 19 e 21 da LACP, uma vez que, por ocasião de uma ação desse caráter, "o pedido e a condenação devem basear-se em disposições de Direito Material da União, do Estado ou do Município que tipifique a infração ambiental a ser coibida e punida juridicamente" (Meirelles, 1997, p. 506-507).

O objeto dessa espécie de ação pode ser entendido num sentido amplo, pois o art. 1º da LACP abre um precioso leque destinado à interpretação dos aplicadores do direito. Mesmo assim, não podemos esquecer que o seu art. 3º dá sinais claros de se tratar de um instituto de **natureza condenatória *lato sensu***, acrescido dos indícios trazidos pelo seu art. 11, o qual dá ao instituto uma **natureza cominatória**.

De qualquer modo, o sentimento que motiva a parte autora a recorrer a esse tipo de instrumento é o desejo de cessar ações que poluem o meio ambiente. O maior interesse não está nas penas pecuniárias impostas ao poluidor, aliás, essas imposições apenas servem para coibir condutas que venham a agredir a natureza de forma injustificada em detrimento da sociedade. Também não é o foco desse procedimento jurisdicional criar embaraços no interior do Poder Público, posto que o controle judicial disponibilizado à coletividade, por meio do Ministério Público e das associações civis, não implica atribuir "ao Judiciário o poder de criar políticas ambientais, mas tão só o de impor a execução daquelas já estabelecidas na Constituição, nas leis ou adotadas pelo próprio governo" (Mirra, citado por Mancuso, 2001, p. 45).

A lei que regulamenta a ação civil pública recebeu preciosa contribuição do CDC, o qual ampliou a esfera de atuação do instituto de jurisdição coletiva, como se observa no art. 110 do referido código ao se tratar da defesa dos direitos difusos, assim como dos direitos individuais homogêneos (CDC, art. 91). Desse modo, a ação civil pública se converteu num instrumento de defesa dos interesses coletivos *lato sensu*, tais como na defesa do meio ambiente, do patrimônio público, das relações de consumo e da ordem econômica.

O entendimento é que a ação civil pública se presta a socorrer os direitos difusos quando estes são lesados. A novidade é o tratamento conferido a esse instrumento dos direitos individuais homogêneos, descritos no art. 81, parágrafo único, inciso III, do CDC, o que se constitui em uma nova modalidade de ação coletiva trazida pela evolução jurídica do país.

Outro aspecto inovador trazido por esse instituto é o de que a LACP prevê um fundo a ser desenvolvido com os valores pecuniários, em moeda corrente no Brasil, obtidos nas respectivas condenações dos poluidores (art. 13).

Desse modo, a sociedade não fica na dependência da gerência do Poder Executivo para levantar recursos oriundos do orçamento público, destinando-os à reparação do dano ambiental, pois basta recorrer ao recurso já existente no fundo criado para o fim de recomposição dos bens e interesses lesados. Afinal, "não se trata nessa ação de ressarcir as vítimas pessoais da agressão ambiental, mas de recuperar ou tentar recompor os bens e interesses no seu aspecto supraindividual" (Machado, 2010, p. 366).

Fica entendido que é transferido ao poluidor o encargo de dar algum benefício à comunidade, uma vez que o seu lucro foi obtido a partir da exploração do meio natural. Assim como as mazelas ambientais são socializadas com toda a comunidade, os benefícios extraídos da natureza também o são, quando convertidos em forma de reparação do meio natural que serve de sustento a uma vida social digna.

6.3.1 Procedimentos para a proposição da ação civil pública

O primeiro aspecto a ser observado refere-se à legitimidade ativa para intentar a ação civil pública. Conforme o art. 82 do CDC e o art. 5º da LACP, são considerados legitimados ativos nesse caso:

> Art. 5º. [...]
> I – o Ministério Público;
> II – a Defensoria Pública;
> III – a União, os Estados, o Distrito Federal e os Municípios;
> IV – a autarquia, empresa pública, fundação ou sociedade de economia mista;
> V – a associação que, concomitantemente:
> a) esteja constituída há pelo menos 1 (um) ano nos termos da lei civil;
> b) inclua, entre suas finalidades institucionais, a proteção ao meio ambiente, ao consumidor, à ordem econômica, à livre concorrência ou ao patrimônio artístico, estético, histórico, turístico e paisagístico. (Brasil, 1985)

Após analisada a capacidade ativa da parte que, de algum modo, sentiu-se diretamente lesada ou interessada em relação aos fatos repreendidos nessa legislação, é processada a petição inicial no juízo competente (CDC, art. 93) e, mesmo antes (e depois) da notificação do réu, é expedido edital objetivando anunciar a existência da demanda aos demais possíveis interessados, também lesados pelas condutas do réu, que ainda não se habilitaram nos autos e, com isso, possam intervir no feito como litisconsortes.

Contudo, no dizer de Fiorillo (2008, p. 418), mesmo que não componha o litisconsórcio ativo na fase de conhecimento, o terceiro pode aguardar o trânsito em julgado da respectiva sentença condenatória e são autorizados à habilitação durante a execução coletiva aqueles que não participaram da fase de conhecimento, sendo expedido, para tanto, um novo edital. A justificativa desse autor para tal procedimento é a de que o conteúdo da demanda dessa natureza visa atender a direitos individuais homogêneos plenamente "divisíveis e disponíveis", e a sentença condenatória, via de consequência, é proferida de modo genérico "reconhecendo a responsabilidade pela indenização coletiva" (Fiorillo, 2008, p. 418).

Esse tema é de extrema relevância, uma vez que as pretensões da parte autora são as determinantes da natureza do direito ali pleiteado: difuso, coletivo ou individual homogêneo. Ao ser determinada essa natureza, é possível dimensionar na fase de execução o *quantum debeatur* da sentença condenatória, pois cabe ao réu ressarcir os prejuízos impostos os autores, mas cabe a estes últimos comprovar o prejuízo e a extensão do dano, isto é, é requisitado às partes interessadas que comprovem a sua relação com os fatos descritos na petição inicial.

Em fase anterior à propositura da ação civil pública, está autorizado o Ministério Público a buscar elementos comprobatórios que possam fundamentar a referida ação. Esse procedimento é conhecido como *inquérito civil*, previsto no art. 8º da LACP e, mais recentemente, no art. 129, inciso III, da CF/1988.

O inquérito civil se assemelha ao inquérito policial, uma vez que visa colher informações e elementos sobre fatos que, de algum modo, contrariam o disposto na Lei n. 6.938/1981.

O procedimento que orienta as atividades desenvolvidas no inquérito civil é o **inquisitório**, sendo que não se admite contraditório e, nessa fase, não se impõe aos investigados qualquer sanção, pois, como foi dito, trata-se "de um instrumento de reunião de provas, com o fim de aparelhar o Ministério Público para a propositura de eventual ação civil pública" (Fiorillo, 2008, p. 420).

Mesmo diante desse entendimento, o promotor de justiça não está obrigado a propor qualquer ação por ocasião do inquérito civil, já que, não constatando qualquer fato ou elemento que agrida o texto legal, o *parquet* está autorizado a solicitar o arquivamento das peças de informação, remetendo-as ao Conselho Superior do Ministério Público para a sua apreciação (LACP, art. 9º, § 2º). Caso contrário, o promotor de justiça, identificando no inquérito civil materialidade de um crime e, ainda, indícios de autoria, está autorizado a promover concomitantemente a ação civil pública e a ação penal pública.

No dizer de Machado (2010, p. 367), o texto da Lei Maior de 1988 concedeu uma autonomia ao Ministério Público, por meio de determinados institutos, numa dimensão jamais vista na história republicana do país. Essa autonomia está garantida inicialmente pela nomeação do procurador-geral da República, que deve ser oriundo da carreira do Ministério Público (CF/1988, art. 128, § 1º). Outros fatores de garantia da autonomia são a **vitaliciedade** do cargo, a **inamovibilidade**, salvo em atendimento ao interesse público, e a **irredutibilidade de vencimentos** (art. 128, I, "a", "b" e "c").

Finalmente, o Ministério Público conquista plena independência funcional com a Carta Magna de 1988, uma vez que é a partir desse texto legal que lhe é conferida a possibilidade de elaborar proposta orçamentária própria e, ainda, de criar e extinguir cargos (CF/1988, art. 127, § 2º).

Diante dessas determinações constitucionais, são garantidas a autonomia e a independência para que o Ministério Público possa zelar da lei e dos interesses da coletividade sem a interferência de qualquer órgão do Poder Público. Diante desse cenário, na qualidade de sujeito ativo para propor a ação civil pública, goza o *parquet* de serenidade, até mesmo para ir contra os atos das pessoas jurídicas de direito público quando na iminência de ameaças ao meio ambiente.

O art. 5º, parágrafo 6º, da LACP trata do **compromisso de ajustamento** que é promovido pelos órgãos públicos competentes para possibilitar aos possíveis réus da ação civil pública o "compromisso de ajustamento de sua conduta às exigências legais, mediante cominações, que terá eficácia de título executivo extrajudicial".

Esse instituto visa encurtar as disputas internas de um processo judicial, uma vez que o réu assume a própria culpa num documento expresso, o qual pode converter-se em título executivo extrajudicial, caso haja um descuido por parte de quem deveria tomar uma determinada postura e não agiu nesse sentido. Caso atenda às exigências estipuladas pelo *parquet*, poderá obter benefícios no interior da demanda.

É importante destacarmos que o compromisso de ajustamento é um documento objetivo, claro, com o seu objeto delimitado e devidamente expresso. Assim, se uma empresa poluidora avançar na sua agressão ao meio ambiente, além daquele limite já descrito no documento, fica descoberta por esse instituto, criando, assim, às partes legitimadas, condições de recorrer ao Poder Judiciário e discutir, pela via judicial, sobre os eventos não contidos nesse documento.

Para a efetiva homologação do ajustamento, Fiorillo (2008, p. 422), citando Édis Milaré, destaca os seguintes requisitos:

» É necessário reparar o dano na sua integralidade, pois o direito violado (o qual é tratado na LACP) é de natureza **indisponível**.

» O texto do documento de ajustamento deve caracterizar-se pela objetividade, posto que nele são determinados os fatos a fim de se estipularem precisamente as obrigações das partes e, assim, criar mais validade para um possível título executivo extrajudicial.

» Por ocasião de um possível inadimplemento, é obrigatório estipular no texto do documento as cominações adaptadas ao caso em que se aplica.

» Quando o Ministério Público não figura como sujeito ativo da lide, é necessária a sua anuência expressa.

6.3.2 Inovações na ação civil pública

Há projetos de lei que visam melhorar importantes institutos jurídicos de defesa dos interesses coletivos, como é o caso do Projeto de Lei n. 5.139, de 29 de abril de 2009 (Brasil, 2009b), que traz inovações para a ação civil pública destinada à tutela de interesses difusos, coletivos ou individuais homogêneos. Esse projeto teve origem no Poder Executivo e seguiu a tramitação regular pela Câmara dos Deputados, inclusive pelo crivo da Comissão de Constituição e Justiça e de Cidadania (CCJC), recebendo algumas emendas dos parlamentares, visando melhorar a defesa dos interesses coletivos.

O substitutivo (Brasil, 2009b) do referido projeto de lei amplia a atuação do Ministério Público, que passaria a iniciar e a conduzir o inquérito civil; aliás, essa medida apenas visa adequar algo que já estava consagrado no texto constitucional.

Como o CPC também se encontra em fase de inovação, a nova ação civil pública absorveu uma tendência jurídica focada na solução dos conflitos por meios pacíficos e dinâmicos. Para tanto, o substitutivo, no seu art. 19, parágrafo 1º, permite ao juiz da causa recorrer ao uso da mediação e da arbitragem sobre direitos disponíveis em discussão na demanda. Tais procedimentos podem constituir títulos executivos extrajudiciais logo no início da demanda, evitando-se, assim, procedimentos judiciais desnecessários, uma vez que o objetivo final é o entendimento e a satisfação dos sujeitos envolvidos.

O substitutivo, no seu art. 6º, mantém um amplo rol de legitimados concorrentes para a propositura da ação. Não houve uma tentativa de restringir o uso do *writ*, ao contrário, são várias as entidades da sociedade civil organizada autorizadas a recorrerem ao instituto, auxiliando na atuação do Ministério Público, que já faz uso do instituto por motivação da lei, ou seja, por dever funcional.

O Capítulo IX do substitutivo traz uma inovação amparada nas modernas tecnologias de comunicação e informação (TICs), propondo a criação de um cadastro nacional de processos coletivos, assim como um cadastro nacional de inquéritos civis e de compromissos de ajustamento de conduta. Com a criação desse banco de dados, seria possível ampliar o controle sobre o ajustamento da conduta de agentes que, de algum modo, contribuíram na agressão ao interesse coletivo.

Já o Capítulo XI do mesmo documento propõe um programa extrajudicial de prevenção e de reparação de danos. Essa inovação procura aproximar as partes envolvidas na disputa pelo direito lesado, de modo a colaborar para que elas encontrem uma solução pacífica, eficiente e rápida às controvérsias surgidas, ficando o Poder Judiciário e o Ministério Público como observadores zelosos pela preservação da boa conduta e da lei.

6.4 Ação popular ambiental

A ação popular é um instituto jurídico de longa existência. Desde que os ideais liberais da Revolução Francesa consagraram a primazia do texto constitucional sobre as demais produções legais de um país, a ação popular já estava ali reconhecida como remédio constitucional destinado a socorrer os interesses difusos em ações de natureza privada. Seguindo essa tradição, a sua figura está expressa no texto constitucional de 1988, no seu art 5°, inciso LXXIII.

O texto de 1988 é uma evolução do disposto em textos constitucionais precedentes, que atentavam restritamente à proteção do patrimônio público, principalmente aos bens mensuráveis em moeda corrente.

Ferreira Filho (1983, p. 627), ao comentar o parágrafo 31 do art. 153 da Emenda Constitucional n. 1, de 17 de outubro de 1969 (Brasil, 1969a), esclarece que a ação popular é um instituto nascido no direito romano, que concedia a qualquer cidadão a capacidade de agir como fiscal do bem comum. Modernamente, observa esse autor, a ação popular está presente nas diversas constituições europeias, inclusive existiu no Estado nazista, possibilitando a prestação jurisdicional contra "atos do Poder Público lesivo ao patrimônio da coletividade".

> Art. 153. A Constituição assegura aos brasileiros e aos estrangeiros residentes no País a inviolabilidade dos direitos concernentes à vida, à liberdade, à segurança e à propriedade, nos têrmos seguintes:
> [...]
> § 31. Qualquer cidadão será parte legítima para propor ação popular que vise a anular atos lesivos ao patrimônio de entidades públicas. (Brasil, 1969a)

Sob essa interpretação, associada ao texto (ainda vigente) da Lei n. 4.717, de 29 de junho de 1965 (Brasil, 1965), o conteúdo da expressão *atos lesivos*, ao se tratar dos vícios do ato administrativo, estava associado à quebra da moralidade administrativa, anulável mesmo em se tratando de um ato formalmente perfeito (Ferreira Filho, 1983, p. 630).

Apenas a partir de 1988 vemos estendido o alcance da ação popular, uma vez que passou a ser do seu encargo salvaguardar direitos difusos, os quais também tiveram seus conteúdos mais bem conceituados pela própria legislação nesse período histórico, juntamente com os demais **direitos metaindividuais**. Ao estudarmos esse *writ* constitucional, surge uma dúvida quanto ao seu objeto, cuja determinação, aliás, é de grande relevância, como demonstraremos a seguir.

A ação popular, em atenção ao conteúdo do art. 5º, inciso LXXIII, da CF/1988, pode ter dois objetos de ação, conforme a natureza jurídica do bem tutelado: um de natureza pública (patrimônio público) e outro de natureza difusa (meio ambiente):

> Art. 5º [...]
> LXXIII – qualquer cidadão é parte legítima para propor ação popular que vise a anular ato lesivo ao patrimônio público ou de entidade de que o Estado participe, à moralidade administrativa, ao meio ambiente e ao patrimônio histórico e cultural, ficando o autor, salvo comprovada má-fé, isento de custas judiciais e do ônus da sucumbência;
> [...] (Brasil, 1988)

É apenas diante do caso concreto que podemos determinar o procedimento correto para o instituto aqui em estudo. Assim, se a ameaça é contra o meio ambiente, o procedimento para o feito é aquele previsto na LACP e no CDC, configurando, assim, a **base da jurisdição civil coletiva**. Contudo, se o bem lesado, ou na iminência de sê-lo, é de natureza pública, os procedimentos estão descritos na Lei n. 4.717/1965. De qualquer modo, é necessário que o sujeito ativo demonstre sensibilidade para não promover o meio errado para buscar suas pretensões, sob pena de indeferimento da ação, perdendo, com isso, tempo e recursos.

Nesse sentido, importa considerar o entendimento do Tribunal de Justiça de São Paulo na seguinte decisão:

> Agravo de Instrumento 855.176.5/0-00/ Relator(a): Prado Pereira/ Comarca: Campinas/ Órgão julgador: 12ª Câmara de Direito Público/ Data do julgamento: 18/03/2009/ Data de registro: 27/04/2009
> Ementa: AGRAVO DE INSTRUMENTO _ AÇÃO POPULAR – Projeto de ocupação planejada da Área do Parque II do Polo de Alta Tecnologia de Campinas (CIATEC) – Alteração do desenho e do zoneamento da região – Permissão do uso habitacional familiar vertical – Modificação do perímetro e diretrizes do Polo de Alta Tecnologia de Campinas – Alegação de ilegalidade e lesividade do projeto – Necessidade de avaliação da validade e legitimidade dos impactos do projeto inicial, sob a ótica ambiental e urbanística, mediante supervisão dos órgãos competentes – Suspensão da expedição de alvarás de execução para a instalação de unidades residenciais, sob pena de conferir irreversibilidade ao projeto implementado, caso reconhecida a ilegalidade da atuação administrativa – Concessão de liminar – Possibilidade – Presença dos requisitos legais ensejadores da medida de urgência – Adequação da causa popular ao fim almejado pelo cidadão – Inteligência do artigo 1º da Lei nº. 4.717/65, combinado com o artigo 5º, inciso LXXIII, da Constituição Federal – Efeitos individuais da norma impugnada, no plano específico da legalidade, que podem ser contestados por intermédio de ação popular – Confirmação integral do ato decisório atacado – **Improvimento**. (São Paulo, 2009a, grifo do original)

E, ainda, do mesmo pretório:

> Agravo de Instrumento 521.502.5/9-00/Relator(a): Lineu Peinado/ Comarca: Pirajuí/ **Órgão julgador:** Câmara Especial de Meio Ambiente/ Data do julgamento: 26/03/2009/ Data de registro: 07/05/2009
> Agravo de instrumento – Ação Popular – Não sendo o Município responsável pela construção não está obrigado a apresentar os relatórios prévios à instalação da obra, sendo seu dever exigi-los do construtor. Aquisição do imóvel que não implica em impossibilidade de ressarcimento dos cofres públicos apta a manter a liminar concedida. Preliminares rejeitadas. Recurso provido. (São Paulo, 2009b)

Curiosa discussão é travada no meio doutrinário quanto à parte autorizada a atuar no polo ativo da ação popular ambiental. O art. 1º, parágrafo 3º, da Lei n. 4.717/1965 reconhece que "qualquer cidadão será parte legítima para pleitear a anulação ou a declaração de nulidade de atos lesivos ao patrimônio" (art. 1º), mas a prova da sua cidadania, que o legitima para ingressar com a ação, "será feita com o título eleitoral, ou com documento que a ele corresponda" (art. 1º, § 3º).

Um dos críticos severos da interpretação restritiva desse texto legal é Fiorillo (2008, p. 426), para quem, com o advento da CF/1988, "qualquer cidadão é parte legítima" para intentar a ação popular, como preceitua o seu art. 5º, inciso LXXIII, assim como o *caput* do seu art. 225, segundo o qual "todos têm direito ao meio ambiente ecologicamente equilibrado". Ademais, esse autor chama a atenção para o *caput* do art. 5º, no qual lemos que "todos são iguais perante a lei, sem distinção de qualquer natureza".

Fazendo menção a esta última citação, o texto constitucional tornou obsoleto o texto da Lei n. 4.717/1965, o qual carece de uma interpretação à luz dos tempos atuais, uma vez que a Constituição de 1988 consagra direitos em prol de todos os "brasileiros e estrangeiros residentes no País".

Contudo, há parte da doutrina pátria que rejeita os argumentos defendidos anteriormente e insiste que o sujeito ativo da ação popular, inclusive de matéria ambiental, é o cidadão, como expresso na Carta Magna, pois cabe ressaltarmos que nesse mesmo texto constitucional existe um capítulo distinto para tratar da nacionalidade (art. 12), e outro para os direitos políticos (art. 14), não estando estes imbricados no mesmo conceito. Assim, "o menor de 16 anos, os demais incapazes ou os que não estão no gozo dos direitos políticos não podem propor a ação" (Temer, 2000, p. 199).

Somam-se a esse rol as pessoas jurídicas (sociedades e associações), as que, conforme a mesma doutrina, não estão autorizadas pelo texto expresso; ademais, conforme a tradição desse *writ*, a decisão para a adoção da ação popular nasce do foro íntimo de um cidadão, ou seja, de uma pessoa física.

O juízo competente para julgar a ação popular ambiental é aquele do **local** onde ocorreu ou deva ocorrer o dano, conforme se extrai da LACP e do CDC, como foi tratado quando da determinação do rito conforme a natureza jurídica do bem tutelado. O local do dano efetivo é levado em consideração independentemente do local onde se iniciou o ato.

É relevante observar o local e o dano para, como foi dito, determinar o procedimento cabível ao caso, pois a finalidade do instituto descrito no art. 5º, inciso LXXIII, da Lei Maior de 1988 é anular **ato lesivo**. Notemos que a palavra *ato* deve ser entendida num sentido amplo: tanto o ato comissivo quanto o omissivo.

O referido *writ* apenas visa obstruir aquelas condutas que estão agredindo ou vão agredir, na sua forma preventiva, os bens tutelados pela CF/1988. Porém, caso o dano venha a consumar-se de tal modo que careça de uma reparação, o procedimento correto é aquele da ação civil pública, uma vez que a ação popular ambiental não tem **caráter indenizatório**, pois ela apenas trata do ato em si, sem abranger as consequências deste.

O sujeito passivo desse tipo de ação é o responsável pelo ato que, de algum modo, lesionou (ativa ou passivamente) o meio ambiente. O conceito de *poluidor* está descrito na Política Nacional do Meio Ambiente, mas cabe ressaltarmos que uma ação omissiva também pode compreender a caracterização do sujeito passivo desse tipo de lide.

> Art. 1º Qualquer cidadão será parte legítima para pleitear a anulação ou a declaração de nulidade de atos lesivos ao patrimônio da União, do Distrito Federal, dos Estados, dos Municípios, de entidades autárquicas, de sociedades de economia mista (Constituição, art. 141, § 38), de sociedades mútuas de seguro nas quais a União represente os segurados ausentes, de empresas públicas, de serviços sociais autônomos, de instituições ou fundações para cuja criação ou custeio o tesouro público haja concorrido ou concorra com mais de cinquenta por cento do patrimônio ou da receita ânua, de empresas incorporadas ao patrimônio da União, do Distrito Federal, dos Estados e dos Municípios, e de quaisquer pessoas jurídicas ou entidades subvencionadas pelos cofres públicos. (Brasil, 1965)

O Poder Público tem o poder-dever de fiscalizar e proteger o meio ambiente, por força do *caput* do art. 225 da Carta Magna de 1988, e a sua omissão pode colocá-lo num litisconsórcio passivo quando acontecer de uma ação popular ambiental, por exemplo, pretender encerrar as atividades de uma empresa poluidora que deveria ser fiscalizada por determinado órgão público competente.

6.5 Mandado de segurança coletivo ambiental

Ao analisarmos o texto constitucional, em especial seu art. 5º, inciso LXIX, deparamo-nos com a figura do mandado de segurança individual, o qual garante o **direito líquido e certo** do cidadão comum quando este é vitimado por ilegalidade ou abuso de poder da "autoridade pública ou agente de pessoa jurídica no exercício de atribuições do Poder Público". Também o inciso LXX do mesmo artigo trata do mandado de segurança destinado a corrigir eventuais desvios de poder, mas, neste último caso, diferentemente do primeiro, o texto legal versa sobre o mandado de segurança coletivo, o qual interessa ao presente estudo.

Como ensina Carvalho Neto (2005, p. 176), o mandado de segurança coletivo foi instituído no ordenamento jurídico pátrio com a CF/1988 e consiste em um simples mandado de segurança no qual o polo ativo dispõe de um número amplo de indivíduos devidamente legitimados para agir na defesa dos seus interesses coletivos.

Ao observarmos a natureza dos legitimados a promoverem o mandado de segurança coletivo, percebemos que é necessário atender a dois elementos que constituem e dão validade ao *writ* (Silva, 1999, p. 459):

1) o elemento institucional, que se refere à própria instituição associativa e às suas condições de defender, ou não, juridicamente os interesses dos seus membros ou associados;

2) o elemento objetivo, que se reflete no uso desse *writ* para "a defesa de interesses coletivos".

Assim, um dos pontos centrais a serem observados quando da intenção de mover o mandado de segurança coletivo diz respeito à legitimação para agir, sendo que nesse caso o texto constitucional reconhece as seguintes instituições: "partido político com representação no Congresso Nacional, organização sindical, entidade de classe ou associação legalmente constituída e em funcionamento há pelo menos um ano, em defesa dos interesses de seus membros ou associados" (CF/1988, art. 5º, LXX, "a" e "b").

Carvalho Neto (2005, p. 184) explica que o objeto do mandado de segurança coletivo é determinado pelo critério da exclusão, ou seja, "qualquer direito líquido e certo, não puramente individual e não amparado por *habeas corpus* ou *habeas data*". Quanto à natureza jurídica do *writ*, o autor ensina que, por se tratar de uma ação mandamental ou, no dizer de Celso Agrícola Barbi, uma ação de conhecimento com procedimento especial de caráter documental passível de execução do julgado, o seu *mandamus* é de caráter coletivo e se constitui em uma ação civil (não penal) de natureza especial.

Ao tratar da tutela dos bens ambientais, o mandado de segurança coletivo, quando na defesa de direito coletivo, também pode ser impetrado pelo membro do Ministério Público, mesmo que a sua legitimação não esteja contida expressamente no art. 5º, e sim no art. 129, inciso III, parágrafo 1º, da Carta Magna de 1988. Essa autorização de agir abre condições para que o *parquet* possa recorrer a esse instituto visando atender aos interesses da coletividade, assim como o autoriza o art. 82 do CDC.

A distinção entre mandado de segurança individual e coletivo diz respeito apenas à legitimidade das partes, pois as regras de direito material são as mesmas desde a evolução do instituto no ordenamento pátrio.

Partindo-se do princípio de que o bem tutelado é o mesmo para ambas as situações, o mandado de segurança coletivo pode vir a atender a interesse individual, assim como o mandado de segurança individual pode tutelar direito coletivo *lato sensu*. Esse *writ* autoriza tais organizações a postularem em juízo com o intuito tão somente de atender aos direitos subjetivos individuais dos seus membros.

Contudo, Silva (1999), mencionando o posicionamento de Celso Agrícola Barbi, defende que o texto constitucional foi expresso ao tratar das associações coletivas, as quais estão limitadas a agir "em defesa dos interesses de seus membros ou associados" (Silva, 1999, p. 461), mas silencia quanto à extensão de atuação dos partidos políticos. Logo, entende o autor, esse tipo de organização está autorizado, pelo silêncio da lei, a ser parte em um mandado de segurança coletivo quando o objeto deste se referir a "interesses legítimos, difusos ou coletivos".

As associações legitimadas, quando pretendem recorrer aos tribunais pátrios na defesa dos interesses dos seus associados, necessitam atentar para o conteúdo de tais interesses, pois resta saber se estes estão relacionados com as finalidades que constituíram a referida organização.

Não basta a autorização expressa no texto constitucional para que essas organizações possam defender os direitos dos seus membros; há a necessidade de que o direito lesado tenha alguma relação com a entidade, uma vez que o objeto desse direito subjetivo pode extrapolar os limites de atuação da referida organização.

A nova Lei do Mandado de Segurança — Lei n. 12.016, de 7 de agosto de 2009 (Brasil, 2009a) —, além de elencar os legitimados a recorrer ao *writ*, também esclarece a dimensão da extensão das pretensões de tais legitimados:

> Art. 21. O mandado de segurança coletivo pode ser impetrado por partido político com representação no Congresso Nacional, na defesa de seus interesses legítimos relativos a seus integrantes ou à finalidade partidária, ou por organização sindical, entidade de classe ou associação legalmente constituída e em funcionamento há, pelo menos, 1 (um) ano, em defesa de direitos líquidos e certos da totalidade, ou de parte, dos seus membros ou associados, na forma dos seus estatutos e desde que pertinentes às suas finalidades, dispensada, para tanto, autorização especial.
> Parágrafo único. Os direitos protegidos pelo mandado de segurança coletivo podem ser:
> I – coletivos, assim entendidos, para efeito desta Lei, os transindividuais, de natureza indivisível, de que seja titular grupo ou categoria de pessoas ligadas entre si ou com a parte contrária por uma relação jurídica básica;
> II – individuais homogêneos, assim entendidos, para efeito desta Lei, os decorrentes de origem comum e da atividade ou situação específica da totalidade ou de parte dos associados ou membros do impetrante. (Brasil, 2009b)

Como podemos observar pelo parágrafo único do art. 21, inciso II, da referida lei, são reconhecidos como *direitos individuais homogêneos* aqueles identificados em uma situação comum à maior parte dos associados de determinada organização legitimada.

Meirelles (2001, p. 28) defende a ideia, seguindo a jurisprudência predominante, de que não é legítima a entidade que se vale de mandado de segurança coletivo para atender a uma pequena parte dos seus associados ou membros.

O autor cita o julgado do Supremo Tribunal Federal – STF (RE n. 157.234-5-DF, Relator Ministro Marco Aurélio, RT 724/228) pelo qual, atendendo-se ao mandado de segurança coletivo impetrado por uma determinada entidade de classe, decidiu-se pela não cobrança de determinado imposto, uma vez que essa contribuição não tinha qualquer relação com as atividades dos membros daquela associação. De igual modo, os sindicatos não estão autorizados a fazer uso desse *writ* quando o seu objeto não disser respeito à categoria profissional que representam. Em ambos os casos, além da legitimidade do sujeito ativo, é discutida a existência, ou não, de direito líquido e certo a ser observado pelo olhar técnico do juiz da futura causa.

Silva (1999, p. 461) ensina que, com a evolução desse *writ*, as sucessivas reformas extirparam do texto legal que o regulamenta a necessidade de comprovação do direito líquido e certo, pois o texto da Lei Maior de 1988, a norma mais atual, trata de "interesses" (CF/1988, art. 5º, LXX, "b") e não de "direitos". Contudo, conclui esse autor, o requisito do direito líquido e certo sempre vai ser uma exigência quando a entidade legitimada se valer do mandado de segurança coletivo para defender direito subjetivo individual. Já nos casos em que a parte legitimada são os sindicatos, na defesa dos interesses coletivos dos seus membros, ou os partidos políticos, na defesa dos interesses coletivos difusos, são exigidos, ao menos, "a ilegalidade e a lesão do interesse que o fundamenta".

O legislador pátrio, ao criar a nova Lei do Mandado de Segurança, deixou expresso nos arts. 1º, 3º e 21 a expressão *direito líquido e certo* para que não haja dúvidas quanto ao reconhecimento da tutela dos interesses das partes legitimadas.

Quando se busca a tutela jurisdicional dos bens ambientais por via do **mandado de segurança coletivo ambiental**, a comprovação do direito líquido e certo pode ser retirada daquilo que se determina no art. 225 da CF/1988 e da Lei n. 6.938/1981, ou seja, a demonstração da violação por ato consciente de agente que depreda e altera as condições de um meio ambiente sadio e equilibrado, digno de ser usufruído pelo povo brasileiro.

Com base nesse entendimento, poderíamos concluir que o sujeito passivo desse tipo de demanda é aquele descrito na Lei n. 6.938/1981, mas a norma constitucional é taxativa ao determinar que esse *writ* apenas é movido contra abuso de poder ou ilegalidade de autoridade pública ou daquele que age em nome do Poder Público. Quanto a essa constatação, cabe ressaltarmos que os agentes, diretos ou indiretos, do Poder Público podem ser considerados corresponsabilizados pelos danos ambientais, já que a sua inércia colabora para o avanço da depredação do meio ambiente natural e, assim, sua omissão pode ser corrigida com o uso de meios jurídicos específicos.

É certo que o mandado de segurança não se presta a indenizar danos já causados, mas a sua aplicação pode compelir a autoridade pública a adotar uma postura mais compromissada com o meio ambiente, impedindo ou motivando determinadas ações objetivas nos três níveis de organização política brasileira, em especial nos municípios onde as relações sociais são mais "visíveis".

6.6 Mandado de injunção ambiental

Desde a consolidação dos Estados liberais, surgidos principalmente da Revolução Francesa e da Convenção da Filadélfia, de 1787, o texto constitucional ganhou importante destaque ao elencar os direitos e os deveres dos cidadãos dos respectivos países que adotaram essa tradição de organização política. Em tese, o texto constitucional de um país é o reflexo da manifestação dos anseios da população, convertidos em texto escrito resultante dos trabalhos de uma assembleia constituinte legitimada para esse fim. Tal documento, nascido da vontade soberana de um povo, deve ganhar eficácia plena do seu conteúdo para a imediata aplicação das normas ali contidas.

É ilógico criar um texto constitucional para que não seja aplicado efetivamente em dada sociedade. No entanto, a realidade jurídica demonstrou que a população em determinadas situações ficava refém da vontade do legislador infraconstitucional, que deveria criar normas regulamentadoras daquelas normas constitucionais de natureza **programática**.

No caso brasileiro, com o advento da Lei Maior de 1988, surgiu o instituto do mandado de injunção, previsto no seu art. 5º, inciso LXXI, o qual veio a somar, com o **controle de inconstitucionalidade por omissão**, meios para que a sociedade cobre do poder competente a devida aplicação do texto legal, em especial os ditames da Carta Magna.

Esse controle do texto constitucional por omissão tem como legitimados os sujeitos descritos no art. 103, incisos I a IX da CF/1988. Já o mandado de injunção tem a sua extensão ampliada quanto aos sujeitos legitimados a recorrer a esse *writ*.

Aliás, o controle de inconstitucionalidade por omissão e o mandado de injunção são institutos distintos e resguardam em si algumas diferenças, mesmo que ambos tratem da falta de normas regulamentadoras que viabilizam o exercício pleno de direitos.

Temer (2000, p. 206) ensina que no primeiro caso apenas se comunica a omissão, por meio de decisão judicial, para que o órgão competente tome as medidas necessárias, enquanto no mandado de injunção cabe ao Judiciário declarar o direito beneficiando o postulante ao desfrutar do seu direito mesmo sem norma regulamentadora:

> Art. 5º [...]
> LXXI – conceder-se-á mandado de injunção sempre que a falta de norma regulamentadora torne inviável o exercício dos direitos e liberdades constitucionais e das prerrogativas inerentes à nacionalidade, à soberania e à cidadania;
> [...] (Brasil, 1988)

Temer (2000) concluiu seu raciocínio defendendo que o Judiciário não está, assim, usurpando as funções do Poder Legislativo, mas apenas declarando o direito dos cidadãos, cabendo ao poder competente corrigir suas omissões. Ademais, a doutrina do processo civil recomenda vários meios de interpretar a norma diante de uma lacuna, por meio dos chamados *mecanismos de integração* (princípios gerais do direito, equidade, analogia, costume).

O mandado de injunção se presta a tornar plenamente viável o exercício dos direitos e liberdades constitucionais e das prerrogativas inerentes à soberania, à cidadania e à nacionalidade, antes passíveis de sofrerem limitações pela ausência de normas infraconstitucionais. Assim, a interpretação para o cabimento do referido instituto deve ser feita da maneira mais ampla possível, a fim de abraçar os casos que, de algum modo, prejudiquem o exercício dos direitos constitucionais já conferidos ao cidadão.

Cabe aqui uma observação quanto ao uso indevido desse *writ*, uma vez que o mandado de injunção se presta a sanar as omissões do texto legal, em especial na órbita infraconstitucional, e não para as omissões da Administração Pública.

De nada adianta evocar o instituto perante o juízo para reclamar de determinadas ausências administrativas, como no caso de um município que não constrói ou aparelha um hospital público, uma vez que o direito e o acesso à saúde já se encontram regulamentados em vasta produção legislativa.

Fiorillo (2008, p. 447) defende que a extensão do instituto recai sobre um espectro maior de direitos constitucionais, uma vez que, para garantir a nacionalidade, a soberania e a cidadania, é necessário atender a uma maior qualidade de vida da população (CF/1988, arts. 5º e 6º), estendendo a órbita do *writ* para os direitos difusos, coletivos e individuais (puros ou homogêneos). Nesse cenário se abraçam os temas ligados com a vida na sua mais ampla interpretação, em especial os bens ambientais.

Os procedimentos para o devido processamento desse instituto estão relacionados com a natureza do bem em disputa. Caso o cidadão comum promova o mandado de injunção individual, o qual visa atender a seus interesses individuais (puros ou homogêneos), o procedimento é o ordinário descrito nos arts. 319 e seguintes do CPC, como já se pronunciou o STF.

O mandado de injunção coletivo, que tem como sujeito ativo uma pessoa coletiva devidamente constituída dentro do ordenamento pátrio, está autorizado a buscar proteção de direitos de qualquer natureza, haja vista a generalidade do texto constitucional que criou o *writ*, e o seu processamento se dá pelos mesmos procedimentos aplicáveis ao mandado de segurança:

> Art. 24. Na ação rescisória, nos conflitos de competência, de jurisdição e de atribuições, na revisão criminal e no mandado de segurança, será aplicada a legislação processual em vigor.
> Parágrafo único. No mandado de injunção e no habeas data, serão observadas, no que couber, as normas do mandado de segurança, enquanto não editada legislação específica. (Brasil, 1990b)

Quando tratamos de bens ambientais, é necessário evocar o sistema de jurisdição civil coletiva, o qual combina procedimentos da LACP (art. 21) e do CDC (arts. 81 e 83).

Esse *writ* apenas pode ser impetrado contra pessoa jurídica de direito público, uma vez que a norma que o autoriza versa sobre matérias de ordem pública (nacionalidade, soberania e cidadania) e seus efeitos visam atacar as deficiências do Poder Público, e não da iniciativa privada.

Temer (2000, p. 209-210) ensina que é competente para julgar o mandado de injunção:

» o STF, quando a norma regulamentadora a ser elaborada for de atribuição "do Presidente da República, do Congresso Nacional, da Câmara dos Deputados, do Senado Federal, das respectivas Mesas dessas Casas, do Tribunal de Contas da União, de um dos Tribunais Superiores, ou do próprio STF" (CF/1988, art. 102, I, "q");

» o Superior Tribunal de Justiça (STJ), quando a regulamentação da norma for da atribuição "de órgão, entidade ou autoridade federal, da administração direta ou indireta, excetuados os casos de competência do Supremo Tribunal Federal e dos órgãos da Justiça Militar, da Justiça Eleitoral, da Justiça do Trabalho e da Justiça Federal" (CF/1988, art. 105, I, "h");

» os tribunais estaduais, considerando-se que, conforme dispositivos da Carta Magna de 1988, os estados estão autorizados a prever nas suas respectivas constituições estaduais a competência para julgar o mandado de injunção contra autoridade e órgãos estaduais e municipais, a exemplo do Estado de São Paulo.

Fica evidente que corrigir as deficiências do Poder Legislativo é um ato consciente de uma sociedade organizada, que, mediante uma ação política efetiva, dentro de um ambiente democrático, garante a justa evolução da produção legal dentro do território nacional, objetivando o bem comum dos cidadãos.

6.7 Direito criminal ambiental

Para que o Estado esteja autorizado a punir o cidadão que se valeu de atividade lesiva ao meio ambiente, é necessário que o ordenamento jurídico vigente assim o determine.

Esse princípio do direito positivo pátrio está expresso no texto do art. 5º da CF/1988:

> Art. 5º [...]
> XXXIX – não há crime sem lei anterior que o defina, nem pena sem prévia cominação legal;
> [...] (Brasil, 1988)

Assim, para que fosse alcançada a defesa objetiva dos interesses comuns do povo quanto aos bens ambientais, as normas infraconstitucionais se encarregaram de tipificar as condutas em desacordo com a moral e a ordem social, bem como de individualizar e mensurar as penas aplicáveis aos agentes quando perante o caso concreto.

Cabe ressaltarmos, atendendo a esse princípio constitucional, que o crime deve ser tipificado anteriormente ao fato ocorrido em concreto. O Poder Público não está autorizado a punir o cidadão conforme a oscilação de interesses, como faziam os monarcas do absolutismo europeu; ao contrário, a pretensão punitiva do Estado democrático nasce do tratamento impessoal dos seus governados e, para que essa postura seja alcançada, é tipificado o crime antes do fato em concreto e punido o sujeito independentemente de quem seja.

Uma vez que o texto constitucional estabeleceu parâmetros para o direito criminal geral, também o fez para o caso específico do direito criminal ambiental:

> Art. 225. [...]
> § 3º As condutas e atividades consideradas lesivas ao meio ambiente sujeitarão os infratores, pessoas físicas ou jurídicas, a sanções penais e administrativas, independentemente da obrigação de reparar os danos causados.
> (Brasil, 1988)

Essa autorização do texto constitucional permitiu a criação no âmbito infraconstitucional de legislação específica para punir as práticas lesivas ao meio ambiente. Tal posicionamento do constituinte atendeu aos interesses da sociedade na defesa da dignidade da pessoa humana, posto que é necessário garantir a incolumidade de um piso vital mínimo para que seja possível satisfazer objetivamente aos direitos sociais consagrados no art. 6º do texto constitucional. É fácil compreender que não é possível garantir ao cidadão o acesso à saúde, à educação, à moradia, à segurança, à previdência social, sem meios materiais saudáveis capazes de garantir uma qualidade de vida digna em favor da população.

Além do conteúdo do Decreto-Lei n. 2.848, de 7 de dezembro de 1940, designado *Código Penal* – CP (Brasil, 1940a), e do Código de Processo Penal (CPP), o legislador pátrio criou a Lei de Crimes Ambientais (Lei n. 9.605/1998), a qual trata dos crimes ambientais.

Observando o conteúdo dessa legislação específica, notamos a descrição de um sistema encarregado de restringir os direitos daqueles indivíduos que, de algum modo, adotaram perante a sociedade uma conduta que causou um dano comum, pois, como foi exaustivamente aqui tratado, o meio ambiente é de interesse difuso dos cidadãos.

Quanto a esse sistema punitivo, Machado (2010, p. 682) observa que a média das penas não ultrapassa quatro anos (salvo nos fatos descritos nos arts. 35, 40 e 54, parágrafo 2°, da Lei n. 9.605/1998), ou seja, o referido sistema punitivo é predominantemente sancionador das pessoas físicas quanto à restrição dos seus direitos, com pouca ênfase nas penas restritivas de liberdade.

Fiorillo (2008, p. 458) ensina que a pena de prisão se constitui em uma instituição antiquíssima que, a partir da Idade Moderna, ganhou importante destaque no ideário de cunho liberal, dado que seu fundamento jurídico tem características notadamente burguesas, de plena identidade com o capitalismo de massa, para que se garanta um ambiente no qual o cidadão "de bem" possa ir e vir livremente "a fim de trabalhar e consumir valores maiores da ordem econômica". E, para que esse cidadão tenha a sua merecida liberdade de consumo, é necessário que indivíduos indesejáveis estejam fora de circulação, fundamento que notadamente encontra respaldo no art. 170 da CF/1988.

O sistema de punições descrito na Lei de Crimes Ambientais é composto por:

» prestação de serviços à comunidade (art. 9°);
» interdição temporária de direitos (art. 10);
» suspensão parcial ou total de atividades (art. 11);
» prestação pecuniária (art. 12);
» recolhimento domiciliar (art. 13).

Caracteriza-se como infrator, de acordo com esse código, qualquer pessoa física imputável. A novidade trazida por essa lei, em seu art. 3º, é a possibilidade de trazer para o polo passivo da demanda a pessoa jurídica, seja pública, seja privada, a qual tem a sua personalidade descaracterizada a fim de apurar a responsabilidade objetiva das diversas pessoas naturais que a integram.

Em ambos os casos, na devida aplicação das sanções, é observado o princípio trazido no art. 5º, inciso XLVI, da CF/1988 quanto à individualização da pena, sendo que, em se tratando de descaracterização da pessoa jurídica, é necessário estabelecer a responsabilidade conforme a participação de cada um dos seu integrantes na medida exata do ato que lesou o meio ambiente.

Trata-se de um critério simples de justiça, o qual dá a cada um aquilo que lhe é cabido pelo direito, evitando-se, assim, que os verdadeiros responsáveis pela infração saiam impunes quando da aplicação das penas.

Outros dois fatores a serem observados quando da aplicação da pena são as circunstâncias atenuantes e agravantes, descritas nos arts. 14 e 15 da Lei dos Crimes Ambientais.

> Art. 14. São circunstâncias que atenuam a pena:
> I – baixo grau de instrução ou escolaridade do agente;
> II – arrependimento do infrator, manifestado pela espontânea reparação do dano, ou limitação significativa da degradação ambiental causada;
> III – comunicação prévia pelo agente do perigo iminente de degradação ambiental;
> IV – colaboração com os agentes encarregados da vigilância e do controle ambiental.
> Art. 15. São circunstâncias que agravam a pena, quando não constituem ou qualificam o crime:
> I – reincidência nos crimes de natureza ambiental;
> II – ter o agente cometido a infração:
> a) para obter vantagem pecuniária;

b) coagindo outrem para a execução material da infração;

c) afetando ou expondo a perigo, de maneira grave, a saúde pública ou o meio ambiente;

d) concorrendo para danos à propriedade alheia;

e) atingindo áreas de unidades de conservação ou áreas sujeitas, por ato do Poder Público, a regime especial de uso;

f) atingindo áreas urbanas ou quaisquer assentamentos humanos;

g) em período de defeso à fauna;

h) em domingos ou feriados;

i) à noite;

j) em épocas de seca ou inundações;

l) no interior do espaço territorial especialmente protegido;

m) com o emprego de métodos cruéis para abate ou captura de animais;

n) mediante fraude ou abuso de confiança;

o) mediante abuso do direito de licença, permissão ou autorização ambiental;

p) no interesse de pessoa jurídica mantida, total ou parcialmente, por verbas públicas ou beneficiada por incentivos fiscais;

q) atingindo espécies ameaçadas, listadas em relatórios oficiais das autoridades competentes;

r) facilitada por funcionário público no exercício de suas funções. (Brasil, 1998c)

Quanto às circunstâncias atenuantes, Sznick (2001, p. 161) observa que, presente uma das condições descritas no art. 14, a pena é diminuída conforme o critério adotado pelo julgador, pois a lei não expressou um *quantum* (metade ou um terço) a ser objetivamente aplicado.

Ademais, observa Sznick (2001) que, das quatro circunstâncias atenuantes, três estão relacionadas diretamente com o dano, ocorrendo depois deste; apenas a vigilância tem caráter preventivo, podendo ocorrer antes do dano. Cabe aos aplicadores do direito observar a realidade na qual a sociedade brasileira está inserida. Daí a necessidade de compreender questões ligadas ao conhecimento da sociologia, da antropologia e até mesmo da história do Brasil.

Tal postura aqui exigida nasce da necessidade de conhecer o imenso abismo social existente em solo brasileiro, sendo que parte da população já está inserida no modo de vida tecnológico da sociedade da informação deste século XXI, mas convive com a outra grande parte da população marginalizada, entregue ao obscuro modo de vida imposto pela miséria e pela ignorância.

A Lei n. 9.605/1998 veio ao encontro dessa realidade que distancia os cidadãos brasileiros, uma vez que na aplicação das penas não se pode igualar um empresário, bem educado e inserido num grande centro urbano, que no exercício das suas atividades capitalistas poluiu um rio, com um ribeirinho do Pará/Amazonas que caçou um jacaré para o próprio sustento, conforme os hábitos locais de alimentação. É justamente visando demonstrar a medida do dolo ou da culpa dos agentes do dano ambiental que no art. 19 da referida lei está prevista a opção pelo olhar técnico de profissional capacitado a ser descrito numa eventual perícia. O parágrafo único desse artigo trata do inquérito civil do qual o Ministério Público tenha se valido no juízo cível (CF/1988, art. 129, III) e que agora, na esfera criminal, possa trazer os primeiros elementos de prova.

A Lei dos Crimes Ambientais está estruturada da seguinte forma, para atender aos principais temas ambientais por ela tutelados:

» crimes contra a fauna (arts. 29 a 37);
» crimes contra a flora (arts. 38 a 53);
» crimes de poluição (arts. 54 a 61).

É certo que tanto a fauna quanto a flora por si sós não são sujeitos diretos de direitos, mas a sua proteção visa garantir a dignidade à vida humana, que se beneficia da biodiversidade disponível no meio ambiente.

Já a repressão à poluição, nas suas diversas formas, visa proteger a integridade orgânica do ser humano, considerando-se que o indivíduo exposto a um ambiente insalubre está sujeito a adquirir diversas patologias, inclusive de ordem psíquica, colocando, assim, em perigo sua própria vida.

Tamanha é a importância desse tema que, ao atender ao princípio tratado no art. 5, inciso XXXIX, da CF/1988, o ordenamento pátrio, na composição do direito penal ambiental, conferiu a possibilidade aos estados de legislarem, de modo concorrente (CF/1988, art. 24, *caput*, VI), com a União a fim de exercerem maior controle sobre as atividades geradoras de poluição.

Machado (2010, p. 701) entende que essa competência legislativa concorrente permite que os estados-membros, com suas respectivas produções legislativas, possam integrar o tipo penal descrito no ordenamento jurídico a fim de coibir práticas criminosas que atentam contra o interesse coletivo. O autor citado lembra que a União se encarrega de estabelecer normas gerais de meio ambiente (CF/1988, art. 24, VI, § 1º), enquanto os estados gozam de competência suplementar sobre tais temas (CF/1988, art. 24, § 2º). Agindo assim, o constituinte entendeu a necessidade de adaptar a legislação que tutela os bens ambientais, principalmente no tocante à poluição, conforme a realidade regional de cada ente federado.

Se o texto constitucional pretendia exaltar os valores de proteção à vida em todas as suas manifestações, não poderia ter deixado de fora do seu conteúdo a devida tutela do direito à saúde, uma vez que esta se relaciona diretamente com aquela. Sabiamente, o art. 196 da CF/1988 consagra a "saúde como direito de todos" e vai além, ao determinar no seu art. 200, inciso VIII, que a política de saúde pública desenvolvida no Sistema Único de Saúde (SUS) deve assegurar a "proteção do meio ambiente, nele compreendido o do trabalho".

Desse modo, o meio ambiente do trabalho está tutelado pela Carta Magna e deve ser observado quando do desenvolvimento das atividades capitalistas do cotidiano das relações laborais brasileiras. Complementa esse entendimento o disposto no art. 54 da Lei n. 9.605/1998, o qual trata do ato de causar poluição capaz de atingir a saúde humana:

> Art. 54. Causar poluição de qualquer natureza em níveis tais que resultem ou possam resultar em danos à saúde humana, ou que provoquem a mortandade de animais ou a destruição significativa da flora [...]. (Brasil, 1998c)

Conforme a interpretação do texto legal, o empregador, inclusive na figura da pessoa jurídica, que se eximir de prestar os devidos equipamentos de segurança no trabalho ou garantir um ambiente saudável para os seus empregados desenvolverem suas atividades habituais incorre em crime ambiental.

Notemos que o referido art. 54 complementa essa linha de argumentação no seu parágrafo 3º, uma vez que "incorre nas mesmas penas previstas no parágrafo anterior quem deixar de adotar, quando assim o exigir a autoridade competente, medidas de precaução em caso de risco de dano ambiental grave ou irreversível" (Brasil, 1998c).

Ainda tratando das relações de trabalho, o art. 54, parágrafo 2º, inciso II da mesma lei responsabiliza as pessoas jurídicas que expõem seus empregados a um ambiente de trabalho com o ar contaminado e, pior, com um grau de contaminação que vai além dos muros da empresa, afetando o ar atmosférico e, assim, atingindo toda uma população.

Nesse caso, as atividades empresariais e industriais afetam a incolumidade físico-psíquica da população, seja o funcionário contratado pela pessoa jurídica, seja o cidadão comum residente do lado de fora dos seus muros, lesando, conforme a doutrina pátria, os chamados *direitos criminais difusos*. Esse fato serve para ilustrar a necessidade de estabelecer o nexo de causalidade entre o fato constatado por olhar técnico de um perito, capaz de estabelecer a dimensão do dano e das responsabilidades, e o réu, que, dependendo da sua atividade econômico-profissional, assume a responsabilidade objetiva pelos eventuais riscos a que o seu empreendimento está sujeito. Trata-se do princípio que norteia a chamada *teoria do risco*, que já foi comentada no presente livro.

Essas mesmas práticas voltadas a favorecer o lucro numa sociedade de consumo, como a atualmente observada no Ocidente, a qual não respeita a dignidade da pessoa humana, colocando em risco a sua saúde, são consideradas no texto da Lei n. 9.605/1998, inclusive no tocante à manipulação de agrotóxicos e medicamentos.

Quanto a esse tema, Machado (2010, p. 711) chama a atenção para o tipo penal ambiental daquele agente que, de modo irresponsável, abandona substâncias tóxicas que colocam em risco a saúde humana. Assim, aquele indivíduo ou pessoa jurídica que deixa de tomar medidas preventivas com substâncias químicas ou radioativas, capazes de agredir o organismo saudável, incorre no tipo descrito na Lei n. 9.605/1998 como sendo de **abandono criminoso** (art. 56, § 1º). As medidas preventivas aqui tratadas são, por exemplo, aquelas capazes de evitar que o produto tóxico fique:

» exposto à chuva, que o conduz por meio de enxurradas até os leitos dos rios;
» exposto aos ventos, que contribuem para a poluição atmosférica;
» ou, simplesmente, exposto ao contato direto com seres vivos, causando uma enfermidade ou até mesmo a morte destes.

Nesse rol se enquadram, inclusive, materiais radioativos (art. 56, § 2º), haja vista que o legislador considerou no texto da lei o trauma causado em toda a sociedade brasileira pela contaminação de césio 137 na cidade de Goiânia, em 13 de setembro de 1987. Quanto a esse fato, resta lamentar a omissão do Poder Público de então quanto à fiscalização sobre materiais radioativos, levando em conta que o simples texto legal, confrontado com a realidade atual, não é suficiente para "remediar" as deficiências daqueles que têm o dever de fiscalizar a devida destinação de tais substâncias. Na época dos fatos ocorridos em Goiânia, já se encontrava em plena vigência a Lei n. 6.453, de 17 de outubro de 1977 (Brasil, 1977a), a qual trata da responsabilidade civil por danos nucleares, sendo que a responsabilidade criminal está expressa nos seus arts. 19 a 27.

Machado (2010) estabelece um paralelo existente entre a Lei n. 6.453/1977 e a atual Lei n. 9.605/1998, ambas em plena vigência. É certo que a mais recente visa complementar a mais antiga. Segundo esse autor, a lei mais recente não detalha no seu conteúdo a questão nuclear, enquanto a lei mais antiga detalha algumas condutas e penalidades. Desse modo, conclui o ilustre doutrinador, o sistema criado por ambas as leis constitue "um sistema de penas discrepantes" (Machado, 2010, p. 173).

Voltando aos dias atuais, caso o empregado, ou uma classe inteira de empregados, esteja exposto a um ambiente contaminado e insalubre, é a Justiça do Trabalho a sede correta para se encaminhar a devida apuração e eventual punição dos fatos controversos.

Essa autorização da justiça especializada se encontra no próprio texto constitucional, principalmente a incluída pela Emenda Constitucional n. 45, de 30 de dezembro de 2004 (Brasil, 2004a), a qual resultou na seguinte redação do atual art. 114 da Carta Magna:

> Art. 114. Compete à Justiça do Trabalho processar e julgar:
> I – as ações oriundas da relação de trabalho, abrangidos os entes de direito público externo e da administração pública direta e indireta da União, dos Estados, do Distrito Federal e dos Municípios;
> [...]
> IX – outras controvérsias decorrentes da relação de trabalho, na forma da lei. (Brasil, 1988)

Como o inciso IX do referido art. 114 amplia os temas surgidos nas relações de trabalho, é de fácil compreensão a sua interpretação no sentido de delegar à Justiça do Trabalho a competência para atender aos fatos relacionados com crimes ambientais quando esteja envolvida relação entre patrão e empregado.

Nessa perspectiva, conforme o entendimento de Fiorillo (2008), a jurisprudência dominante do país já reconhecia, mesmo antes da Emenda Constitucional n. 45/2004, a possibilidade de apreciação, pela Justiça do Trabalho, da ação civil pública destinada a tutelar coletivamente o cumprimento de normas de segurança e medicina do trabalho. Conclui esse autor que o próprio STF reconheceu que a competência para "julgar ações por dano moral e material decorrente de acidente do trabalho é da Justiça Trabalhista" (Fiorillo, 2008, p. 478-479).

A título de exemplo, podemos citar o Estado de São Paulo, de 5 de outubro de 1989 (São Paulo, 1989), que trouxe para o texto da sua Constituição a responsabilidade dos órgãos públicos estaduais com a segurança e o meio ambiente do trabalho:

> Artigo 229. Compete à autoridade estadual, de ofício ou mediante denúncia de risco à saúde, proceder à avaliação das fontes de risco no ambiente de trabalho e determinar a adoção das devidas providências para que cessem os motivos que lhe deram causa.
> § 1º Ao sindicato de trabalhadores, ou a representante que designar, é garantido requerer a interdição de máquina, de setor de serviço ou de todo o ambiente de trabalho, quando houver exposição a risco iminente para a vida ou a saúde dos empregados.
> § 2º Em condições de risco grave ou iminente no local de trabalho, será lícito ao empregado interromper suas atividades, sem prejuízo de quaisquer direitos, até a eliminação do risco.

> § 3° O Estado atuará para garantir a saúde e a segurança dos empregados nos ambientes de trabalho.
>
> § 4° É assegurada a cooperação dos sindicatos de trabalhadores nas ações de vigilância sanitária desenvolvidas no local de trabalho. (São Paulo, 1989)

Essa competência visa trazer para um pretório especializado nas relações laborais uma discussão mais atenta à realidade laboral brasileira, impondo sanções penais ambientais relacionadas com o meio ambiente do trabalho e, a partir daí, minimizar os impactos impostos aos trabalhadores, observando sua dignidade como pessoa humana inserida numa ordem econômica capitalista. Com o advento da Lei n. 9.605/1998, houve a necessidade de determinar a dimensão da aplicação subsidiária das demais normas e, ainda, a jurisdição competente para julgar determinadas causas.

Quanto ao primeiro questionamento, a doutrina pátria reconheceu não haver dúvidas no que se refere à disposição do art. 79 da Lei n. 9.605/1998, a qual estabelece: "aplicam-se subsidiariamente a esta Lei as disposições do Código Penal e do Código de Processo Penal". Ademais, no intuito de ampliar a aplicação da tutela criminal ambiental, os crimes de menor potencial ofensivo são tratados no art. 28, incisos I e II, o qual remete à competência dos juizados especiais, descritos na Lei n. 9.099, de 26 de setembro de 1995 (Brasil, 1995a), em especial em seu art. 89. Quanto ao segundo questionamento, ainda resta uma celeuma doutrinária e jurisprudencial para determinar o conflito existente entre a Justiça Federal e as respectivas justiças estaduais.

Fiorillo (2008, p. 467) reconhece uma grande complexidade referente ao órgão jurisdicional competente, citando, por exemplo, o cancelamento da Súmula n. 91 do STJ, haja vista caso controverso desenvolvido perante a Comarca de Santa Rosa de Viterbo (SP), quando se julgou um crime contra a fauna. Conclui esse doutrinador que, ao se estabelecerem as regras de competência, é necessário haver uma "serena interpretação sistemática, baseada sempre na necessidade de proteção da vida como elemento primordial".

Uma vez que a ação penal, quando se trata de infrações ambientais, é pública e incondicionada (Lei n. 9.605/1998, art. 26), cabe ao *parquet* usar de todos os meios admitidos pelo ordenamento pátrio para atender aos interesses de toda a sociedade e fazer cumprir a lei.

Como observa Machado (2010), depois do sistema penal criado a partir de 1995, com a Lei dos Juizados Especiais (Lei n. 9.099/1995), o Ministério Público não está autorizado a barganhar ou promover transações na aplicação de qualquer pena relacionada com os crimes ambientais. Esse autor entende que, "se não houver uma contrapartida de obrigações para os que transgrediram as leis ambientais penais, a suspensão do processo traduzirá um encorajamento para essas transgressões e não uma medida ressocializadora de efeito imediato" (Machado, 2010, p. 715).

Assim, a Lei n. 9.099/1995 autoriza a suspensão do processo, por iniciativa do Ministério Público, nos casos dos crimes de menor potencial ofensivo, com pena mínima igual ou inferior a um ano, porém é necessário atender às condições do fato controverso discutido no interior da demanda, a fim de que seja observada a possibilidade da reparação do dano (art. 89, § 1º, I).

Quanto a essa possibilidade de suspensão do processo criminal, também é necessário observar os requisitos descritos no art. 77 do CP, interpretação complementada pela determinação do art. 27 da Lei n. 9.605/1998, em relação aos casos relacionados com crimes ambientais:

> Art. 27. Nos crimes ambientais de menor potencial ofensivo, a proposta de aplicação imediata de pena restritiva de direitos ou multa, prevista no art. 76 da Lei n. 9.099, de 26 de setembro de 1995, somente poderá ser formulada desde que tenha havido a prévia composição do dano ambiental, de que trata o art. 74 da mesma lei, salvo em caso de comprovada impossibilidade. (Brasil, 1998c)

Desse modo, se a parte ré tem o interesse na suspensão do processo criminal ambiental e da punibilidade, sua pretensão apenas vai ser possível conforme o relatório técnico observado no respectivo **laudo de constatação** (Lei n. 9.605/1998, art. 28, I). Conforme Machado (2010, p. 716), o laudo de constatação "é ato essencial para a aplicação dos benefícios pretendidos", a ser elaborado pela iniciativa honesta e comprometida de especialistas em diversas áreas do conhecimento (biólogos, engenheiros florestais, bioquímicos, engenheiros ambientais etc.). Esse autor exalta a importância desses profissionais, quando chamados para estudar o caso concreto, uma vez que seus pareceres determinam, em parte, a eficiência do tratamento judicial nos crimes ambientais de menor potencial.

Mesmo diante dos bens tutelados pelo direito criminal ambiental até aqui mencionados, não podemos esquecer que a dignidade da pessoa humana vai além daquela base material mínima que sustenta a sua existência. Afinal, o ser humano também constrói valores no campo abstrato que servem para equilibrar o seu estado de espírito. São os símbolos criados nesse campo abstrato que conferem uma identidade ao grupo, trazendo, assim, um conforto à psique individual:

> *A dinâmica cultural se manifesta nas diversas formas de contato entre as culturas, determinando trocas e empréstimos, acolhendo invenções, motivando assimilações, ajustamentos, reinterpretações, transformando constantes*

*valores pela aceitação coletiva e pela seleção. (Os valores cultural*is*) [...] revelam o modo de ser, a mentalidade de um grupo primitivo ou popular, exatamente pelas funções que cumpre.* (Custódio Pinto, 2005, p. 19-20)

Desse modo, a Lei n. 9.605/1998, atendendo ao disposto nos arts. 215 e 216 da CF/1988, trouxe para seus arts. 62 e 65 sanções impostas sobre aqueles atos que de algum modo lesem bens correlatos à identidade cultural da sociedade.

A Lei dos Crimes Ambientais, visando proteger e garantir a **função social da cidade**, conforme o disposto no texto constitucional nos seus arts. 182 e 183, estabeleceu sanções (arts. 63 e 64) visando proteger o meio ambiente artificial, pois, como observa Kauchakje (2008, p. 36-37), desde a década de 1970, o Brasil observa um processo de urbanização excludente que retirou do meio rural e lançou de modo precário no meio urbano grandes contingentes de famílias que, trabalhando em subemprego e residindo em sub-habitações ou ocupações irregulares, sobrecarregam a estrutura urbana e, pior, imprimem pesada pressão sobre o meio natural no qual repousa a cidade.

Ainda quanto a esse tema, é necessário observar que a legislação brasileira consagrou o direito urbanístico principalmente com o texto da Lei n. 10.257, de 10 de julho de 2001 (Brasil, 2001), que traz o Estatuto da Cidade. Trata-se de importante produção legal que estabelece instrumentos para implementar a política urbana, zelando, inclusive, pela qualidade ambiental do meio artificial, uma vez que, além de convidar toda a população a contribuir na elaboração do Plano Diretor Municipal, regulamenta o instituto da **usucapião urbana**, destinada a coibir a especulação imobiliária que se traduz numa prática excludente nas grandes cidades (Duarte, 2007, p. 83-84).

A preocupação em proteger o meio ambiente depende, sob muitos aspectos, das iniciativas do Poder Público, pois é essa pessoa jurídica que dispõe da maior infraestrutura existente no território nacional para fazer valer a aplicação da lei e que pode valer-se de medidas de prevenção aos acidentes ambientais.

Mesmo assim, são do conhecimento da população os diversos casos de corrupção, ativa e passiva, que envolvem políticos e funcionários públicos, amplamente noticiadas pelos meios de comunicação. Visando coibir a má-fé desses indivíduos lotados na função pública, o legislador trouxe para o texto da Lei n. 9.605/1998 (arts. 66 a 69) punições objetivas aplicáveis a tais casos, já que cabe ao Poder Público, mediante a atuação dos seus funcionários, "realizar a importante tarefa que lhe foi destinada pela Carta Magna, ou seja, defender e preservar o direito ambiental para as presentes e futuras gerações (art. 225 da CF/1988)" (Fiorillo, 2008, p. 480).

A título de conclusão, podemos afirmar que a letra fria da lei não tem força preventiva e, dependendo da lesão imposta ao meio ambiente, pouco importam futuras indenizações! Daí a necessidade da conduta preventiva no trato com o meio ambiente. É sabido que o Poder Público se apresenta como um dos maiores poluidores na forma de instituição. É inadmissível que aquele ente que tem o dever de zelar pelo meio ambiente seja responsável pela sua degradação.

Não é apenas na agressão direta que o Poder Público pode ser responsabilizado; também a visão equivocada de determinados administradores públicos contribuiu para a instituição de políticas públicas de "geração de emprego e renda" fundamentadas no extrativismo predatório.

Assim, é possível assistir pelos noticiários à expansão da fronteira agrícola na Amazônia, ao derramamento de petróleo em córregos de rios, à contaminação de todas as espécies, colocando os seres vivos numa condição de fragilidade da própria vida.

O mais triste é perceber que existem princípios de **desenvolvimento econômico-social sustentável**, como o texto da Agenda 21 (Cnumad, 2001), mas é um clamor que passa despercebido pelos ouvidos daqueles que gerenciam o futuro do país e da ordem econômica mundial.

A boa notícia é que houve uma expansão nos direitos dos cidadãos a partir de 1988, como foi aqui demonstrado com base nos institutos de defesa do meio ambiente. No entanto, sabemos que a cidadania é uma arte que se aprende na prática, e não na teoria.

Síntese

» Procedimentos processuais em matéria ambiental:
  » Estado obrigado a atender aos pedidos formulados e encaminhados às jurisdições do Poder Judiciário (CF/1988, art. 5º, XXXV).
  » Processos no ordenamento brasileiro conforme sua natureza: de conhecimento, de execução e cautelar.
  » Conflitos de interesses que extrapolaram a órbita dos interesses particulares = expansão e consolidação dos direitos difusos e coletivos.
  » Jurisdição civil coletiva: "livre acesso à justiça" (CF/1988, art. 5º, XXXV).

» Ação civil pública ambiental (Lei n. 7.347/1985 – LACP):
  » Ministério Público com a possibilidade de atuar na esfera civil;
  » Também estão autorizados a recorrer ao instituto os demais colegitimados (LACP, art. 5º).
  » Objeto: sentido amplo (LACP, art. 1º), porém o instituto também visa coibir atos de agressão ao meio ambiente;
  » CDC, art. 110: Ampliação da defesa dos direitos difusos e individuais homogêneos (CDC, art. 91);

- » Transferido ao poluidor o encargo de dar algum benefício à comunidade agredida pelo dano ambiental.
- » Legitimados no polo ativo: art. 82, CDC e Art. 5º, LACP.
- » Ministério Público autorizado a buscar elementos comprobatórios antes do processo (inquérito civil – LACP, art. 8º e CF/1988, art. 129, III).

- » Ação popular ambiental (CF/1988, art. 5º, LXXIII):
  - » Tradicional remédio constitucional, presente nos ideais democrático-liberais, destinado a socorrer os interesses difusos em ações de natureza privada.
  - » Origem: Direito romano (qualquer cidadão com a capacidade de agir como fiscal do bem comum).
  - » Dois objetos: Um de natureza pública (patrimônio público) e outro de natureza difusa (meio ambiente).
  - » Procedimentos (meio ambiente): Previsto na LACP e no CDC (jurisdição civil coletiva).
  - » Juízo competente: O do local onde ocorreu ou deva ocorrer o dano.
  - » Sujeito ativo: Qualquer cidadão devidamente legitimado.
  - » Sujeito passivo: O responsável pelo ato que, de algum modo, lesionou (ativa ou passivamente) o meio ambiente.

- » Mandado de segurança coletivo ambiental (CF/1988, art. 5º, LXX):
  - » Natureza dos legitimados: Elemento institucional e elemento objetivo.
  - » Tutela dos bens ambientais: Interesses da coletividade (CDC, art. 82).
  - » Poder Público: Corresponsabilidade pela inércia ou ação dos seus agentes.

- » Mandado de injunção ambiental (CF/1988, art. 5º, LXXI):
  - » Soma-se ao controle de inconstitucionalidade por omissão;
  - » Presta-se a sanar as omissões do texto legal.
  - » Legitimados: No sentido mais amplo possível (qualquer cidadão).
  - » Não cabe ao Judiciário usurpar funções do Poder Legislativo, mas declarar o direito dos cidadãos.
  - » Tutela: Exercício dos direitos e liberdades constitucionais.
  - » Procedimentos: Individual (ordinário – arts. 282 e seguintes, CPC) e coletivo (mesmos procedimentos do mandado de segurança).
- » Direito criminal ambiental (CP + CPP + Lei n. 9.605/1998):
  - » Sistema punitivo: Média das penas não ultrapassam quatro anos.
  - » Sistema de punições: Prestação de serviços à comunidade, interdição temporária de direitos, suspensão parcial ou total de atividades, prestação pecuniária, recolhimento domiciliar.
  - » Infrator: Qualquer pessoa física imputável (pessoa jurídica com personalidade descaracterizada – Lei n. 9.605/1998, art. 3º).
  - » Individualização da pena (CF/1988, art. 5º, XLVI): Identificação da responsabilidade oriunda dos atos praticados no dano ambiental.
  - » Circunstâncias atenuantes e agravantes (Lei n. 9.605/1998, arts. 14 e 15).
  - » Tipo da ação penal: Pública e incondicionada (Lei n. 9.605/1998, art. 26).
  - » Bens tutelados: Flora e fauna nacionais, assim como a dignidade da pessoa humana, associada a uma base material mínima que sustenta a sua existência.

Questões para revisão

1) Quanto à sua natureza, os processos judiciais são classificados conforme a relação a seguir, **exceto**:
   a. Processo de conhecimento.
   b. Processo de execução.
   c. Processo cautelar.
   d. Processo disciplinar.

2) Conforme a doutrina pátria, no conteúdo da petição inicial da parte autora da demanda, o fato descrito e o fundamento jurídico do pedido compõem:
   a. o *periculum in mora*.
   b. a *rés judicata*.
   c. a *causa petendi*.
   d. o *fumus boni iuris*.

3) Todas as afirmações a seguir estão erradas, **exceto**:
   a. A Lei n. 7.347/1985 descreveu os crimes ambientais.
   b. A legislação que regulamentou a ação civil pública limitou, e muito, a atuação do Ministério Público apenas na esfera criminal.
   c. No atendimento da tutela dos interesses metaindividuais, a Lei da Ação Civil Pública (LACP) não conferiu exclusividade ao promotor de justiça no uso desse instrumento.
   d. A natureza jurídica da ação civil pública é apenas material.

4) O procedimento conhecido como *inquérito civil*, previsto no art. 8º da Lei n. 7.347/1985 e no art. 129, inciso III, da CF/1988, assemelha-se:
   a. ao inquérito policial.
   b. ao inquérito do Santo Ofício.
   c. à elaboração do EIA/Rima.
   d. ao estudo de impacto de vizinhança.

5) Em atenção ao conteúdo do art. 5º, inciso LXXIII, da Carta Magna de 1988, a ação popular dispõe de dois objetos de ação, conforme a natureza jurídica do bem tutelado:
   a. um de natureza pública (patrimônio público) e outro de natureza jurídica (as tutelas legais).
   b. um de natureza pública (patrimônio público) e outro de natureza difusa (meio ambiente).
   c. um de natureza processual (os atos processuais) e outro de natureza difusa (meio ambiente).
   d. um de natureza processual (os atos processuais) e outro de natureza jurídica (as tutelas legais).

Atividade prática

Procure levantar informações sobre o desastre ocorrido em 13 de setembro de 1987, em Goiânia, e que envolveu a contaminação ambiental pelo césio 137. Em seguida, analise o fato com a legislação existente na época. Procure descobrir se foram apuradas as responsabilidades e se foram aplicadas as devidas punições.

Chegando ao término deste livro, ficou claro que a obra, como foi esclarecido ainda na apresentação, não se destina a encerrar nestas páginas todo o conteúdo sobre a discussão referente à proteção e tutela do meio ambiente saudável e à busca pelos instrumentos jurídicos de defesa objetiva desse bem comum.

Além do conteúdo jurídico vigente no Brasil e da reflexão doutrinária e jurisprudencial, também apresentamos referências extraídas de outros ramos do conhecimento, como história, gestão urbana, geologia, biologia, engenharia etc.

Essa visão ampla da teoria se fez necessária uma vez que a compreensão da questão ambiental deve ter a complexidade que corresponda à percebida nos ecossistemas.

Por muitos anos, as ciências naturais observaram a natureza e seus fenômenos com um olhar mecanicista, fragmentado, perdendo-se toda a gama de relações que existem nos pequenos fenômenos que, mesmo não observados, são reais e estão presentes no mundo natural.

Não é recomendado ao jurista que adentre no campo do direito ambiental e processual ambiental com os olhos focados apenas nas leis e na burocracia dos órgãos da Justiça Estatal, pois a defesa efetiva dos bens necessários para a garantia da sobrevivência da vida, sendo este o primeiro bem a ser protegido no sentido mais amplo da

para concluir...

palavra, carece de uma percepção que vai além da atenção da letra fria da lei. É necessário beber da fonte de "ciências parceiras", como a biologia, a sociologia, a engenharia nas suas diversas ramificações, a medicina, a zoologia etc.

Muito gratificante é adentrar na discussão sobre o meio ambiente, a qual, embora sempre tenha estado presente nas sociedades humanas, ganhou forte apelo global no auge da Guerra Fria. O tema ganhou destaque nos meios acadêmico e político à proporção que o ser humano foi tomando consciência da relação que a Terra tem com a própria existência humana.

A preocupação com um meio ambiente equilibrado revela a característica de uma personalidade solidária, posto que os bens naturais protegidos são de uso comum da comunidade, e não para atender a interesses econômicos deste ou daquele grupo empresarial inserido num modelo capitalista que exalta um mercado financeiro especulativo e inviável.

Cabe enfatizamos que as iniciativas para zelar o meio ambiente vão além daquele que o defende, pois também beneficiam as pessoas que estão ao seu redor, em especial aquelas mais amadas.

O art. 225 da Constituição Federal de 1988 é quase um discurso do amor, uma vez que a atitude da sociedade ao proteger o meio ambiente se revela numa declaração velada de amor aos filhos e aos netos das atuais e futuras gerações. Com efeito, o primeiro posicionamento ético em relação ao meio ambiente nasce de um sentimento de amor; o sentimento contrário, o egoísmo, pode ser visto na sociedade crescente de consumo, a qual sem dúvida se mostra decadente.

Assim, cabe a cada um procurar mudar a si antes de querer mudar o mundo e escolher o caminho a seguir: o do amor ou o do egoísmo.

ALMEIDA, J. M. P. de. *O Poder Judiciário brasileiro e sua organização*. Curitiba: Juruá, 1996.

AMARAL, J. R. de P. Princípios de processo civil na Constituição Federal. *Jus Navigandi*, ago. 2000. Disponível em: <https://jus.com.br/artigos/771/principios-de-processo-civil-na-constituicao-federal>. Acesso em: 23 set. 2016.

ARANHA, M. L. de A. *História da educação*. 2. ed. São Paulo: Moderna, 1996.

BARBOSA, S. R. da C. S. Ambiente, qualidade de vida e cidadania: algumas reflexões sobre regiões urbano-industriais. In: HOGAN, D. J.; VIEIRA, P. F. (Org.). *Dilemas socioambientais e desenvolvimento sustentável*. 2. ed. Campinas: Ed. da Unicamp, 1995. p. 193-210.

BERNARDI, J. L. *A organização municipal e a política urbana*. Curitiba: Ibpex, 2007.

BONAVIDES, P. *Ciência política*. 10. ed. São Paulo: Malheiros, 1994.

BRANCO, S. M. *Água*: origem, uso e preservação. São Paulo: Moderna, 1993. (Coleção Polêmica).

BRASIL. Constituição (1988). *Diário Oficial da União*, Brasília, DF, 5 out. 1988. Disponível em: <http://www.planalto.gov.br/ccivil_03/constituicao/constitui%C3%A7ao.htm>. Acesso em: 23 set. 2016.

BRASIL. Constituição (1969). Emenda Constitucional n. 1, de 17 de outubro de 1969. *Diário Oficial da União*, Poder Legislativo, Brasília, DF, 20 out. 1969a. Disponível em: <http://www.planalto.gov.br/ccivil_03/Constituicao/Emendas/Emc_anterior1988/emc01-69.htm>. Acesso em: 23 set. 2016.

BRASIL. Constituição (1988). Emenda Constitucional n. 19, de 4 de junho de 1998. *Diário Oficial da União*, Poder Legislativo, Brasília, DF, 5 jun. 1998a. Disponível em: <http://www.planalto.gov.br/ccivil_03/constituicao/Emendas/Emc/emc19.htm>. Acesso em: 23 set. 2016.

BRASIL. Constituição (1988). Emenda Constitucional n. 45, de 30 de dezembro de 2004. *Diário Oficial da União*, Poder Legislativo, Brasília, DF, 31 dez. 2004a. Disponível em: <http://www.planalto.gov.br/ccivil_03/Constituicao/Emendas/Emc/emc45.htm>. Acesso em: 23 set. 2016.

BRASIL. Decreto n. 1.713, de 14 de junho de 1937. *Diário Oficial da União*, Poder Executivo, Rio de Janeiro, RJ, 18 jun. 1937. Disponível em: <http://www2.camara.leg.br/legin/fed/decret/1930-1939/decreto-1713-14-junho-1937-459921-publicacaooriginal-1-pe.html>. Acesso em: 23 set. 2016.

_____. Decreto n. 2.612, de 3 de junho de 1998. *Diário Oficial da União*, Poder Executivo, Brasília, DF, 4 jun. 1998b. Disponível em: <http://www.planalto.gov.br/ccivil_03/decreto/D2612.htm>. Acesso em: 23 set. 2016.

_____. Decreto n. 3.179, de 21 de setembro de 1999. Diário Oficial da União, Poder Executivo, Brasília, DF, 22 set. 1999a. Disponível em:

_____. Decreto n. 4.613, de 11 de março de 2003. *Diário Oficial da União*, Poder Executivo, Brasília, DF, 12 mar. 2003a. Disponível em: <http://www.planalto.gov.br/ccivil_03/decreto/2003/D4613.htm>. Acesso em: 23 set. 2016.

_____. Decreto n. 6.514, de 22 de julho de 2008. *Diário Oficial da União*, Poder Executivo, Brasília, DF, 23 jul. 2008a. Disponível em: <http://www.planalto.gov.br/ccivil_03/_Ato2007-2010/2008/Decreto/D6514.htm>. Acesso em: 23 set. 2016.

BRASIL. Decreto n. 19.433, de 26 de novembro de 1930. *Diário Oficial da União*, Poder Executivo, Rio de Janeiro, RJ, 2 dez. 1930. Disponível em: <http://www2.camara.leg.br/legin/fed/decret/1930-1939/decreto-19433-26-novembro-1930-517354-publicacaooriginal-1-pe.html>. Acesso em: 23 set. 2016.

BRASIL. Decreto n. 23.793, de 23 de janeiro de 1934. *Diário Oficial da União*, Poder Executivo, Rio de Janeiro, RJ, 9 fev. 1934a. Disponível em: <https://www.planalto.gov.br/ccivil_03/decreto/1930-1949/D23793.htm>. Acesso em: 23 set. 2016.

_____. Decreto n. 24.643, de 10 de julho de 1934. *Diário Oficial da União*, Poder Executivo, Rio de Janeiro, RJ, 20 jul. 1934b. Disponível em: <http://www.planalto.gov.br/ccivil_03/decreto/D24643.htm>. Acesso em: 23 set. 2016.

_____. Decreto n. 58.054, de 23 de março de 1966. *Diário Oficial da União*, Poder Executivo, Brasília, DF, 30 mar. 1966. Disponível em: <http://www2.camara.leg.br/legin/fed/decret/1960-1969/decreto-58054-23-marco-1966-398707-publicacaooriginal-1-pe.html>. Acesso em: 23 set. 2016.

_____. Decreto Legislativo n. 3, de 13 de fevereiro de 1948. *Diário do Congresso Nacional*, Poder Legislativo, Rio de Janeiro, RJ, 14 fev. 1948. Disponível em: <http://www2.camara.leg.br/legin/fed/decleg/1940-1949/decretolegislativo-3-13-fevereiro-1948-364761-publicacaooriginal-1-pl.html>. Acesso em: 23 set. 2016.

_____. Decreto-Lei n. 200, de 25 de fevereiro de 1967. *Diário Oficial da União*, Poder Executivo, Brasília, DF, 27 fev. 1967a. Disponível em: <http://www.planalto.gov.br/ccivil_03/decreto-lei/Del0200.htm>. Acesso em: 23 set. 2016.

_____. Decreto-Lei n. 227, de 28 de fevereiro de 1967. *Diário Oficial da União*, Poder Executivo, Brasília, DF, 28 fev. 1967b. Disponível em: <http://www.planalto.gov.br/ccivil_03/decreto-lei/Del0227.htm>. Acesso em: 23 set. 2016.

_____. Decreto-Lei n. 2.848, de 7 de dezembro de 1940. *Diário Oficial da União*, Poder Executivo, Rio de Janeiro, RJ, 31 dez. 1940a. Disponível em: <http://www.planalto.gov.br/ccivil_03/decreto-lei/Del2848.htm>. Acesso em: 23 set. 2016.

BRASIL. Decreto-Lei n. 3.689, de 3 de outubro de 1941. *Diário Oficial da União*, Poder Executivo, Rio de Janeiro, RJ, 13 out. 1941. Disponível em: <https://www.planalto.gov.br/ccivil_03/decreto-lei/Del3689.htm>. Acesso em: 23 set. 2016.

BRASIL. Lei n. 4.717, de 29 de junho de 1965. *Diário Oficial da União*, Poder Legislativo, Brasília, DF, 5 jul. 1965. Disponível em: <http://www.planalto.gov.br/ccivil_03/Leis/L4717.htm>. Acesso em: 23 set. 2016.

_____. Lei n. 6.453, de 17 de outubro de 1977. *Diário Oficial da União*, Poder Legislativo, Brasília, DF, 18 out. 1977a. Disponível em: <http://www.planalto.gov.br/ccivil_03/Leis/L6453.htm>. Acesso em: 23 set. 2016.

_____. Lei n. 6.514, de 22 de dezembro de 1977. *Diário Oficial da União*, Poder Legislativo, Brasília, DF, 23 dez. 1977b. Disponível em: <http://www.planalto.gov.br/ccivil_03/Leis/L6514.htm>. Acesso em: 23 set. 2016.

_____. Lei n. 6.938, de 31 de agosto de 1981. *Diário Oficial da União*, Poder Executivo, Brasília, DF, 2 set. 1981. Disponível em: <http://www.planalto.gov.br/ccivil_03/Leis/L6938.htm>. Acesso em: 23 set. 2016.

_____. Lei n. 7.347, de 24 de julho de 1985. *Diário Oficial da União*, Poder Legislativo, Brasília, DF, 25 jul. 1985. Disponível em: <http://www.planalto.gov.br/ccivil_03/Leis/L7347orig.htm>. Acesso em: 23 set. 2016.

_____. Lei n. 8.028, de 12 de abril de 1990. *Diário Oficial da União*, Poder Legislativo, Brasília, DF, 13 abr. 1990a. Disponível em: <https://planalto.gov.br/ccivil_03/leis/l8028.htm>. Acesso em: 21 set. 2016.

_____. Lei n. 8.038, de 28 de maio de 1990. *Diário Oficial da União*, Poder Legislativo, Brasília, DF, 29 maio 1990b. Disponível em: <http://www.planalto.gov.br/ccivil_03/Leis/L8038.htm>. Acesso em: 23 set. 2016.

_____. Lei n. 8.078, de 11 de setembro de 1990. *Diário Oficial da União*, Poder Legislativo, Brasília, DF, 12 set. 1990c. Disponível em: <http://www.planalto.gov.br/ccivil_03/Leis/L8078.htm>. Acesso em: 23 set. 2016.

BRASIL. Lei n. 8.429, de 2 de junho de 1992. *Diário Oficial da União*, Poder Legislativo, Brasília, DF, 3 jun. 1992a. Disponível em: <http://www.planalto.gov.br/ccivil_03/Leis/L8429.htm>. Acesso em: 23 set. 2016.

_____. Lei n. 9.099, de 26 de setembro de 1995. *Diário Oficial da União*, Poder Legislativo, Brasília, DF, 27 set. 1995a. Disponível em: <http://www.planalto.gov.br/ccivil_03/Leis/L9099.htm>. Acesso em: 23 set. 2016.

_____. Lei n. 9.433, de 8 de janeiro de 1997. *Diário Oficial da União*, Poder Legislativo, Brasília, DF, 9 jan. 1997a. Disponível em: <http://www.planalto.gov.br/ccivil_03/Leis/L9433.htm>. Acesso em: 23 set. 2016.

_____. Lei n. 9.605, de 12 de fevereiro de 1998. *Diário Oficial da União*, Poder Legislativo, Brasília, DF, 13 fev. 1998c. Disponível em: <http://www.planalto.gov.br/ccivil_03/Leis/L9605.htm>. Acesso em: 23 set. 2016.

_____. Lei n. 9.784, de 29 de janeiro de 1999. *Diário Oficial da União*, Poder Legislativo, Brasília, DF, 1º fev. 1999b. Disponível em: <http://www.planalto.gov.br/ccivil_03/Leis/L9784.htm>. Acesso em: 23 set. 2016.

_____. Lei n. 9.984, de 17 de julho de 2000. *Diário Oficial da União*, Poder Legislativo, Brasília, DF, 18 jul. 2000a. Disponível em: <http://www.planalto.gov.br/ccivil_03/Leis/L9984.htm>. Acesso em: 23 set. 2016.

_____. Lei n. 9.985, de 18 de julho de 2000. *Diário Oficial da União*, Poder Legislativo, Brasília, DF, 19 jul. 2000b. Disponível em: <http://www.planalto.gov.br/ccivil_03/leis/L9985.htm>. Acesso em: 23 set. 2016.

_____. Lei n. 10.257, de 10 de julho de 2001. *Diário Oficial da União*, Poder Legislativo, Brasília, DF, 11 jul. 2001. Disponível em: <http://www.planalto.gov.br/ccivil_03/Leis/LEIS_2001/L10257.htm>. Acesso em: 23 set. 2016.

_____. Lei n. 10.406, de 10 de janeiro de 2002. *Diário Oficial da União*, Poder Legislativo, Brasília, DF, 11 jan. 2002a. Disponível em: <http://www.planalto.gov.br/ccivil_03/leis/2002/L10406.htm>. Acesso em: 23 set. 2016.

BRASIL. Lei n. 10.410, de 11 de janeiro de 2002. *Diário Oficial da União*, Poder Executivo, Brasília, DF, 14 jan. 2002b. Disponível em: <http://www.planalto.gov.br/ccivil_03/Leis/2002/L10410.htm>. Acesso em: 23 set. 2016.

_____. Lei n. 11.105, de 24 de março de 2005. *Diário Oficial da União*, Poder Legislativo, Brasília, DF, 28 mar. 2005a. Disponível em: <http://www.planalto.gov.br/ccivil_03/_Ato2004-2006/2005/Lei/L11105.htm>. Acesso em: 23 set. 2016.

_____. Lei n. 11.418, de 19 de dezembro de 2006. *Diário Oficial da União*, Poder Legislativo, Brasília, DF, 20 dez. 2006a. Disponível em: <http://www.planalto.gov.br/ccivil_03/_ato2004-2006/2006/lei/l11418.htm>. Acesso em: 23 set. 2016.

_____. Lei n. 12.016, de 7 de agosto de 2009. *Diário Oficial da União*, Poder Executivo, Brasília, DF, 10 ago. 2009a. Disponível em: <http://www.planalto.gov.br/ccivil_03/_ato2007-2010/2009/lei/l12016.htm>. Acesso em: 23 set. 2016.

_____. Lei n. 12.651, de 25 de maio de 2012. *Diário Oficial da União*, Poder Legislativo, Brasília, DF, 28 maio 2012. Disponível em: <http://www.planalto.gov.br/ccivil_03/_ato2011-2014/2012/lei/l12651.htm>. Acesso em: 23 set. 2016.

_____. Lei n. 13.105, de 16 de março de 2015. *Diário Oficial da União*, Poder Legislativo, Brasília, DF, 17 mar. 2015. Disponível em: <http://www.planalto.gov.br/ccivil_03/_ato2015-2018/2015/lei/l13105.htm>. Acesso em: 23 set. 2016.

BRASIL. *Projeto de Lei n. 5.139, de 29 de abril de 2009b*. Disponível em: <http://www.camara.gov.br/sileg/integras/651669.pdf>. Acesso em: 23 set. 2016.

BRASIL. Advocacia Geral da União. Procuradoria Federal Especializada. Instituto Brasileiro do Meio Ambiente e dos Recursos Naturais Renováveis. *Orientação Jurídica Normativa n. 6, de 8 de setembro de 2009c*. Disponível em: <http://www.agu.gov.br/sistemas/site/TemplateTexto.aspx?idConteudo=96663&id_site=1514&aberto=&fechado=>. Acesso em: 23 set. 2016.

BRASIL. *Orientação Jurídica Normativa n. 8, de 19 de janeiro de 2010a*. Disponível em: <http://www.agu.gov.br/sistemas/site/TemplateTexto.aspx?idConteudo=96663&id_site=1514&aberto=&fechado=>. Acesso em: 23 set. 2016.

BRASIL. Advocacia Geral da União. Procuradoria Federal Especializada. Instituto Brasileiro do Meio Ambiente e dos Recursos Naturais Renováveis. *Orientação Jurídica Normativa n. 16, de 5 de abril de 2010b*. Disponível em: <http://www.agu.gov.br/sistemas/site/TemplateTexto.aspx?idConteudo=96663&id_site=1514&aberto=&fechado=>. Acesso em: 23 set. 2016.

BRASIL. Ministério das Cidades. Secretaria Nacional de Programas Urbanos. *Plano Diretor Participativo*: Guia para Elaboração pelos Municípios e Cidadãos. 2. ed. Brasília: Ministério das Cidades, 2005b.

BRASIL. Ministério do Meio Ambiente. Conselho Nacional do Meio Ambiente. Resolução n. 1A, de 23 de janeiro de 1986. *Diário Oficial da União*, Brasília, DF, 4 ago. 1986a. Disponível em: <http://www.mma.gov.br/port/conama/legiabre.cfm?codlegi=24>. Acesso em: 23 set. 2016.

_____. Resolução n. 1, de 23 de janeiro de 1986. *Diário Oficial da União*, Brasília, DF, 17 fev. 1986b. Disponível em: <http://www.mma.gov.br/port/conama/legiabre.cfm?codlegi=23>. Acesso em: 23 set. 2016.

_____. Resolução n. 237, de 19 de dezembro de 1997. *Diário Oficial da União*, Brasília, DF, 22 dez. 1997b. Disponível em: <http://www.mma.gov.br/port/conama/legiabre.cfm?codlegi=237>. Acesso em: 31 maio 2011.

BRASIL. Ministério do Meio Ambiente. Instituto Brasileiro do Meio Ambiente e dos Recursos Naturais Renováveis. *Instrução Normativa n. 8, de 18 de setembro de 2003b*. Disponível em: <http://www.ibama.gov.br/servicosonline/ctf/manual/html/041400.htm>. Acesso em: 18 maio 2011.

SÃO PAULO. Tribunal de Justiça. *Agravo do Instrumento*
n. 892.406-5/2-00: Decisão Monocrática n. 3.630, de 27 mar.
2009c. Disponível em: <http://esaj.tjsp.jus.br/cjsg/getArquivo.
do?cdAcordao=3517359&cdForo=0>. Acesso em: 28 out. 2016.
Disponível em: <http://www.mma.gov.br/estruturas/agenda21/_
arquivos/cad_amarelo.pdf>. Acesso em: 21 out. 2016.

BRASIL. Ministério do Meio Ambiente. Secretaria de Recursos
Hídricos. *Plano Nacional de Recursos Hídricos*: síntese executiva.
Brasília: Ministério do Meio Ambiente, 2006b.

BRASIL. Ministério do Trabalho. Portaria n. 3.214, de 8 de junho
de 1978. *Diário Oficial da União*, Poder Executivo, Brasília, DF,
6 jul. 1978. Disponível em: <http://www.camara.gov.br/sileg/
integras/839945.pdf>. Acesso em: 23 set. 2016.

BRASIL. Superior Tribunal de Justiça. Habeas Corpus n. 57.961, de
21 de junho de 2007. Relator: Min. Felix Fischer. *Diário da Justiça*,
Brasília, DF, 12 jun. 2007a. Disponível em: <http://stj.jusbrasil.
com.br/jurisprudencia/7775/habeas-corpus-hc-57961/inteiro-
teor-100017114>. Acesso em: 23 set. 2016.

_____. Recurso Especial n. 27.924, de 4 de dezembro de 1995.
Relator: Min. Demócrito Reinaldo. *Diário da Justiça*, Brasília, DF,
18 dez. 1995b. Disponível em: <https://ww2.stj.jus.br/processo/
ita/documento/mediado/?num_registro=199200250815&dt_
publicacao=18-12-1995&cod_tipo_documento=>. Acesso em:
23 set. 2016.

_____. Recurso Especial n. 29.299, de 28 de setembro de 1994.
Relator: Min. Demócrito Reinaldo. *Diário da Justiça*, Brasília, DF,
17 out. 1994a. Disponível em: <https://ww2.stj.jus.br/processo/
ita/documento/mediado/?num_registro=199200291880&dt_
publicacao=17-10-1994&cod_tipo_documento=>. Acesso em:
23 set. 2016.

_____. Recurso Ordinário em Mandado de Segurança n. 26.990,
de 7 outubro de 1992. Relator: Teori Albino Zavascki. *Diário da
Justiça*, Brasília, DF, 30 nov. 1992b. Disponível em: <https://
ww2.stj.jus.br/processo/ita/documento/mediado/?num_
registro=199200225942&dt_publicacao=30-11-1992&cod_tipo_
documento=>. Acesso em: 23 set. 2016.

BRASIL. Superior Tribunal de Justiça. Súmula n. 22, de 13 de dezembro de 1990. *Diário da Justiça*, Brasília, DF, 4 jan. 1991a. Disponível em: <http://www.juslegis.com.br/sumulas/sumula-22-stj>. Acesso em: 23 set. 2016.

_____. Súmula n. 33, de 24 de outubro de 1991. *Diário da Justiça*, Brasília, DF, 29 out. 1991b. Disponível em: <http://www.stj.jus.br/SCON/sumulas/toc.jsp?processo=33&&b=SUMU&thesaurus=JURIDICO&p=true#DOC1>. Acesso em: 23 set. 2016.

_____. Súmula n. 59, de 8 de outubro de 1992. *Diário da Justiça*, Brasília, DF, 14 out. 1992c. Disponível em: <http://www.stj.jus.br/SCON/sumulas/toc.jsp?processo=59&&b=SUMU&thesaurus=JURIDICO&p=true#DOC1>. Acesso em: 23 set. 2016.

_____. Súmula n. 122, de 1º de dezembro de 1994. *Diário da Justiça*, Brasília, DF, 7 dez. 1994b. Disponível em: <http://www.stj.jus.br/SCON/sumulas/doc.jsp?livre=122&&b=SUMU&p=true&t=&l=10&i=1>. Acesso em: 23 set. 2016.

BRASIL. Supremo Tribunal Federal. Ação Direta de Inconstitucionalidade n. 3.035, de 6 de abril de 2005. Relator: Min. Gilmar Mendes. *Diário da Justiça*, Brasília, DF, 14 out. 2005c. Disponível em: <http://www.stf.jus.br/portal/jurisprudencia/listarJurisprudencia.asp?s1=ADI(3035%20.NUME.)&base=baseAcordaos>. Acesso em: 23 set. 2016.

_____. Ação Direta de Inconstitucionalidade n. 3.338, de 30 de agosto de 2005. Relator: Min. Joaquim Barbosa. Relator para Acórdão: Min. Eros Grau. *Diário da Justiça*, Brasília, DF, 6 set. 2007b. Disponível em: <http://www.stf.jus.br/portal/jurisprudencia/listarJurisprudencia.asp?s1=ADI(3338%20.NUME.)&base=baseAcordaos>. Acesso em: 23 set. 2016.

_____. Ação Direta de Inconstitucionalidade n. 3.937, de 4 de junho de 2008. Relator: Min. Marco Aurélio. *Diário da Justiça Eletrônico*, Brasília, DF, 10 out. 2008b. Disponível em: <http://www.stf.jus.br/portal/jurisprudencia/listarJurisprudencia.asp?s1=ADI-MC(3937%20.NUME.)&base=baseAcordaos>. Acesso em: 23 set. 2016.

BRASIL. Supremo Tribunal Federal. Recurso Extraordinário
n. 153.531, de 3 de junho de 1997. Relator: Min. Francisco Rezek.
Relator para Acórdão: Min. Marco Aurélio. *Diário da Justiça*,
Brasília, DF, 13 mar. 1998d. Disponível em: <http://www.stf.jus.br/
portal/jurisprudencia/listarJurisprudencia.asp?s1=%28153531%2E
NUME%2E+OU+153531%2EACMS%2E%29&base=baseAcorda
os>. Acesso em: 23 set. 2016.

_____. Recurso Extraordinário n. 402.035, de 9 de dezembro de 2003.
Relatora: Min. Ellen Gracie. *Diário da Justiça*, Brasília, DF, 6
fev. 2004c. Disponível em: <http://www.stf.jus.br/portal/processo/
verProcessoAndamento.asp?numero=402035&classe=RE-AgR&
codigoClasse=0&origem=JUR&recurso=0&tipoJulgamento=M>.
Acesso em: 23 set. 2016.

_____. Súmula n. 523, de 3 de dezembro de 1969. *Diário da Justiça*,
Brasília, DF, 10 dez. 1969b. Disponível em: <http://www.stf.jus.br/
portal/jurisprudencia/menuSumarioSumulas.asp?sumula=2729>.
Acesso em: 23 set. 2016.

BUENO, C. S. *Curso sistematizado de direito processual civil*: recursos,
processos e incidentes nos tribunais, sucedâneos recursais – técnicas
de controle das decisões jurisprudenciais. São Paulo: Saraiva, 2008.

_____. *Novo Código de Processo Civil anotado*. São Paulo: Saraiva,
2015.

CARDOSO, H. A. *Do meio ambiente*: breve teoria, jurisprudência e
legislação pertinente. Campinas: Servanda, 2002.

CARVALHO NETO, I. de. *Manual de processo coletivo*. Curitiba: Juruá,
2005.

CINTRA, A. C. de A.; GRINOVER, A. P.; DINAMARCO, C. R. *Teoria
geral do processo*. 13. ed. São Paulo: Malheiros, 1997.

CNUMAD – Conferência das Nações Unidas sobre o Meio Ambiente e
Desenvolvimento. *Agenda 21*. Curitiba: Ipardes, 2001.

CPDS – Comissão de Políticas de Desenvolvimento Sustentável e da
Agenda 21 Nacional. *Agenda 21 Brasileira*: ações prioritárias.
2. ed. Brasília: Ministério do Meio Ambiente, 2004. Disponível em:
<http://www.meioambiente.pr.gov.br/arquivos/File/agenda21/Acoes_
Prioritarias_2a_edicao.pdf>. Acesso em: 23 set. 2016.

CURITIBA (Município). *Lei Orgânica do Município*, de 5 de abril de 1990. Disponível em: <https://leismunicipais.com.br/lei-organica-curitiba-pr>. Acesso em: 23 set. 2016.

CUSTÓDIO PINTO, I. *Folclore*: aspectos gerais. Curitiba: Ibpex, 2005.

DINAMARCO, C. R. *A instrumentalidade do processo*. 13. ed. São Paulo: Malheiros, 2008.

DREW, D. *Processos interativos homem-meio ambiente*. 3. ed. Rio de Janeiro: Bertrand Brasil, 1994.

DUARTE, F. *Planejamento urbano*. Curitiba: Ibpex, 2007.

ESTADOS UNIDOS DA AMÉRICA. *Constituição (1787)*. Pensilvânia, 17 set. 1787. Disponível em: <http://www.embaixadaamericana.org.br/index.php?action=materia&id=643&submenu=106&itemmenu=110>. Acesso em: 4 maio 2011.

FERREIRA FILHO, M. G. *Comentários à Constituição brasileira*. 4. ed. São Paulo: Saraiva, 1983.

FIORILLO, C. A. P. *Curso de direito ambiental brasileiro*. 9. ed. São Paulo: Saraiva, 2008.

_____. *Princípios do direito processual ambiental*. 3. ed. São Paulo: Saraiva, 2009.

FREY, K. A dimensão político-democrática nas teorias de desenvolvimento sustentável e suas implicações para a gestão local. *Ambiente & Sociedade*, ano IV, n. 9, 2. sem. 2001. Disponível em: <http://www.scielo.br/pdf/asoc/n9/16878.pdf>. Acesso em: 23 set. 2016.

FURTADO, C. *Em busca de novo modelo*: reflexões sobre a crise contemporânea. São Paulo: Paz e Terra, 2002.

GILISSEN, J. *Introdução histórica ao direito*. Lisboa: Fundação Calouste Gulbenkian, 1988.

GRECO FILHO, V. *Atos processuais a recursos e processos nos tribunais*. São Paulo: Saraiva, 1997. (Coleção Direito Processual Civil Brasileiro, v. 2).

HOGAN, D. J. Migração, ambiente e saúde nas cidades brasileiras. In: HOGAN, Daniel Joseph; VIEIRA, Paulo Freire (Org.). *Dilemas socioambientais e desenvolvimento sustentável*. 2. ed. Campinas: Ed. da Unicamp, 1995. p. 149-167.

JACOBI, P. R. Educação ambiental, cidadania e sustentabilidade. *Cadernos de Pesquisa*, São Paulo, n. 118, p. 189-205, mar. 2003. Disponível em: <http://www.scielo.br/pdf/cp/n118/16834.pdf>. Acesso em: 23 set. 2016.

_____. Educação, ampliação da cidadania e participação. *Educação e Pesquisa*, São Paulo, v. 26, n. 2, jul./dez. 2000. Disponível em: <http://www.scielo.br/scielo.php?script=sci_arttext&pid =S1517-97022000000200002>. Acesso em: 23 set. 2016.

JESUS, D. E. de. *Direito penal*. 12. ed. São Paulo: Saraiva, 1998. v. 3.

KAUCHAKJE, S. *Gestão pública de serviços sociais*. 2. ed. Curitiba: Ibpex, 2008.

LEFF, E. Tiempo de sustentabilidad. *Ambiente & Sociedade*, Campinas, n. 6-7, jan./jun. 2000. Disponível em: <http://www.scielo.br/scielo. php?script=sci_arttext&pid=S1414-753X2000000100001>. Acesso em: 23 set. 2016.

MACHADO, P. A. L. *Direito ambiental brasileiro*. 18. ed. São Paulo: Malheiros, 2010.

MANCUSO, R. de C. *Ação civil pública*: em defesa do meio ambiente, do patrimônio cultural e dos consumidores – Lei 7.347/85 e legislação complementar. 7. ed. São Paulo: Revista dos Tribunais, 2001.

MARTINE, G. População, meio ambiente e desenvolvimento: o cenário global e nacional. In: MARTINE, G. (Org.). *População, meio ambiente e desenvolvimento*: verdades e contradições. 2. ed. Campinas: Unicamp, 1996.

MEIRELLES, H. L. *Direito administrativo brasileiro*. 22. ed. São Paulo: Malheiros, 1997.

_____. *Mandado de segurança, ação popular, ação civil pública, mandado de injunção, "habeas data", ação direta de inconstitucionalidade, ação declaratória de constitucionalidade, e arguição de descumprimento de preceito fundamental*. 23. ed. São Paulo: Malheiros, 2001.

MELO, M. A. Crise federativa, guerra fiscal e "Hobbesianismo municipal": efeitos perversos da descentralização? *São Paulo em Perspectiva*, v. 10, n. 3, p. 11-20, jul./set. 1996. Disponível em: <http://produtos.seade.gov.br/produtos/spp/v10n03/v10n03_02.pdf>. Acesso em: 23 set. 2016.

MIRABETE, J. F. *Processo penal*. 8. ed. São Paulo: Atlas, 1998.

MONTEIRO, W. de B. *Curso de direito civil*. 33. ed. São Paulo: Saraiva, 1995. v. 4.

MUSSARA, M. Sustentável 2005: um congresso para discutir a nossa sobrevivência. *Planeta*, São Paulo, n. 394, p. 64-70, jul. 2005.

NEGRÃO, T.; GOUVÊA, J. R. F. *Código de Processo Civil e legislação processual em vigor*. 39. ed. São Paulo: Saraiva, 2007.

NEVES, M. do C. P. Introdução: bioética e biodireito. In: _____. (Org.). *Comissões de ética*: das bases teóricas à actividade quotidiana. 2. ed. Coimbra: Gráfica de Coimbra: Centro de Estudos de Bioética/ Polo Açores, 2002. p. 499-502.

NEVES, M. do C. P.; SERRÃO, D. A institucionalização da bioética. In: NEVES, M. do C. P. (Org.). *Comissões de ética*: das bases teóricas à actividade quotidiana. 2. ed. Coimbra: Gráfica de Coimbra: Centro de Estudos de Bioética/ Polo Açores. 2002, p. 65-72.

OAB – Ordem dos Advogados do Brasil. *Cartilha de prerrogativas*. Brasília, DF: OAB, 2015. Disponível em: <http://www.prerrogativas.org.br/manuais-e-cartilhas/>. Acesso em: 23 set. 2016.

OEA – Organização dos Estados Americanos. *Convenção Americana sobre Direitos Humanos*. San José, Costa Rica, 22 de novembro de 1969. Disponível em: <http://www.cidh.org/Basicos/Portugues/c.Convencao_Americana.htm>. Acesso em: 23 set. 2016.

PARANÁ. Constituição (1989). *Diário Oficial*, 5 out. 1989. Disponível em: <http://www.legislacao.pr.gov.br/legislacao/listarAtosAno.do?action=iniciarProcesso&tipoAto=10&orgaoUnidade=1100&retiraLista=true&site=1>. Acesso em: 23 set. 2016.

_____. Decreto n. 809, de 31 de maio de 1999. *Diário Oficial*, 1º jun. 1999a. Disponível em: <http://www.comec.pr.gov.br/arquivos/File/decretoe809-99.pdf>. Acesso em: 23 set. 2016.

_____. Decreto n. 1.454, de 26 de outubro de 1999. *Diário Oficial*, 27 out. 1999b. Disponível em: <http://www.comec.pr.gov.br/arquivos/File/decretoe1454-99.pdf>. Acesso em: 23 set. 2016.

_____. Decreto n. 1.753, de 6 de maio de 1996. *Diário Oficial*, 6 maio 1996a. Disponível em: <http://www.comec.pr.gov.br/arquivos/File/decretoe1753-96.pdf>. Acesso em: 23 set. 2016.

PARANÁ. Decreto n. 1.754, de 6 de maio de 1996. *Diário Oficial*, 6 maio 1996b. Disponível em: <http://www.comec.pr.gov.br/arquivos/File/decretoe1754-96.pdf>. Acesso em: 23 set. 2016.

_____. Decreto n. 2.315, de 17 de julho de 2000. *Diário Oficial*, 18 jul. 2000. Disponível em: <http://www.legislacao.pr.gov.br/legislacao/listarAtosAno.do?action=exibir&codAto=32545&codItemAto=278715>. Acesso em: 23 set. 2016.

_____. Decreto n. 4.404, de 14 de dezembro de 1988. *Diário Oficial*, 14 dez. 1988. Disponível em: <http://www.icmbio.gov.br/cepsul/images/stories/legislacao/Decretos/1988/dec_4404_1988_florestaestadualmetropolitana_pr.pdf>. Acesso em: 23 set. 2016.

_____. Decreto n. 5.361, de 26 de fevereiro de 2002. *Diário Oficial*, 27 fev. 2002a. Disponível em: <http://www.leisestaduais.com.br/pr/decreto-n-5361-2002-parana-regulamenta-a-cobranca-pelo-direito-de-uso-de-recursos-hidricos-e-da-outras-providencias>. Acesso em: 23 set. 2016.

_____. Decreto n. 5.765, de 5 de junho de 2002. *Diário Oficial*, 6 jun. 2002b. Disponível em: <http://www.legislacao.pr.gov.br/legislacao/pesquisarAto.do?action=exibir&codAto=33124&indice=1&totalRegistros=5>. Acesso em: 23 set. 2016.

PARANÁ. Lei n. 7.919, de 22 de outubro de 1984. *Diário Oficial*, 24 out. 1984. Disponível em: <http://www.iap.pr.gov.br/arquivos/File/UC/leis_decretos/leia_aeit.pdf>. Acesso em: 23 set. 2016.

_____. Lei n. 12.726, de 26 de novembro de 1999. *Diário Oficial*, 29 nov. 1999c. Disponível em: <http://www.legislacao.pr.gov.br/legislacao/listarAtosAno.do?action=exibir&codAto=5849&indice=3&anoSpan=2001&anoSelecionado=1999&isPaginado=true>. Acesso em: 23 set. 2016.

PILETTI, N. *História do Brasil*: da Pré-História do Brasil à Nova República. 8. ed. São Paulo: Ática, 1988.

PROTOCOL for the Prohibition of the Use in War of Asphyxiating, Poisonous or other Gases, and of Bacteriological Methods of Warfare. Geneva, 17 June 2011. Disponível em: <http://www.brad.ac.uk/acad/sbtwc/keytext/genprot.htm>. Acesso em: 21 out 2016.

REIGOTA, M. *A floresta e a escola*: por uma educação ambiental pós-moderna. São Paulo: Cortez, 1999.

ROGERS, W.; BALLANTYNE, A. Populações especiais: vulnerabilidade e proteção. In: DINIZ, D. et al. (Org.). *Ética em pesquisa*: temas globais. Brasília: Letras Livres; Ed. da UnB, 2008. p. 123-151.

ROSA, L. F. F. da. *Mercosul e função judicial*: realidade e superação. São Paulo: LTr, 1997.

ROXIN, C.; ARZT, G.; TIEDEMANN, K. *Introdução ao direito penal e ao direito processual penal*. Belo Horizonte: Del Rey, 2007.

SACHS, I. *Ecodesenvolvimento*: crescer sem destruir. São Paulo: Vértice, 1986. (Terra dos Homens, v. 1).

SANTOS, E. F. dos. *Manual de direito processual civil*: processo de conhecimento. 13. ed. São Paulo: Saraiva, 2009. v. 1.

SANTOS, M. *Técnica, espaço, tempo*: globalização e meio técnico--científico informacional. 3. ed. São Paulo: Hucitec, 1997.

SANTOS, M. A. *Primeiras linhas de direito processual civil*. 24. ed. São Paulo: Saraiva, 2005. v. 1.

SÃO PAULO. *Constituição Estadual (1989)*. 5 out. 1989. Disponível em: <http://www.al.sp.gov.br/StaticFile/documentacao/cesp_completa.htm>. Acesso em: 23 set. 2016.

SÃO PAULO. Secretaria do Meio Ambiente. Coordenadoria de Educação Ambiental. *Meio ambiente e desenvolvimento*: documentos oficiais – Organização das Nações Unidas, Organizações não Governamentais. São Paulo: Secretaria do Meio Ambiente, 1993. (Série Documentos). Disponível em: <http://www.ambiente.sp.gov.br/wp-content/uploads/cea/MeioAmbDesenvolvimento.pdf>. Acesso em: 23 set. 2016.

SÃO PAULO. Tribunal de Justiça. *Agravo de instrumento n. 855.176-5/0-00*, 18 de março de 2009a. Disponível em: <https://esaj.tjsp.jus.br/cjsg/getArquivo.do?cdAcordao=3578368>. Acesso em: 23 set. 2016.

_____. *Agravo de instrumento n. 521.502-5/9-00*, 26 de março de 2009b. Disponível em: <https://esaj.tjsp.jus.br/cjsg/getArquivo.do?cdAcordao=3595197>. Acesso em: 23 set. 2016.

SCHRAMM, F. R. A moralidade da prática de pesquisa nas ciências sociais: aspectos epistemológicos e bioéticos. In: BRASIL. *Ministério da Saúde.* Secretaria de Ciência, Tecnologia e Insumos Estratégicos. Departamento de Ciência e Tecnologia. Capacitação para Comitês de Ética em Pesquisa – CEPs. 2. v. Brasília: Ministério da Saúde, 2006, p. 138-149.

SCLIAR, C. *Agenda 21 e o setor mineral.* Brasília: Ministério do Meio Ambiente, 2004. (Cadernos de Debate Agenda 21 e Sustentabilidade, v. 5).

SILVA, J. A. da. *Curso de direito constitucional positivo.* 16. ed. São Paulo: Malheiros, 1999.

SZNICK, V. *Direito penal ambiental.* São Paulo: Ícone, 2001.

TEMER, M. *Elementos de direito constitucional.* 16. ed. São Paulo: Malheiros, 2000.

THEODORO JÚNIOR, H. *Curso de direito processual civil*: teoria geral do direito processual civil e processo de conhecimento. 47. ed. Rio de Janeiro: Forense, 2007. v. 1.

TUCCI, J. R. C. e et al. (Coord.). *Código de Processo Civil anotado.* Curitiba: OAB/PR; Aasp, 2015. Disponível em: <http://www.aasp.org.br/novo_cpc/ncpc_anotado.pdf>. Acesso em: 23 set. 2016.

WACHOWICZ, M. C. *Segurança, saúde e ergonomia.* Curitiba: Ibpex, 2007.

Capítulo 1

Questões para revisão
1. d
2. d
3. c
4. c
5. c

Capítulo 2

Questões para revisão
1. b
2. d
3. a
4. b
5. a

Capítulo 3

Questões para revisão
1. c
2. c
3. a
4. c
5. d

Capítulo 4

Questões para revisão
1. b
2. c
3. b
4. c
5. b

Capítulo 5

Questões para revisão

1. a
2. c
3. d
4. b
5. b

Capítulo 6

Questões para revisão

1. d
2. c
3. c
4. a
5. b

Moacir Ribeiro de Carvalho Júnior é graduado em Direito pela Pontifícia Universidade Católica do Paraná (PUCPR) e mestre em Gestão Urbana pela mesma instituição, tendo defendido a dissertação intitulada *O interesse popular na gestão dos recursos hídricos sob a ótica do desenvolvimento sustentável: o caso da bacia do Rio Belém em Curitiba-PR*. É especialista em Tutoria na Educação a Distância pelo Centro Universitário Uninter e em Sociologia Política pela Universidade Federal do Paraná (UFPR), sendo que a monografia apresentada na conclusão do curso, intitulada *A votação do MDB no Paraná: uma análise histórica (eleições de 1966 e 1978)*, foi, em 2007, publicada em forma de artigo pelo Tribunal Eleitoral do Paraná na obra *Partidos e eleições no Paraná: uma abordagem histórica*.

Inscrito na Ordem dos Advogados do Brasil (OAB), Seção Paraná, desde agosto de 2000, atua nas áreas cível, trabalhista, ambiental, constitucional e administrativa.

No magistério superior, ministra aulas nas disciplinas de Direito Internacional e Fundamentos de Direitos (para as graduações em Administração de Empresas e Ciências Contábeis) e de Teoria dos Partidos e Sistemas Partidários (na graduação de Ciência Política). Atualmente, também é membro do Núcleo de Prática Jurídica do curso de Direito do Centro Universitário Uninter, tutor no ensino a distância nos cursos de pós-graduação em Direito e Gestão de Cidades e membro do Comitê de Ética em Pesquisa do Grupo Educacional Uninter.

Presta consultoria e palestras nas áreas de gestão e planejamento urbano, meio ambiente e desenvolvimento sustentável urbano e, ainda, mediação e arbitragem e os meios alternativos de solução de conflito.